스토리텔링성경 11

스토리텔링 성경

욥기

스토리텔링 성경

11 욥기: 하나님의 절대주권

초판 1쇄 2023년 1월 5일

지은이 김영진, 강정훈, 천종수
발행처 (유) 성서원
일러스트 김천정
교정·교열 유영일
출판등록 1997년 7월 8일 (제300-1997-79호)
창업일 1972년 2월 1일
주 소 경기도 고양시 덕양구 덕은로 60-12 우) 10541
전 화 (02)765-0011~17
팩 스 (02)743-6811
성서원 홈페이지 www.biblehouse.co.kr
페이스북 · E-mail saebut-9106@hanmail.net

ISBN 978-89-360-2865-7 03230

스토리텔링성경

11

성경 전 장章을 이야기로 풀어 쓴

스토리텔링 성경

지은이
김영진 강정훈 천종수

욥기

하나님의 절대주권

성서원

차례

인간의 운명과 하나님의 절대주권

고대 족장 시대 동방 땅 우스에
정직하고 의로운 욥이 살았네
욥을 시기한 사탄은 주의 허락을 받고
불시험 구렁텅이에 욥을 빠뜨리네

욥은 순식간에 재산과 자녀를 잃고
아내도 떠나가고 몹쓸 병까지 얻네
위문 온 친구들과 긴 논쟁을 벌이는
욥의 육신과 마음은 갈가리 찢어지네

마침내 폭풍 가운데 주께서 나타나시네
누가 땅과 하늘의 모든 것을 지었으며
누가 전능자와 다투겠느냐고 하시자
욥은 기와조각으로 몸을 긁으며 깨닫네

욥은 고통의 잿더미 위에 앉아
손으로 입을 가릴 뿐이라며 참회하네
그러자 욥은 잃은 것들을 갑절로 얻고
다시금 복된 가정을 이루네

1

욥에게 닥친 재앙

"주인님, 주인님, 큰일났습니다."
일꾼이 헐레벌떡 달려와 보고하네
스바 사람들이 짐승들을 약탈하고
종들을 죽였다니, 이게 도대체 무슨 날벼락인가!

프롤로그

성경 66권 중 구약성경 39권은 크게 넷으로 구분되는데, 곧 율법서(모세오경, 5권), 역사서(12권), 시가서(5권), 그리고 예언서(17권)로 구분된다. 이중 시가서(詩歌書)에 해당되는 책들이 욥기, 시편, 잠언, 전도서, 아가 등 5권이다. 이제 우리가 다룰 '욥기'는 시가서 가운데 첫 번째 책이다.

사실, 구약성경의 1/3가량이 시적(詩的) 형태로 되어 있다고 할 만큼 구약성경은 그 자체가 운율적으로 기록되었다. 히브리인들의 삶 속에는 희로애락을 시와 노래로 표현하는 습관이 자리하고 있었기 때문이다. 시가서 중에서도 욥기는 특별히 그 형태가 극시(劇詩, 희곡 형식으로 된 시로 전편이 운문체의 대사로 이루어짐)로 되어 있다. 음악과 노래만 곁들인다면, 한 편의 장중한 오페라나 뮤지컬로 보기에도 손색이 없다.

고대 족장시대에 팔레스타인 동남쪽에 위치한 우스(Uz) 땅을 무대

삼아, 짜임새 있는 플롯(plot)에 따라 수려하고 심오한 운율적 문체로 그 주제를 뚜렷이 부각시키고 있는 욥기는 일반 문학세계에서도 탁월한 걸작으로 손꼽힌다. 욥기의 주요 등장인물은 욥과 그의 세 친구(엘리바스, 빌닷, 소발) 및 엘리후다. 초반부에 하나님과 사탄이 잠시 등장하며 후반부에 하나님이 다시 등장한다. 책의 전면에 부각된 주제는 '욥의 고난'이지만, 그 이면에 감춰진 대주제는 '하나님의 절대주권'이다.

이 같은 주제로, 욥기는 6막(幕)으로 펼쳐진다. 그중 제1막은 '발단(도입부)' 부분으로, 욥기의 배경과 더불어 천상에서 전개되는 하나님과 사탄의 대화가 있고, 그 결과가 지상의 욥에게 나타나는 장면이다(1-2장). 제2막에서부터 제4막까지는 사건의 '전개' 부분으로, 욥과 그의 세 친구들이 번갈아 가면서 욥의 고난에 대해 각자의 견해를 주고받는 변론과 답변의 장면이다(3-31장).

제5막은 사건의 '전환' 부분으로, 그동안 침묵하고 있던 젊은 친구 엘리후가 등장하여 욥의 고난에 대해 자기 견해를 길게 피력하면서 욥과 세 친구 사이에서 중재하는 장면이다(32-37장). 마지막 부분인 제6막은 사건의 '절정(클라이맥스)과 대단원(피날레)' 부분으로, 욥과 그의 친구들의 모든 변론과 답변 과정을 지켜본 하나님께서 마침내 등장하여 신묘막측(神妙莫測)한 자연사를 통해 모든 인간에게 자신의 절대주권을 선포하심으로써 욥의 고난에 대한 모든 논쟁을 최종 마무리 짓는 장면이다(38-42장).

이중에서 맨 마지막 장의 후반부(욥 42:10-17)는 '욥의 회복과 번영'으로 내린다. 이것은 의인의 고난이 하나님의 전능하신 주권과 오묘하신 섭리 하에서 궁극적으로 보상받고 승리할 것이라는 종말론적인 소망의 메시지를 던져준다. 이 같은 욥기의 극시(劇詩) 구성을 도표로 만들면 이러하다.

극시 구성	사건 전개 및 관련 본문	욥기의 내용
제1막	발단 (도입부, 1-2장)	제1장: 욥의 경건한 삶과 부유한 환경(1:1-5) 제2장: 하나님과 사탄의 천상 대화 및 욥의 고난(1:6-2:10) 제3장: 욥의 세 친구들이 방문함(2:11-13)
제2막	전개 ① (제1차 논쟁, 3-14장)	제1장: 욥의 탄식과 하소연(3장) 제2장: 엘리바스의 변론(4-5장)과 욥의 답변(6-7장) 제3장: 빌닷의 변론(8장)과 욥의 답변(9-10장) 제3장: 소발의 변론(11장)과 욥의 답변(12-14장)
제3막	전개 ② (제2차 논쟁, 15-21장)	제1장: 엘리바스의 2차 변론(15장)과 욥의 답변(16-17장) 제2장: 빌닷의 2차 변론(18장)과 욥의 답변(19장) 제3장: 소발의 2차 변론(20장)과 욥의 답변(21장)
제4막	전개 ③ (제3차 논쟁, 22-31장)	제1장: 엘리바스의 3차 변론(22장)과 욥의 답변(23-24장) 제2장: 빌닷의 3차 변론(25장)과 욥의 답변(26-27장) 제3장: 욥의 독백(28-31장)
제5막	전환 (32-37장)	제1장: 엘리후의 중재 변론(32-37장)
제6막	결정 및 대단원 (38-42장)	제1장: 하나님의 등장과 메시지(38-41장) 제2장: 욥의 회개 및 회복과 변영(42장)

욥기는 고대의 족장시대(주전 2000~1800년경)를 시간적인 배경으로, 고대 팔레스타인의 동남쪽에 위치한 우스(Uz) 땅을 공간적인 배경으로, 그리고 '욥의 고난'을 주제적인 배경으로 삼아, 인간 삶의 가장 심각하고 근원적인 문제를 다루고 있는 문학양식의 신학적인 책이다. 욥기는 "과연 하나님은 정의로운가? 그렇다면, 이 세상에서 악인이 번창하고 의인이 고난받는 현실은 도대체 무엇 때문인가?"라는 문제를 제기하고, 욥과 그의 세 친구(엘리바스, 빌닷, 소발) 및 엘리후의 치열한 논쟁을 통해, 그리고 궁극적으로는 하나님의 계시를 통해 그 해답을 제시해 준다.

이런 차원에서 욥기의 저자가 이 책을 쓴 목적은 이러하다.

첫째, 사람에게 일어나는 모든 재난과 고통은 그 사람이 지은 죄악의 대가라는 단순한 인과응보의 법칙을 뛰어넘어, 인생사의 모든 일이 전능하신 하나님의 오묘한 섭리와 경륜하에 이루어지고 있음을 교훈하기 위함이다.

둘째, 하나님은 절대주권자이며 전능자로서 만유의 주(主)가 되시므로, 모든 인간은 그분 앞에서 겸허하게 입을 다물고 오직 순종과 감사와 찬양으로서 하나님을 경배해야 한다는 사실을 교훈하기 위함이다.

'욥기'의 저자는 알려져 있지 않다. 본서 자체가 말하고 있지 않을 뿐만 아니라, 본서의 저자를 입증할 만한 분명한 외적 자료도 찾아볼 수 없다. 다만 유대인의 전승은 '욥' 또는 '모세'를 본서의 유력한 저자로 보고 있다. 욥(Job)은 자신이 직접 체험한 사건을 가장 생생하게 기록할 수 있었던 인물이고, 모세(Moses)는 모세오경(창세기~신명기)처럼 성령의 감화로 말미암아 족장시대의 모든 사건과 역사를 정리하여 기록할 수 있었던 인물이라는 점에서 그렇게 본다.

이들 두 사람 외에도 엘리후, 솔로몬, 예레미야 등이 본서의 저자로 거론된다. 엘리후는 당시의 현장에서 모든 일을 객관적으로 조망한 사람이고, 솔로몬은 그가 쓴 잠언의 내용이 본서에 언급된 여러 경구나 속담과 유사하다는 점에서, 그리고 예레미야는 그가 쓴 예레미야서의 문체가 전체적으로 욥기의 문체와 비슷하다는 점에서 그렇게 추론된다. 여하튼 본서의 필체나 내용을 고려할 때, 본서의 저자는 최소한 다음과 같은 인물임에는 분명하다.

첫째, 그는 뛰어난 문학적 재능의 소유자로서 학식이 매우 풍부한 고대의 현자(賢者)다. 둘째, 그는 다양한 자연현상 및 외국 문물에 관하여 심층적인 지식을 갖춘 인물이다. 셋째, 그는 하나님의 주권과 인간의 고뇌에 관하여 매우 감수성 깊은 종교적이고 영적인 인물이다.

이 같은 사실을 염두에 두고 이제 본격적으로 욥기 속으로 들어가

보도록 하자. 하나님을 경외하는 당대 동방의 경건한 의인 욥이 극심한 고난의 시험을 거치는 동안 고대세계의 단순한 인과응보의 사상을 뛰어넘고 또한 자기 의로움의 신앙에서 탈피하여, 마침내 하나님의 절대주권에 눈을 뜨게 됨으로써 고차원의 신앙세계로 나아가는 과정을 극시 형태로 드라마틱하게 묘사한 욥기를 통해 21세기를 살고 있는 우리 자신의 신앙 지도를 그려 보자.

제1막 : 사건의 발단 (도입부, 1-2장)

욥기의 제1막은 사건의 발단(도입부) 부분이다. 욥기의 주인공인 욥(Job)이 어떤 인물인지를 설명한 뒤에, 천상에서 이루어진 하나님과 사탄 간의 대화를 통해 어떻게 해서 욥에게 그토록 혹독한 고난이 임했는지를 보여준다. 오늘날 우리는 '욥기'란 책을 통해 이 같은 사건의 발단을 잘 알고 있지만, 당시의 욥과 그의 친구들은 그런 사실을 전혀 알지 못했음을 주지해야 한다. 그런 사실을 염두에 두고, 욥과 친구들 사이의 변론과 답변을 이해해야 한다.

[제1막 제1장, 무대는 동방의 우스 땅 욥의 집. 욥기의 제1막 제1장은 욥의 부유한 환경과 그의 경건하고 의로운 상태를 보여주는 장면이다.]

흠잡을 데 없이 경건한 욥과 그의 가족 (1:1-5)

[내레이션] 오래전, 우스 땅에 '욥'이라는 사람이 살고 있었다. 그는 흠잡을 데 없이 정직하고 올곧은 사람으로, 항상 하나님을 경외하며 악을 멀리하였다. 욥에게는 딸 셋과 아들 일곱이 있었다. 그는 양 7천

동방 우스(Uz) 땅의 경건하고 의로운 부자, 욥

마리, 낙타 3천 마리, 소 500 겨리, 암나귀 500마리를 소유하고 있었고, 집안에 많은 남녀 종들을 거느리고 있었다. 이처럼 욥은 동방 사람들 가운데서 으뜸가는 부자였다.

욥기 속의 욥은 더할 나위 없이 행복하게 출발한다. 욥은 앞으로도 계속 그렇게 행복하게 살아갈 줄 알았다. 그러나 인간 세상은 종종 자기 뜻대로 되지 않을 때가 있다. 욥을 두고 하는 말이다.

욥기의 지리적(공간적) 배경이자 욥의 고향인 우스(Uz)의 위치가 어디인지는 정확하게 알 수 없다. 하지만 본문의 내용을 살펴보면, 욥이 '동방 사람'이란 점(욥 1:3), 스바 사람과 갈대아 사람이 갑자기 욥의 가축 떼를 습격해온 점(욥 1:15-17), 욥의 친구들이 살았던 지역들이 에돔 주변이란 점(욥 4:1; 8:1; 11:1) 등을 알 수 있다. 이런 점으로 미루어 보아 학자들은 우스 땅을 팔레스타인 동남쪽에 위치한 에돔(Edom) 변방, 아라비아 광야 북부 지역의 어디쯤으로 본다(애 4:21).

욥기의 시대적 배경은 거의 의심할 바 없이 '구약의 족장시대'(주전 2000~1800년쯤)로 추정된다. 그 까닭은, 욥이 200세가 넘게 살았다는 기술이나(욥 42:16), 가문의 족장 주도하에 이루어지는 제사 형태(욥

욥기의 무대 동방의 우스(Uz) 땅

1:5), 소나 낙타 같은 가축들을 재산 규모의 척도로 삼은 점(욥 1:3), 무엇보다도 욥기에 언급된 '금 한 조각'(히, 케쉬타, 욥 42:11))이란 화폐 단위가 하란에서 귀환한 야곱이 세겜 땅의 장막 터를 구입할 때 그곳의 추장인 하몰에게 지불한 화폐 단위와 동일하기 때문이다(창 33:19).

이 같은 여러 정황들로 미루어볼 때 욥은 구약의 족장들인 아브라함과 이삭과 야곱의 시대에 살았던 인물임이 분명하다. 족장시대 중에서도 아브라함의 시대(주전 2166~1991년경) 후반부나 그 직후인 이삭(주전 2066~1886년경)과 야곱(주전 2006년~1859년경)의 시대에 살았을 가능성이 농후하다.

한편, 욥(Job)은 아람어 어근에 따르면 '회개하는 자'란 뜻이고, 히브리어 어근에 따르면 '핍박받는 자'란 뜻이다. 욥기의 내용상 이 두 가지 뜻은 모두 일리가 있다. 그리고 그가 '동방 사람'이라고 소개되었는데, 이 말은 '동쪽의 아들들'이란 뜻으로, 가나안(팔레스타인) 땅의 동쪽 지역에 살고 있는 사람들을 통칭하는 말이다.

[내레이션] 욥의 일곱 아들들은 저마다 생일이 되면 자기 집에서 잔치를 베풀고 다른 형제들을 초대했는데, 그때마다 세 자매도 함께 불러서 다 같이 먹고 마셨다. 이 같은 잔치가 끝난 다음날이면, 욥은 자녀들을 성결하게 하려고 으레 아침 일찍 일어나서 자녀들의 숫자에 맞추어 일일이 하나님께 번제를 드렸다. 혹시라도 자녀들이 마음속으로라도 죄를 짓고 하나님을 모독하지나 않았을까 염려해서였다. 욥은 매사에 늘 이런 식이었다.

욥의 경건함과 더불어 그의 자녀들의 단란함과 화목함을 잘 보여준다. 욥이 살던 고대의 족장시대에는 가문의 족장(최고 어르신)이 그 가문이나 집안의 제사장으로 활동했다. 그래서 욥은 자녀들을 위하여 하나님께 번제를 드림으로써 제사장의 역할을 감당한 것이다.

한편, 이때 욥이 하나님께 드린 '번제'는 후일 율법의 제사제도가 생겨나기 훨씬 전에 드린 제사로서, 사람이 알고 지은 죄든 모르고 지은 죄든 자신의 모든 죄를 사함받기 위해 짐승을 희생제물로 삼아 그 짐승의 고기를 번제단 위에서 불태움으로써 그것의 냄새를 하나님께 피워 올려드리는 제사다(이때의 희생제물은 사람이 지은 죄를 대신 전가 받고 죽은 것이다).

욥은 혹시 생일잔치 중에 자녀들이 혹시라도 잔치 분위기에 휩쓸려 마음속으로라도 하나님을 욕되게 했을까 염려하여 그 죄를 사함 받으려고 각 자녀마다 각각의 번제를 드린 것이다. 그러니까 모두 10번의 번제를 드린 것이다. 그만큼 욥은 윤리적으로 의롭고 신앙적으로 경건했다. 가히 흠잡을 데가 없었다.

[제1막 제2장, 무대는 천상의 하나님 보좌와 그 대전. 모든 것들이 빛나고 장중하며 화려하다. 욥기의 제1막 제2장은 천상에서 이루어지는 하나님과 사탄 간의 대화 및 하나님의 허락하에 사탄이 욥에게 첫 번째로 시험을 가하는 장면이다.]

욥에 대한 사탄의 첫 번째 시험 (1:6-22)

[내레이션] 하루는 하나님의 아들들이 와서 여호와 앞에 다 함께 모여 서 있었는데, 사탄도 와서 그들과 함께 여호와 앞에 서 있다. 그때 여호와께서 사탄을 보시고 그에게 물으신다.

욥기는 하나님의 피조물인 천상의 천사들을 가리켜 '하나님의 아들들'이라는 표현을 쓴다(욥 38:7). 그렇게 귀한 호칭을 천사들에게 붙여주는 경우는 거의 없다. 천사들이 들으면 기분이 좋아 으쓱할 일이다. 그런데 사탄이 왜 어떻게 천사들이 모여 있는 하나님의 보좌 앞까지 다가올 수 있었을까.

첫 사람 아담 부부가 죄를 짓고 에덴에서 추방되었을 때 하나님께서는 수호천사들에게 두루 도는 불칼, 일명 화염검을 내주어 다시는 에덴동산에 진입하지 못하도록 지키게 하셨지 않았던가(창 3:24). 천국이야 오죽하겠는가. 그 거룩한 장소에 악의 화신인 사탄이 들어오다니! 하늘나라를 지키는 수호천사들은 무얼 하고 있는 것일까. 하나님을 거역하고 대적한 타락한 천사장인 사탄은 하늘나라에서 내쫓긴 존재로 하나님 앞에 서 있을 수조차 없다. 하지만 욥기의 저자는 인간이 이해할 수 없는 영적인 상황을 묘사하고자 인간이 이해할 수 있는 희곡 형태를 빌어 이런 가상의 상황을 연출한 것이다(참조. 왕상 22:19).

표현하고자 하는 핵심은 이것이다. 하나님은 왕이시고, 천사나 사탄 같은 다른 영적 존재들은 모두 하나님의 주권하에 그분께 대답해야 하는 존재라는 것이다. 이제 하나님과 사탄의 대화가 시작된다. 우리도 천국 무대로 좀 더 가까이 나아가 하나님과 사탄 사이의 대화를 들어보자.

(여호와, 장중한 목소리로) "사탄, 너는 어디를 갔다 오는 길이더냐?"

(사탄, 시큰둥한 표정을 지으며) "땅 위 여기저기를 두루 돌아다니다가 오는 길입니다."

(여호와, 자기 종 욥이 매우 자랑스럽다는 표정으로) "그래? 그렇다면 너는 내 종 욥을 주의 깊게 살펴보았느냐? 땅 위에서 내 종 욥만큼 흠잡을 데 없이 온전하고 정직한 사람은 없느니라. 그는 항상 하나님을 경외하고 악을 멀리하는 사람이니라."

(사탄, 무언가 언짢고 아니꼽다는 투로) "에이, 욥이 아무런 까닭도 없이 그처럼 하나님을 경외할 리가 있겠습니까. 주께서 언제나 욥과 그의 집안사람들은 물론이고, 그의 재산도 사방에 울타리를 쳐서 잘 지켜주셨지 않았습니까. 또 욥이 하는 일마다 주께서 복을 내려주셨으므로, 욥의 가축들이 온 땅에 넘치도록 불어난 것이 아닙니까. 만일 주께서 이제라도 손을 쓰셔서 욥이 가진 것들을 한번 내리쳐보십시오. 그러면, 욥은 틀림없이 주의 면전에서 주를 향하여 저주할 것입니다."

(여호와, 사탄의 말에 어림도 없다는 듯) "뭐라고? 좋다! 그렇다면 욥이 가진 모든 재산을 네 손에 맡겨보겠노라. 하지만 욥의 몸에는 손가락 하나 대지 말지니라."

[내레이션] 여호와의 말을 듣고, 사탄이 "얼씨구나!"하면서 만면에 자신감 넘치는 웃음기를 지으면서 욥을 시험하기 위해 곧장 여호와 앞에서 물러간다.

사탄은 여기에서 하나님께서 사랑하시는 존재들을 유혹할 목적으로는 겁 없이 아주 담대하게 제 하고 싶은 말들을 하고 있다. 그래서 욥의 믿음이 하나님의 복을 얻어내기 위한 위장이라고 험담한다. 고소, 고발은 이간자인 사탄이 가장 즐겨하는 일이고 잘하는 일이다(계 12:10).

하나님께서 들어보시니 사탄이 순 억지를 부리고 있다. 하나님은 사탄의 음흉성을 꿰뚫어 보셨지만, 이번 기회에 욥의 믿음을 온 천하에, 그리고 오고가는 모든 세대에 알리고 싶으셨다. 그래서 믿는 도리의 귀감을 삼으려 하셨다. 그래서 하나님께서는 '어디 한번 욥을 건드려 보거라' 하고, 사탄으로 하여금 욥을 치도록 허락하셨다. 요컨대 하나님은 자신에 대한 욥의 신실함과 충성스러움을 충분히 인정하셨기 때문에, 욥에게 하나님을 더욱 영화롭게 할 수 있는 더 큰 기회를 주신 것이다.

만일 욥이 사탄의 공격을 극복함으로써 하나님의 테스트를 성공적으로 통과한다면, 하나님을 향한 욥의 신실함은 생생하게 입증되는 것이고, 그것을 통해 하나님은 더욱 영광을 받게 될 것이었다. 모든 것이 무너졌음에도 하나님께 영광 돌리는 믿음, 세상의 어느 우상들이 자신의 숭배자들에게서 그런 믿음과 충성을 받을 수 있을 것인가. 아무튼 욥의 재산을 쳐도 좋다는 하나님의 허락을 받은지라, 사탄은 잠시도 지체하지 않고 욥의 재산에 손을 대기 시작한다.

[제1막 제2장의 계속, 무대는 우스 땅 욥의 집. 부유하고 영향력 있는 대족장의 크고 넓은 집이다.]

[내레이션] 하루는 욥의 아들들과 딸들이 큰아들의 집에서 잔치를 열고 포도주를 마시고 있었다. 그때 일꾼 한 명이 급히 달려와서 욥에게 보고한다.

(욥의 첫 번째 일꾼, 매우 다급한 목소리로 숨을 헐떡거리며) "주인님, 주인님, 우리는 소를 몰아 쟁기질을 하고 있었고 나귀들은 근처에서 풀을 뜯고 있었습니다. 그런데 갑자기 스바 사람들이 나타나서 우리에게 들이닥치더니, 우리의 짐승들을 모두 빼앗아가고 주인님의 종들을 다 칼로 쳐 죽였습니다. 저만 이렇게 가까스로 도망쳐 왔습니다."

스바 사람들이 습격하여 욥의 종들을 죽이고 가축들을 빼앗다

욥은 멀찍이서 하인이 달려올 때 불행을 감지했다. 하인이 저렇게 부리나케 달려오는 것은 결코 좋은 소식은 아닐 것이다. 아무리 좋은 소식이라도 저만큼 속력을 낼 수는 없는 법이다. 예견한 대로 하인은 나쁜 소식을 전한다. 스바 사람들이 갑자기 들이닥쳐 욥의 종들을 전부 죽이고 욥의 가축들은 전부 빼앗아갔다는 것이다.

여기서 '스바 사람들'은 오늘날 '에티오피아'로 알려진 스바(Sheba)로부터 홍해를 건너 남부 아라비아 지역으로 이주한 아랍 유목민들을 가리키는 듯하다. 당시 그들은 불시에 출몰하여 사람들을 죽이고 남의 재산을 빼앗는 약탈로 그 악명을 떨치고 있었다.

[내레이션] 앞서 달려온 첫 번째 일꾼이 말을 미처 끝내기도 전에, 다른 일꾼 하나가 허겁지겁 달려와서 욥에게 보고한다.

(욥의 두 번째 일꾼, 매우 다급한 목소리로 숨을 헐떡거리며) "주인님, 주인님, 하늘에서 갑자기 하나님의 불이 떨어지는 바람에 양 떼와 양치기들이 모조리 불에 타 죽었습니다. 이 몸만 간신히 피하여 이렇게 주인님께 달려왔습니다."

욥이 현장으로 달려 나가기도 전에 비보 2신이 연이어 도착한다. '하나님의 불'이 떨어져 양떼와 양치기들이 즉사했다는 것이다. '하나님의 불'은 '번갯불'이다(왕상 18:38; 시 78:21). 번개가 떨어져 짐승 한두 마리가 죽는 일은 더러 있지만 이렇게 떼거지로 죽는 일은 일찍이 없었던 일이다. 강력한 영적 존재인 사탄은 하나님의 용인하에 자연현상을 거칠게 사용하여 욥의 소유물을 마음껏 공격한 것이다.

[내레이션] 두 번째 일꾼이 말을 미처 끝마치기도 전에, 또 한 명의 다른 일꾼이 급히 달려와서 욥에게 보고한다.

(욥의 세 번째 일꾼, 매우 다급한 목소리로 숨을 헐떡거리며) "주인님, 주인님, 어디선가 갈대아 사람들이 갑자기 나타나 우리를 향해 떼를 지어 세 무리로 나뉘어 쳐들어오더니, 주인님의 낙타들을 모조리 빼앗아가고 주인님의 종들을 모두 칼로 쳐 죽였습니다. 저만 이렇게 가까스로 살아남아서 주인님께 소식을 알려드리려고 급히 달려왔습니다."

비보 2신이 채 끝나기도 전에 곧바로 3신이 보고된다. 갈대아 사람들이 들이닥쳐 낙타와 일꾼들을 모두 죽였다는 것이다. '갈대아 사람들'이란 트랜스요르단의 남쪽 일대를 떠돌아다니며 닥치는 대로 약탈을 일삼던 유랑민 무리였다. 욥은 자신의 가축 떼가 약탈당하고 종들이 살해당하고 있다는 일꾼들의 계속된 보고에 정신을 차릴 수 없을 정도였다. 그런데 세 번째 일꾼의 보고가 끝이 아니었다. 여태 보고된 모든 보고들보다 훨씬 충격적인 소식이 욥을 기다리고 있었다.

[내레이션] 세 번째 일꾼이 말을 미처 끝마치기도 전에, 또 다른 일꾼 하나가 허겁지겁 달려와서 욥에게 보고한다.

(욥의 네 번째 일꾼, 매우 다급한 목소리로 숨을 헐떡거리며) "주인님, 주인님, 주인님의 아드님들과 따님들이 큰아드님 댁에서 잔치를 열고 포도주를

마시고 있을 때였습니다. 갑자기 광야에서 강풍이 거세게 불어 닥쳐 집의 네 모퉁이를 치는 바람에 집이 와르르 무너져 내려 주인님의 자녀들이 그 자리에서 다 죽고 말았습니다. 저만 이렇게 간신히 살아남아서 주인님께 소식을 알려드리려고 급히 달려온 것입니다."

정말 비보 중의 비보였다. 한낮의 팔레스타인과 에돔의 광야지대는 지열이 매우 높아서 때로는 뜨거운 열기를 동반한 갑작스러운 회오리바람이나 돌풍이 거세게 일어나기도 했다. 그런 강렬한 광야의 열풍이 고대 족장시대의 일반적인 거주지 형태인 장막집의 네 기둥을 일거에 무너뜨렸고, 그 결과 그 아래에서 잔치를 벌이던 욥의 열 자녀들이 무너진 기둥에 깔려 그 자리에서 모두 즉사해버린 것이다. 그야말로 엄청난 비극이었다. 욥은 그 말을 듣는 순간, 정신을 잃은듯했다.

사탄은 욥의 몸에는 손을 댈 수 없고 오직 욥의 재산에만 손을 대기로 하나님께 허락받았는데(욥 1:12), 여기서 사탄이 욥의 자녀들의 목숨을 거둔 까닭은 고대의 족장시대에는 자녀들조차도 족장에게 딸린 재산으로 간주되었기 때문이다.

[내레이션] 네 명의 일꾼에게서 차례대로 모든 보고를 들은 욥은 자리에서 벌떡 일어나 자기 겉옷을 찢고 머리털을 밀어버렸다. 그런 뒤, 욥은 땅에 엎드려 주님께 경배하면서 말한다.

욥은 서 있을 수가 없었다. 온몸에 맥이 풀리더니 풀썩 주저앉아버렸다. 정신을 잃고 졸도하지 않은 것만도 다행이었다. 그는 도무지 견딜 수 없어 겉옷을 찢고 머리털을 밀었다. 고대 중근동 문화에서 어떤 사람이 자기 겉옷을 찢고 머리털을 밀어버리는 행동을 한다는 것은 아주 큰 슬픔과 비통함을 밖으로 드러내는 표시였다. 여기에 더해 종종 굵은 베옷을 입고 금식을 하거나 재를 머리에 뒤집어쓰기도 했다.

졸지에 큰 재난을 당한 욥

종들의 연이은 비보에 큰 슬픔과 비통함에 빠진 욥도 그처럼 행동한 것이다. 하지만 욥은 자기 겉옷을 찢고 머리털을 밀어버리는 행위에 머물지 않고, 그런 와중에서도 땅에 엎드려 주님께 경배를 드렸다. 주님 안에서 자신의 슬픔과 비통함을 승화시킨 것이다.

(욥, 슬픔과 비통함에 젖은 목소리로. 하지만 확신에 가득 차 있는 힘 있는 목소리로) "내가 내 어머니의 뱃속에서 벌거벗은 몸으로 나왔사오니 또한 도로 벌거벗은 몸으로 그렇게 돌아갈 것입니다. 내게 주시는 분도 여호와이시고 내게서 거두어 가시는 분도 여호와이시니, 오직 이 몸은 여호와의 이름을 찬양할 따름입니다."

욥은 예기치 못했던 처절한 고통에 삶이 휘청거렸지만 아주 무너지지는 않았다. 그는 눈물 속에서 하나님을 바라보고 탄식하듯 부르짖는다. 이른바 욥의 '알몸(적신) 신앙'이다. 모든 인생은 하나님의 뜻 가운데서 알몸으로 세상에 태어나 알몸으로 세상을 떠나가는 삶의 원리를 고백한 것이다.

극한 슬픔과 비통함 가운데서도 이처럼 주님께 경배 찬송을 드린 것은, 욥이 자신에게 닥친 고난의 불가사의를 이해했기 때문이 아니다. 욥은 자신에게 닥친 모든 일이 하나님의 주권적인 섭리하에서 일어났다는 사실을 인정하였기에 하나님의 뜻에 전적으로 순복한다는 표시로 하나님께 경배를 드린 것이다.

[내레이션] 이처럼 욥은 이 모든 고난을 겪고서도 아무런 죄를 짓지 않았고, 또한 어리석게 하나님을 원망하지도 않았다.

욥은 마치 죽은 듯 오랫동안 고개를 떨어뜨리고 있다. 아이들 시신이라도 거두러 가야 하는데, 힘이 없어 도무지 일어날 수 없었다. 그는 속으로 여호와의 이름만 부른다. "주님, 오, 나의 하나님, 대체 내게 왜 이러시는 겁니까?"

앞서 사탄은 하나님 앞에서 주장하기를, 욥이 하나님을 경외하는 까닭은 하나님께서 물질의 복을 풍성하게 베푸셨기 때문이라고 했다. 그러므로 만일 하나님께서 재산을 전부 거두면 분명 하나님을 원망하고 저주할 것이라고 장담했다(욥 1:9-11). 욥을 사이에 두고 벌이는 하나님과 사탄의 대결, 그러나 하늘무대에서 벌어지는 그런 대결을 전혀 알지 못하는 욥에게는 돌풍처럼 몰아닥치는 비극적 사건들 앞에서 숨이 턱턱 막힌다. 하나님께 대한 욥의 고백은 힘이 있었지만, 당장의 삶은 너무나 힘들었다. 욥에게 닥친 재앙을 보면서 "어찌 저런 일이 일어날 수 있지? 그동안 욥은 위선자였던 걸까? 그렇지 않고서야…"라고 수군거리는 사람들의 의심 섞인 조롱을 듣는 것도 결코 쉬운 일이 아니었다. 참으로 긴 하루였다.

하지만 사탄의 얼굴은 완전 잿빛이었다. 분명 지금쯤이면 욥의 입에서 하나님께 대한 원망이나 저주의 말이 마구 쏟아져 나와야 하는데, 알몸으로 나와서 알몸으로 돌아가는 인생이지만 그 모든 것을 주관하시는 것은 주님이라는 식으로 변함없는 신앙을 표출하니, 사탄으로선 크나큰 낭패가 아닐 수 없었다. 어쨌든 하나님께 대한 욥의 신앙이 물질적인 풍요에 바탕을 두고 있다는 사탄의 말은 현재로선 틀렸음을 보여준다. 다급해진 사탄은 이간질의 대왕답게 또 다른 이간질거리를 찾으려고 부지런히 머리를 굴리기 시작한다.

2

사탄의 두 번째 시험

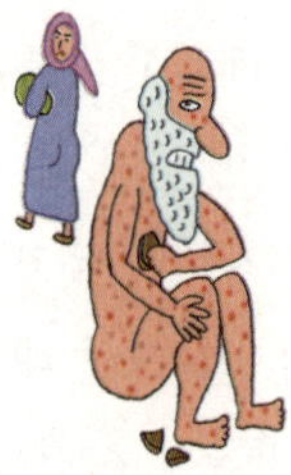

머리에서 발까지 종기가 난 욥은
사금파리로 온몸을 박박 긁네
"차라리 하나님을 욕하고 죽어 버려요."
욥의 아내가 저주하며 욥을 떠나네

1장에 이어 2장도 제1막인 '사건의 발단(도입부)' 부분에 해당된다. 욥의 경건한 신앙을 시기한 사탄은 하나님의 용인하에 욥의 모든 재산을 일거에 몰수함으로써 욥의 신앙을 꺾고 하나님의 권위를 실추시키려 한다. 그러나 모든 재산을 잃었음에도 하나님께 경배 찬송을 드리는 욥의 놀라운 신앙고백으로 사탄의 시도는 철저히 실패한다.

하지만 이간질의 대왕 사탄은 포기하지 않는다. 하나님의 용인하에 욥의 신체에 손댐으로써 자신의 사악한 목적을 끝내 달성하고자 한다. 욥기 2장에는 그런 사탄의 사악한 2차 시도가 묘사되고, 그와 더불어 욥이 당한 극심한 고난의 소식을 전해 듣고 친구를 위로하기 위해 욥을 방문하는 욥의 세 친구들이 등장한다.

[제1막 제2장의 계속, 무대는 다시 천상의 하나님 보좌와 그 대전. 모든 것들이 빛나고 장중하며 화려하다. 다시금 천상에서 이루어지는 하나님과 사탄 간의 두

번째 대화에 이어 하나님의 허락하에 사탄이 욥에게 두 번째로 시험을 가한다.]

욥에 대한 사탄의 두 번째 시험 (2:1-10)

[내레이션] 하루는 하나님의 아들들이 와서 여호와 앞에 모여 서 있었는데, 사탄도 와서 그들과 함께 여호와 앞에 서 있었다. 그때 여호와께서 사탄에게 물으신다.

모든 재산을 잃고도 욥이 하나님을 원망하거나 저주하지 않자, 처음에는 잿빛 얼굴로 경직된 모습을 보이던 사탄은 또 다른 음흉한 꾀를 짜내고는 자신감을 되찾는다. 얼핏 보면 사탄은 천사들의 용모와 비슷하다. 본래 천사였기 때문이고, 종종 천사인 양 가장하기 때문이다.

'하나님의 아들들' 곧 천사들은 하나님을 찬송하고 그분께 시중들기 위해 하나님 앞에 모여 선 것이지만, 사탄은 단지 욥을 참소하기 위한 이간자로서 하나님 앞에 선 것이다.

(여호와, 장중한 목소리로) "사탄, 너는 어디를 갔다 오는 길이더냐?"

(사탄, 뭔가 못마땅한 듯 시큰둥한 표정을 지으며) "땅 위 여기저기를 두루 돌아다니다가 오는 길입니다."

(여호와, 자기 종 욥이 더욱 자랑스럽다는 표정으로) "그래? 그렇다면 너는 내 종 욥을 유심히 살펴보았느냐? 세상에 욥만큼 신실하고 올곧은 사람은 없느니라. 그는 흠잡을 데 없이 정직하고 올곧은 사람으로 언제나 하나님을 경외하고 모든 악을 멀리하느니라. 일전에 네가 나를 충동하여 아무런 이유 없이 욥의 모든 재산을 쳐서 한순간에 그를 완전히 망하게 하였지만, 그래도 그는 자신의 온전한 믿음을 잃지 않았느니라."

(사탄, 자신이 옳다는 것을 내세우며 이간질하는 얍삽한 목소리로) "쳇, 가죽은 오직 가죽으로만 맞바꾼다지 않습니까. 사람이란 본래 자기 목숨을

위해서라면 자기가 가진 모든 것들을 전부 내어주는 법입니다. 그러므로 만일 주께서 손을 뻗쳐 욥의 살과 뼈를 내리쳐보십시오. 그러면 장담컨대 그는 틀림없이 주의 면전에서 분명 주를 저주할 것입니다."

(여호와, 사탄의 말이 어림도 없다는 듯, 그러면서 욥의 신실함을 믿는다는 듯) "뭐라? 좋다, 그렇다면 욥의 몸을 네 손에 붙이노라. 하지만 그의 목숨만은 절대로 건드리지 말지니라."

사탄은 슬슬 하나님을 충동시킨다. 그렇지만 이 표현은 영적인 일을 인간의 언어로 쉽게 묘사한 것일 뿐이다. 실제로 하나님은 누구에게서도 충동받지 않으신다. 다시 말해 누구도 하나님을 부추겨 하나님으로 하여금 무슨 일을 하도록 조종할 수 없다. 그래서 사실을 따지면, 사탄이 하나님을 충동질한 것이 아니라, 하나님께서 먼저 사탄에게 욥에 관하여 언급하셨고(욥 1:8), 나중에는 욥을 시험해도 좋다고 허락하신 것이다 (욥 1:12).

한편, 사탄이 말한바 "가죽은 오직 가죽으로만 맞바꾼다."는 표현은 고대사회의 격언으로 여겨지는데, 인간이 자신에게 가장 중요한 목숨을 보전하기 위해서는 모든 것을 다 내어준다는 뜻이다. 즉, 내면적 가죽(목숨)을 지키기 위해선 외형적 가죽(재산, 가축, 자녀 등)은 얼마든지 버릴 수 있다는 의미다. 따라서 사탄의 말인즉슨, 욥에게는 아직 목숨을 부지할 만한 건강이 남아있기에 재산과 자녀를 잃어도 하나님을 저주하지 않고 있다는 간교한 이간질이다.

[내레이션] 여호와의 말을 듣고, 사탄은 '얼씨구나!' 하면서 만면에 자신감 넘치는 웃음기를 지으면서 욥을 시험하기 위해 곧장 여호와 앞에서 물러간다. 여호와 앞에서 물러난 사탄은 그 즉시로 욥의 몸을 쳐서 신체의 발바닥에서부터 정수리까지 욥의 온몸에 악성 종기가 나게 했다. 욥은 너무나 아프고 고통스러워서 잿더미 위에 앉아 깨진 토기그릇

조각으로 자신의 온몸을 박박 긁었다. 그런 욥의 모습을 보고, 그의 아내가 욥에게 말한다.

욥의 온몸에 순식간에 악성 종기가 생겼다. 욥이 앓은 악성 종기는 일종의 '상피병'(象皮病)으로 보인다. 이 병은 타는 듯한 고열, 궤양성을 지닌 부기, 참을 수 없는 가려움증, 곪아터지는 종기 등을 동반한다. 본래 이 병은 신체의 일부분에서 발병하지만, 증세가 심해지면 온몸으로 퍼지고 여러 합병증을 일으킨다.

이 같은 질병으로 인해 욥은 보기 흉측한 외관 손상(욥 1:12), 피부 염증과 부스럼(욥 7:5), 환각작용(욥 7:14), 극도로 야윔(욥 19:20), 참기 힘든 극심한 통증(욥 30:17) 등을 겪었다. 욥은 깨진 토기그릇 조각으로 가려운 곳을 박박 긁어보지만 긁는 순간의 시원함은 잠깐뿐이고 더욱 가렵고 아파서 견딜 수가 없어진다. 거친 토기 조각으로 덧난 상처는 금방 진물이 생긴다. 욥의 아내가 남편의 그런 몰골을 보며 혀를 찬다.

[제1막 제2장의 계속, 무대는 우스 땅, 욥의 무너진 집터. 모든 재산과 자녀를 잃고 건강까지 무너진 욥이 초췌한 몰골로 잿더미 위에 앉아 있다.]

(욥의 아내, 모든 것을 체념한 듯 신경질적이고 앙칼진 목소리로) "이봐요, 이런 지경이 되었는데도 당신은 당신의 하나님한테 그 잘난 신실함을 온전히 지킬 거예요? 차라리 하나님을 저주하고 죽어버려욧!"

(욥, 힘없는 목소리로. 하지만 당당한 태도로) "오, 나의 아내여, 어리석은 여자들처럼 그렇게 말하지 말아요. 하나님께서 복을 주실 때는 좋아라 하고 받았으면서, 이렇게 고난을 베푸신다고 그분을 내팽개치란 말이오? 난 그렇게 못하오."

[내레이션] 이렇게 욥은 그 모든 극심한 고난을 겪으면서도 하나님께

"이 지경인데도 그 잘난 신앙을 지킬 거예요?"

대하여 그 입술로 죄를 짓지 않았다.

아내의 말은 비수가 되어 욥의 심장을 찌른다. 그러나 욥은 아내를 안다. 아내는 참혹한 상황에 판단력을 잃고 아주 어리석은 말을 하고 있지만 원래부터 그렇게 악한 여자는 아니다. 자식을 잃은 아버지보다 자식을 잃은 어머니는 더욱 아프고 슬프기 때문이다. 그렇다고 아내의 말을 따라 하나님을 저주하고 자결할 수는 없는 일이다.

욥이 아내에게 답한 것처럼, 하나님은 복(福)뿐만 아니라 고난도 베푸신다. 하나님은 믿는 자들에게도 때때로 고난이 임하는 것을 허용하신다(사 45:7). 하지만 모든 화(禍)와 고난은 하나님의 철저한 통제 아래 놓여 있기 때문에, 어떤 고난이든 믿는 자를 끝내 멸망시킬 수는 없고, 궁극적으로는 모든 것이 합력하여 선(善)을 이룬다(롬 8:28).

[제1막 제3장, 무대는 동방의 우스 땅 욥의 무너진 집터. 절친한 친구 욥이 끔찍한 재난을 겪고 있다는 소식을 전해 들은 욥의 세 친구들이 각처에서 올라와 다 함께 욥을 방문하는 장면이다.]

욥의 고난 소식을 전해 듣고 욥을 방문한 세 친구 (2:11-13)

[내레이션] 그때에 욥의 세 친구 곧 데만 사람 엘리바스와 수아 사람 빌닷과 나아마 사람 소발이 욥에게 닥친 그 모든 재앙과 고난에 관한

> 이야기를 전해 듣고, 욥을 직접 방문하여 그를 위로하기로 약속하고 저마다 집을 떠나 욥에게로 나아왔다. 욥의 세 친구가 멀리서 눈을 들어 욥을 바라보니, 욥의 몰골이 하도 처참해서 도무지 욥인 줄 알아보기조차 어려울 정도였다. 욥의 친구들은 일제히 큰 소리로 울면서 자기들의 겉옷을 찢고 티끌을 머리 위에 뿌렸다. 그러고 나서 세 친구는 욥과 함께 바닥에 주저앉아 7일 밤낮을 같이 지냈다. 그동안 친구들 중 어느 누구도 욥에게 말 한마디 붙여보지 못했다. 욥이 겪고 있는 고통이 너무나 처참해서 누구도 그 입이 차마 떨어지지 않았기 때문이었다.

주인공인 욥 다음으로 비중 있는 역할을 맡은 욥의 세 친구가 등장하는 장면이다. 세 친구의 이름은 엘리바스, 빌닷, 그리고 소발이다. 본서에 나타난 그들의 모습을 통해 미루어 짐작해볼 수 있는 것들은 이러하다.

첫째, 세 친구 중 적어도 한두 명은 욥보다 연장자다(욥 15:10). 둘째, 셋이서 서로 약속하여 날짜를 정해 욥을 위문하러 온 것을 보면, 이들은 평소부터 서로 잘 알고 지내던 사이다(욥 2:11). 셋째, 동방의 큰 부자이며 경건한 의인인 욥과 친밀하게 교제해온 걸로 미루어 보면, 이들 역시 당시에 나름 의로운 자들로서 상당한 수준의 재물을 지닌 각 지역의 유지들이다. 넷째, 욥과 의견을 주고받을 때 이들이 펼친 논리를 보면 이들은 전통적인 히브리 신앙을 지닌 매우 학식 있는 인물들이다.

한편, 욥의 세 친구는 각각 데만, 수아, 그리고 나아마에 살고 있었다. 먼저 셋 중 최연장자로 여겨지는 엘리바스의 고향인 '데만'은 성경에서 종종 '에돔'을 가리키는 말로 사용되었으나(렘 49:7), 여기서는 사해 남쪽에 위치한 모압 땅의 한 성읍을 가리키는 듯하다(겔 25:13). 다음으로 빌닷의 고향인 '수아'는 본래 아브라함의 후처인 그두라가 낳은 아들 이름인데(창 25:22), 여기서부터 아라비아 족속의 조상이 된 수아의 후손들이 사는 지역을 가리키는 말이 된 듯하다. 따라서 '수아'는 아라비

욥의 몰골에 친구들이 할 말을 잃다

아 지역에 위치한 어느 성읍으로 추정된다. 마지막으로 소발의 고향인 '나아마'에 대해서는 딱히 알려진 바가 없다. 성경을 살펴보면, 욥기 외에 가나안 정복 후에 유다 지파의 후손들이 분배받은 기업의 땅 가운데 '나아마'가 딱 한 번 언급되고 있긴 하지만(수 15:41), 그곳이 소발의 고향인 나아마와 동일한 지역인지, 아니면 이름만 같은지는 확인할 길이 없다.

세 친구들은 차마 똑바로 쳐다보기조차 힘든 욥의 흉측한 몰골에 아무 말도 할 수 없었다. 아무리 그래도 그렇지, 사람이 하루아침에 어찌 이런 일을 당할 수 있단 말인가. 아무리 생각해도 그들은 욥을 위로할 어떤 단어조차 찾지 못했다. 그래도 절친한 친구들이었기에 어설픈 위로보다는 옆에 가만히 앉아 있어 주는 쪽을 택할 수밖에 없었다.

그들은 무려 밤낮 일주일 동안을 욥과 함께 바닥에 주저앉아 아무 말 없이 욥의 곁에 있어 주었다. 무어라 형언키 어려운 고통스럽고 어색한 침묵의 시간이 흘러갔다.

3
태어난 그날이 없었더라면

긴 침묵 후에 욥이 입을 여네
어느 해 어느 달에도 태어나지 않고
어둠 속에 푹 잠겨 있었더라면
내가 태어난 그날이 없었더라면

본서의 주제인 '욥의 고난'에 관하여 그 배경이 되는 '사건의 발단(도입부)' 부분이 마무리되고(1-2장), 이제 본격적으로 사건이 펼쳐지는 '전개' 부분에 이르렀다. 사건의 전개 부분은 제1차 논쟁(제2막, 3-14장)과 제2차 논쟁(제3막, 15-21장), 그리고 제3차 논쟁(제4막, 22-31장)으로 구성되어 있는데, '욥의 고난'이라는 주제를 놓고서 욥과 그의 세 친구 사이에서 자신의 주장을 피력하고 또 상대방의 주장에 대하여 반박하는 내용으로 이루어졌다.

제 2 막 : 사건의 전개 ❶ (제1차 논쟁, 3-14장)

욥기의 제2막은 '사건의 전개 부분'으로, 욥과 그의 세 친구들 간에 주고받는 '제1차 논쟁'으로 구성되었다. 먼저 욥이 혹독한 고난에 처한 자신의 처지를 탄식하는 장면이 나오고(3장), 그 뒤를 이어 엘리바스와 욥(4-7장), 빌닷과 욥(8-10장), 그리고 소발과 욥(11-14장)이 서로 간에 변론하고 답변하는 장면이 전개된다.

[제2막 제1장, 무대는 우스 땅 욥의 무너진 집터. 욥은 초췌한 몰골로 잿더미 위에 앉아 있고, 그의 세 친구는 7일 주야를 침묵하며 함께 슬퍼하고 괴로워한다. 그러다가 마침내 욥이 입을 열어 자신의 비참한 처지를 절규하듯 한탄하고, 그의 주변에서 욥의 세 친구들은 무척 곤혹스러운 표정으로 가만히 듣고 있는 장면이다.]

혹독한 고난에 대한 욥의 탄식과 하소연 (3:1-26)

[내레이션] 세 친구가 욥의 소식을 전해 듣고 그를 위로하기 위해 욥을 방문한 뒤로 밤낮 침묵하며 7일이 지난 후, 마침내 욥이 먼저 입을 연다. 그는 자신이 세상에 태어난 날 곧 자신의 생일을 저주하면서 탄식한다.

욥기가 극시(劇詩) 형태의 작품인 만큼, 여기 욥과 그의 세 친구의 말을 음악극인 오페라의 레치타티보(Recitativo, 대사와 노래의 중간적 성격을 지닌 것으로 마치 대화하듯 노래하는 형태) 혹은 아리아(Aria, 주인공이 자신의 처지나 심경과 관련해서 독백처럼 부르는 노래)인 양 간주하고 감상해도 좋을 것이다.

친구들이 방문한 지도 7일이 지났다. 세 친구들은 욥의 참상에 줄곧 침묵을 지켰다. 참혹한 재앙을 겪은 욥은 처참한 몰골도 몰골이지만 지금 자신이 겪고 있는 고난의 원인과 의미에 대해 생각하느라 굵은 주름살이 더 굵어졌다. 며칠 만에 팍삭 늙어버린 친구의 얼굴에 대고 세 친구들은 무슨 말도 할 수 없었다. 7일 동안의 어색한 침묵의 시간이 흐르자, 먼저 침묵을 깬 쪽은 욥이었다. 뭐라고 힘겹게 구시렁거려서 가만히 귀를 기울여보니, 자기의 생일을 저주하는 내용이다.

욥이 자기의 생일을 저주했다는 것은 그의 깊은 고뇌와 극심한 육체적 고통을 보여준다. 욥은 자신에게 갑작스럽게 들이닥친 극도의 정신적 고뇌와 극심한 육체적 고통으로 인해 차라리 자신이 태어나지 않았으면 더 좋았을 것이라는 강렬한 표현으로 자신이 태어난 날을 저주한 것이다. 욥은 자신의 출생을 저주한 것일 뿐, 사탄이 기대했던 대로 그토록 극심한 고통을 안겨준 하나님을 향해 저주하는 일은 결코 하지 않은 것이다.

(욥, 갑작스럽게 들이닥친 큰 육체적, 정신적 재난 앞에서 어찌할 바를 몰라 마침내 입을 열어 구시렁댄다. 소리는 작지만, 내용은 절규하는 목소리다. 큰 고뇌와 고통에 휩싸인 목소리다.) "아, 내가 태어난 그날이 차라리 사라지고 없었더라면! '사내아이가 태어났다!' 하면서 좋아하던 그 밤도 차라리 없었더라면! 그날이 캄캄한 어둠으로 온통 뒤덮여서 높은 곳에 계시는 하나님도 그날을 상관하지 않으셨더라면! 아예 그날에는 동이 트지도 않아서 날이 밝아오지 않았더라면!"

욥은 극도로 참혹하고 절망적인 고통스러운 현실로 인해 아예 자신의 출생(생일) 자체를 미워하고 부정하기에 이른다. 그래서 그는 "~없었더라면!", "~않았더라면!", "~했더라면!"이라는 '가정법 과거완료'의 시제를 사용하여, 자신이 태어난 날을 원망하고 저주한 것이다. 물론 이 같은 욥의 발언은 인생의 생사화복을 주관하시는 하나님의 주권보다 자신의 감정을 앞세운 것이긴 하지만, 달리 생각해 보면 그토록 의롭고 경건한 욥이 이렇게 말할 수밖에 없는 상태인 것을 보면, 지금 그가 처한 현실이 얼마나 끔찍하게도 고통스럽고 참혹한 것인지를 짐작할 수 있다. 우리에게 엄청난 고통이 찾아왔을 때 이런 탄식마저 하지 못한다면 속은 까맣게 타서 다 뭉개져버릴 것이다. 그러니 이런 때는 토해내야 한다. 탄식이 원망이나 저주는 아니다. '가정법 과거완료'의 시제를 사용한 욥의 한탄과 하소연은 계속 이어진다.

"흑암과 죽음의 그림자가 그날을 자기 것이라 주장하여 검은 구름으로 그날을 꽁꽁 감쌌더라면! 깊은 어둠이 그날을 덮쳐 빛을 모두 가리고 낮을 캄캄하게 만들어 버렸더라면! 그 밤이 흑암으로 완전히 뒤덮여서 그날이 아예 일 년 가운데 어느 날에도 끼이지 못하고 어느 달에도 들지 않았더라면! 아, 그 밤에는 아무도 잉태하지 못하여 그 누구도 기쁨의 환호성을 지를 수 없는 밤이었더라면!"

셰익스피어(William Shakespeare, 1564-1616년)의 4대 비극 작품(햄릿, 오셀로, 리어 왕, 맥베스)을 연상케 하는 훌륭한 수사학적 표현이다. 셰익스피어가 태어나기 무려 3,500여 년 전에 욥기의 저자는 욥의 고통과 번뇌를 이토록 수려한 수사학적 표현으로 묘사했던 것이다. 그러한 묘사는 계속 이어진다.

"날을 저주하는 자들 곧 '리워야단'을 격동시켜 불러낼 수 있는 자들이 내가 태어난 그날을 저주하여 없애 버렸더라면! 그날에는 차라리 새벽 별들이 빛을 잃어서 아침이 영영 밝아오지 않았더라면! 그날에는 동이 트지 않아 새벽 햇살이 아예 비추지도 않았더라면! 그 밤에는 어머니의 태가 열리지 않아 내가 세상에 태어나지 않았더라면!"

'날을 저주하는 자'란 '전문적인 주술사(마법사)'를 가리킨다. 고대 중근동 세계의 사람들은, 발람(Balaam, 민 24:1)과 같은 전문적인 주술사는 우주 질서의 대적자인 리워야단(큰 용 혹은 큰 악어)을 자극시켜, 그로 하여금 해와 달을 삼켜버리게 함으로써 날들을 불행하게 만드는 특별한 기술을 가지고 있다고 믿었다.

'리워야단'은, 고대 바벨론 신화에서는 해와 달의 빛을 가릴 수 있는 힘을 소유한 신화적인 용(龍)을 가리키고, 유대교 설화에서는 천지창조 때 하나님에게 도전하다가 싸움에 져서 쫓겨난 신화적인 피조물로 여겨진다. 후대에는, 강력한 힘을 소유한 '큰 악어'를 가리키는 데 사용되기도 했다(욥 41:1).

> "아, 그랬더라면 얼마나 좋았을까! 그랬더라면, 지금 내가 이 처참한 고통을 내 눈으로 지켜보지 않아도 되었을 것을!"

참 아프다! 내 자녀들에게 어찌 이런 일이…. 이런 아버지를 만나지 않았더라면 지금 살아있었을 열 명의 내 아이들…. 이럴 운명이라면 차라리 내가 태어난 날이 달력에서 아예 없었거나 어머니 뱃속에서 죽어 유산되었더라면, 지금과 같은 끔찍하고 참혹한 현실을 마주하지 않았을 것을…. 정말로 그랬더라면 욥이란 존재 자체가 세상에 없었을 것이고, 사탄의 시험도 당연히 없었을 것이니, 지금 당하는 이 끔찍한 재난과 고통도 없었을 것이다.

그러나 현실은 늘 비정하다. 현실 세상에서 '만약…'이라는 가정법은 통하지 않는다. 욥은 하나님의 주권으로 세상에 태어났고, 너무나 의롭고 경건하였기에 사탄의 특별한 시험 대상이 되어 이토록 끔찍한 재난과 고통을 겪고 있는 것이다.

> (계속해서 욥, 현실의 고통과 번뇌가 너무나 극심하여 차라리 유산되거나 사산되지 않고 세상에 태어난 것을 한탄한다. 절망과 비통함에 흠뻑 젖은 처절한 목소리다.)
> "아, 어찌하여 내가 어머니 뱃속에서 죽지 못했던고! 어찌하여 내가 어머니 뱃속에서 태어나는 그 순간에 숨이 끊어지지 않았던고! 어찌하여 그날 밤에 나를 받아낼 무릎이 있었던고! 어찌하여 그날 밤에 내가 빨아먹을 젖이 있었던고!"

욥은 결국 유산(流產)이나 사산(死產)을 갈망하는 한탄까지 내뱉는다. 당시의 욥에게는 죽음이 삶보다 훨씬 나은 상태로 인식되었다. 그래서 땅 위에서의 삶(이승)보다 땅 아래서의 죽음(저승)이 더 편할 것이라고 생각한 것이다.

"아, 어찌하여 모태에서 죽지 못했던고!"

"내가 세상에 태어나지 않았더라면, 이 목숨 일찌감치 끊겨 지금쯤 편히 누워 푹 쉬고 있었을 텐데! 지금은 허물어져 폐허가 된 성터에서 세상의 왕들 및 대신들과 나란히 누워 쉬고 있었을 텐데! 황금과 은으로 자신의 온 집안을 가득 채웠던 뭇 통치자들과 함께 편히 누워 쉬고 있었을 텐데! 세상의 빛을 보지도 못하고 어머니 뱃속에서 사산한 핏덩이처럼 지금쯤 땅속에서 편히 잠자고 있었을 텐데! 거기 무덤은 악한 자들도 모든 소란을 그치고 삶에 지친 자들도 모든 짐을 내려놓고 편히 쉬는 곳일 텐데! 진실로 그곳은 포로된 자들과 갇힌 자들도 함께 편히 쉬고, 억압하는 자들과 노예를 부리는 감독관의 다그치는 외침 소리도 더 이상 들리지 않는 곳일 텐데! 그곳은 높은 자와 낮은 자 사이에 아무런 구별이 없고, 종들도 주인에게서 풀려나 마음껏 자유를 누리는 곳일 텐데!"

고대 히브리인들이 지녔던 우주관은 단순했다. 평평한 땅이 있고, 땅 위에는 하늘이 있으며, 땅 밑에는 음부(스올)가 있다고 생각했다. 평평한 땅은 사람들과 각종 동물들이 살아가는 장소이고, 땅 밑은 죽은 자들이 들어가는 거대한 무덤이라고 보았다.

땅 위의 하늘에 대해서는 삼층천(三層天)의 개념을 가졌는데, 일층천은 땅의 위쪽에 보이는 대기권의 하늘로서, 여기에는 새들이 날아다니고 비와 눈과 이슬 등이 내려오는 공간으로 이해되었다(욥 38:29; 시 147:8).

이층천은 해와 달과 별들이 붙어있는 궁창 및 그 위에 거대한 양의 물이 저장되어 있는 광대한 우주공간으로서의 하늘로 이해되었다(욥 9:9; 시 33:6). 그리고 삼층천은 하늘 위의 하늘로서 하나님과 천사들이 거처하는 공간으로 이해되었다(시 33:14; 사 57:15).

이런 관점에서 욥은 자신이 아예 처음부터 땅 위의 세상에 태어나지 말고 땅 밑의 무덤으로 곧장 내려갔더라면, 지금의 참혹한 고통과 고뇌를 겪지 않고 먼저 그곳에 내려가 있는 뭇 사람들과 더불어 편히 누워 쉬고 있었을 것이라고 한탄한 것이다.

"아, 그러나 어찌하여 내가 세상에 태어나게 되어 그토록 편안한 무덤에 들어가지 않았던고!"

욥의 말처럼, 태어나지 않은 삶이 고통스런 삶보다 더 나은 것일까? 극도의 불행과 고통 속에서, 욥은 처음부터 아예 태어나지 않는 삶이 더욱 낫다고 생각했다. 하지만 성경의 가르침은 그렇지 않다. 모든 삶은 하나님께로부터 주어진 고귀한 선물이다. 비록 당장은 고통스런 삶일지라도, 그것을 통해 하나님의 계획과 영광이 드러난다(요 9:1-3).

"아, 어찌하여 하나님께서는 불행한 사람들에게 빛을 주시고, 고통과 괴로움뿐인 사람들에게 생명을 주시는가. 그런 사람들은 그토록 죽음을 갈망하건만 어찌하여 죽음은 찾아오지 않는 것인가. 꼭꼭 감추어진 보물을 애써 찾는 것 이상으로 그토록 애타게 죽음을 찾고 있지만 어찌하여 죽음을 찾을 수 없는 것인가. 마침내 죽음을 찾아 무덤 속으로 들어갈 수만 있다면, 그보다 더한 기쁨이 없으련만! 인생의 앞길이 한 치도 보이지 않는 사람에게 어찌하여 하나님께서는 목숨을 주시는가. 어찌하여 하나님께서는 사방팔방으로 갈 길을 꼭꼭 틀어막으시면서 그 사람을 계속 살게 하시는가."

죽음을 그토록 찾아 헤맨다면 혹시 욥은 자살을 생각하고 있는 것인가? 그렇지 않다! 말할 수 없는 상실감과 육체적인 극한 고통의 한가운데서 욥은 죽음을 갈구한다고 말했지만, 그는 결코 스스로 자신의 목숨을 취할 행동을 계획하지는 않았다. 죽음을 갈구한다는 욥의 말은 견디기 힘든 삶의 고통에 대한 깊은 한탄과 하소연의 표현일 뿐이다. 하나님께서 주신 생명을 스스로 취하는 자살은 살인 행위와 다름없다.

> "그러하므로 음식을 앞에 놓고서도 한숨부터 푹푹 쏟아지고 신음소리가 물처럼 콸콸 쏟아져 나오는구나. 내가 그렇게도 두려워하던 일이 결국 나에게 닥쳤고, 내가 그렇게도 무서워하던 일이 마침내 나에게 닥쳐오고야 말았구나. 죽을 수조차 없는 나에게 평안과 안정과 휴식은 어디론가 사라져 눈 씻고도 찾아볼 수 없고, 그저 끝없는 고통만이 파도처럼 내게로 계속 밀려오는구나."

평소에 욥은 번영과 축복 가운데서도 행여 하나님께 죄를 지을까봐 자신과 자녀들의 경건과 성결을 유지하는 데 최선을 다했다(욥 1:5). 그런데 대체 무슨 까닭인지, 욥 자신이 그렇게도 염려하고 두려워하던 일이 일어나고 말았다. 하루아침에 모든 것들(소유물의 번성, 건강, 하나님과의 친밀한 교제 등)을 잃고 말았던 것이다.

하지만 욥은 아무리 생각해 보아도 자신이나 자녀들에게 그토록 가혹한 재난과 불행이 닥친 것을 이해할 수가 없었다. 그럴 만한 죄를 짓지 않았던 것이다. 바로 여기에 욥의 깊은 고뇌와 번민이 있었다. 자신에게 닥친 재난과 불행의 원인을 알지 못해 욥은 지금 육체적 고통 이상의 정신적, 신앙적 고통을 극심하게 겪고 있는 것이다.

4
엘리바스의 1차 변론(1)

엘리바스가 욥에게 말하네
기가 막혀 말이 안 나오네
굳세던 그 모습은 어디로 갔나
악은 악을 거두게 마련이구나

[제2막 제2장, 무대는 우스 땅 욥의 무너진 집터. 욥기의 제2막 제2장은 엘리바스의 변론(4-5장)에 대하여 욥이 답변하는 장면이다(6-7장). 욥의 한탄과 하소연을 다 듣고서, 욥의 세 친구 가운데 가장 나이 많은 엘리바스가 첫 번째로 자신의 주장을 펼치기 시작한다. 이로써 욥과 그의 친구들 간의 제1차 논쟁이 본격적으로 진행된다.]

욥의 고난에 대한 엘리바스의 첫 번째 변론 (4:1-21)

[내레이션] 욥의 탄식과 하소연을 듣고, 세 친구 중 가장 나이 많은 데만 사람 엘리바스가 마침내 입을 열어 욥을 향해 말한다.

엘리바스는 욥의 세 친구 가운데 가장 연장자이고(욥 15:10) 경험 많은 노련한 인물이다. 그러했기에 각 변론에서 우선권을 가지고 대화를 주도한다(욥 42:7). 욥을 향한 그의 1차 변론은 4장과 5장에 걸쳐 길게 진행된다. 엘리바스의 처음 변론은 매우 세련되어 있으며 보편타당한 진리를 전하고 있다.

(엘리바스, 욥의 처지를 가련하게 생각하면서 그를 위로하고 다독이며 분발하라는 말투로) "욥, 지금은 누가 무슨 말을 하더라도 자네는 짜증스러워 견딜 수가 없겠지. 하지만 언제까지나 입을 닫고 가만히 물러나 있을 수가 없어서 내가 자네에게 한마디 해야겠네. 생각해 보게나, 자네는 많은 사람들에게 가르침을 베풀어주었고, 연약한 사람들에게 용기를 북돋워주었지. 비틀거리는 사람들을 격려하여 부축해주었고, 힘이 빠져 흐느적거리는 사람들에게 힘이 되어주었지."

엘리바스는 욥이 행한 선행과 업적을 인정하는 것으로 변론을 시작한다. 의롭고 경건한 욥은 평소에 언행일치의 삶을 살았다. 그래서 그는 많은 사람들에게 베풀고 돕고 격려하며 힘이 되어주는 모범적인 삶을 살았다. 오랜 교분을 통해 욥을 지켜본 욥의 친구들도 그런 사실을 익히 알고 있었다. 이처럼 욥은 존경받고 영향력 있는 유력한 인물로서 의심할 나위 없이 나눔과 공의를 실천한 의로운 인물이었다(욥 29:7-17).

그런데 엘리바스가 욥의 긍정적 측면을 먼저 부각시킨 것은 고난에 빠진 욥을 위로하고자 하는 이유도 있겠지만, 현재 욥에게 닥친 재난이 범죄의 결과임을 은근히 암시하려는 의도가 깔려 있었다.

"그런데 욥, 자네에게 막상 어려운 일이 닥치고 보니 어찌할 바를 모르는군. 자네에게 막상 불행이 닥치니 낙담하여 쩔쩔매는군. 하나님을 경외하던 자네의 그 꿋꿋함은 다 어디로 갔는가. 올곧게 흠 없이 살고자 했던 자네의 그 소망은 다 어디로 갔는가 말일세."

자신이 태어난 날을 저주하며 아예 태어나지 말고 처음부터 무덤 속으로 들어갔으면 좋겠다는 욥의 한탄과 하소연을 듣고서(욥 3장), 엘리바스가 적잖게 실망하여 은근히 면박을 주는 장면이다. 욥의 탄식을 불평과 원망으로 이해한 것이다. 욥의 탄식을 들어보면 그렇게 오해할 만도 했다. 그의 말은 이어진다.

"욥, 한번 잘 생각해 보게. 세상에 죄 없는 사람이 망하는 것을 보았는가? 올곧게 사는 사람이 멸망하는 것을 보았는가? 내가 지금껏 본 바로는, 악으로 땅을 갈고 고통의 씨를 뿌리는 자는 결국 자기가 뿌린 대로 그 악과 고통을 스스로 거두더군. 하나님께서는 마침내 진노의 입김으로 그런 자들을 쓸어버리고, 분노의 콧김으로 그들을 끝장내 버리더군. 사자들은 으르렁거리며 크게 울부짖지만, 그처럼 용맹을 자랑하던 젊은 사자의 이빨도 부러질 때가 오는 법이지. 늙은 사자는 먹이가 없어 죽어가고, 힘센 사자의 새끼들은 뿔뿔이 흩어지고 만다네."

데만 사람 엘리바스의 변론은 다분히 자신의 경험에 바탕을 두고 있다. 세상을 오래 산 연장자답게 자신의 오랜 경험에 비추어 욥의 고난을 바라보고 있다. 그러나 엘리바스의 말처럼, 의인은 멸망하지 않고 악인은 반드시 멸망하는 것이 아니다. 세상사에서 선한 자가 상을 받고 악한 자는 벌을 받는, 이른바 권선징악의 원리가 보편적이기는 하지만 예외적인 경우도 아주 많다. 그래서 죄 없는 의인일지라도 고통을 겪고 죄 많은 악인일지라도 번영을 누리기도 한다. 지금 욥의 고난이 그렇고, 형 가인에게 죽임당한 의인 아벨이 그런 경우다(마 23:35).

"악인은 결국 자기가 뿌린 대로 악과 고통을 거두더군!"

여기서 엘리바스가 예로 든 사자(獅子)는 '악인'을 상징하고 있다. 용맹하고 강인한 사자도 언젠가는 이빨이 부러지고 더 이상 먹잇감을 구하지 못하게 되듯이, 악인도 언젠가는 하나님의 징벌을 받아 반드시 망하고 만다는 논리다. 엘리바스의 변론은 이어진다.

> "하루는 내게 어떤 말소리가 은밀하게 들려온 적이 있어서 내가 귀를 기울여 그 소리를 들었지. 한밤중 모든 사람이 깊은 잠에 빠져 있을 무렵, 꿈자리가 뒤숭숭한 가운데 갑작스레 강한 두려움과 떨림이 나를 사로잡아 내 모든 뼈 마디마디가 와들와들 떨릴 지경이었다네. 바로 그때, 한 영이 바람같이 내 얼굴을 스치고 지나가더군. 그 순간, 내 온몸의 털이 쭈뼛 곤두섰다네. 그런데 바로 그때 무언가가 내 앞에 멈추어 섰네. 그것이 무엇인지는 알 수 없었어. 아무튼 내 눈앞에 어떤 형상이 서 있었고, 나는 침묵 속에서 이런 소리를 들었다네. 자, 들어 보게나."

지금 엘리바스는 자신이 겪은 특이한 체험을 욥에게 들려주고 있다. 아마도 한밤중에 비몽사몽간에 어떤 환영(幻影)을 본 듯하다. 그가 없는 일을 억지로 지어낸 것으로 보기는 힘들기 때문에, 나름대로 밤에 꿈속에서 어떤 두렵고도 떨리는 체험을 한 것만은 분명해 보인다.

하지만 그 체험은 후일에 사도 바울이 체험한 것과 같은 성령에 의해 주어진 환상은 아니다(행 16:6-10). 왜냐하면 엘리바스는 욥에 대한 자신의 충고를 뒷받침하기 위해 이 체험을 언급한 것인데, 비록 그의 충고가 어떤 면에서는 진리에 약간 부합되는 내용을 포함하고 있다 할지라도, 결국 그의 충고는 나중에 하나님에 의해 옳지 못한 것으로 책망받았기 때문이다(욥 42:7). 따라서 그의 체험 이야기도 사실상 무가치한 것이다.

> "그 형상이 말하기를 '죽어질 사람이 어찌 하나님 앞에서 의로울

수 있으랴. 한낱 사람이 어찌 창조주 하나님 앞에서 깨끗하다 할 수 있으랴. 보라, 하나님께서는 자기 종들조차 믿지 않으시고 자기 천사들조차 흠이 있다 하시거늘, 하물며 흙으로 지어진 육체의 집에서 사는 인간, 한낱 흙먼지에 불과한 사람, 심지어 하루살이에게라도 눌려죽을 사람이야 더 말해 무엇하랴! 사람이란 아침에 살아있다가도 저녁이 되기도 전에 티끌처럼 사라져 아무 예고도 없이 영영 멸망하는 연약한 존재일 뿐! 천막 줄이 쑥 뽑히듯 그들의 생명줄이 뚝 끊어지면, 사람이 얼마나 하찮은 존재인지 깨닫지도 못한 채 어리석게 죽어가지 않더냐!' 하였다네. 그날 밤에 내가 분명 이런 소리를 들었다네."

엘리바스가 꿈에 자기 앞에 나타난 어떤 영에게서 들은 말은 인간의 죄성(罪性), 더러움, 흠결, 나약함, 덧없음, 하찮음, 일시성, 어리석음 등이었다. 한마디로 인간은 별 볼일 없고 아무것도 아닌 티끌 같은 존재라는 것이다. 이 같은 말은 보편적인 관점에서 보면 굳이 틀린 말은 아니지만(롬 3:10), 욥의 고난과 관련해서는 주제의 초점에서 어긋난 무익한 말이다.

당시 엘리바스는 욥에게 임한 고난이 욥의 죄악에 대한 하나님의 공의로운 심판이라고 굳게 믿었다. 따라서 고난을 겪고도 회개하지 않고 탄식하며 하소연을 쏟아내는 욥의 태도는 하나님의 심판을 순순히 받아들이지 않는 불경스러운 태도라고 보았다. '고난은 곧 죄의 대가'라는 고대의 전형적인 인과응보의 사상에 사로잡힌 엘리바스의 독선적인 생각이 아닐 수 없다.

5

엘리바스의 1차 변론(2)

불행은 흙에서 나오지 않고
곤란은 땅에서 나오지 않네
하나님은 땅에 비를 내리시고
슬픔도 기쁨으로 바꾸시네

[제2막 제2장의 계속, 무대는 우스 땅 욥의 무너진 집터. 욥은 초췌한 몰골로 잿더미 위에 앉아 기왓장으로 자신의 종기 난 가려운 몸을 벅벅 긁고 있다. 욥의 세 친구는 그런 욥을 무척 가련한 시선으로 바라보고 있는데, 세 친구 중 가장 연장자인 엘리바스가 4장에 이어 계속해서 자신의 변론을 펼친다. 욥은 괴롭고 답답한 심정으로 엘리바스의 말을 묵묵히 듣고 있다.]

욥의 고난에 대해 엘리바스의 이어지는 첫 번째 변론 (5:1-27)

(엘리바스, 어떻게든 욥을 설득하여 그를 회개의 자리로 이끌겠다는 마음으로)
"이보게 욥, 어디 한번 소리쳐 보게나. 하지만 자네에게 응답할 사람이 어디 있겠는가. 하늘의 거룩한 자들 가운데 과연 누가 자네 하소연에 귀를 기울이겠는가. 어리석은 자는 분개심 때문에 스스로 죽고, 철없는 자는 질투심 때문에 저절로 죽는 법이지. 어리석은 자는 잠시 성공할지 모르지만, 결국엔 뿌리가 없어 순식간에 그의 집안이 왕창 망하고 말더군.

그런 자의 자식들은 어딜 가도 안전하지 못하고, 성문 앞에서 재판을 받아도 누구 하나 그들을 옹호하고 나서는 사람이 없더군. 또 그런 자가 거두어들인 수확물은 굶주린 자들이 후다닥 먹어 치우되 심지어 가시덤불 밭에서 자란 것들까지도 모조리 먹어 치우고, 그런 자의 재산은 목마른 자들이 달려들어 헐떡대며 다 마셔버리더군."

앞선 3장에서 욥이 온몸으로 절규한 그의 탄식과 하소연이 아무런 쓸 데가 없다는 말로, 고난당한 욥의 상처를 세차게 후벼 파는 엘리바스의 혹독하고 모진 말이다. 그러면서 욥을 어리석은 자와 악인으로 은근히 규정하며 욥의 회개를 촉구하고 있다. 엘리바스가 예로 들고 있는 어리석은 악인의 경우처럼, 욥 역시 한때는 크게 번창하고 부유했지만 지금은 급작스럽게 모든 것을 잃고 빼앗긴 가련한 신세가 되고 말았기 때문이다. 한편, 여기 '거룩한 자들'은 하늘나라 회의 때 하나님 앞에 서 있는 자들, 곧 하나님께 시중드는 자들인 '천사들'을 가리킨다(욥 1:6).

"본디 불행이란 흙에서 갑자기 솟아나는 법이 없고, 고생도 어느 날 갑자기 땅에서 생겨나는 법이 없다네. 불티가 위쪽으로 날리는 것과 같이 사람은 고생하려고 태어나는 법이라네."

사람은 고생을 피할 수 없는 존재라는 엘리바스의 말은 본질적인 측면에서는 맞는 말이다. 죄로 타락한 이 세상에서는 어떤 사람도 원천적으로 고생을 피할 길은 없다. 모두가 빠르든 늦든 고생을 겪는다. 다만 더 많은 고생과 보다 적은 고생이 있을 뿐이다. 그렇지만 엘리바스는 도덕적인 악함과 육체적인 고생을 직접 연결시켰다. 부분적으로는 사실이긴 하지만, 적어도 욥의 경우에는 전혀 맞지 않는 논리였다. 욥은 엘리바스의 말에 동의할 수 없었다. "아냐, 그건 내 경우엔 전혀 맞지 않는 논리야!" 욥은 이렇게 반박하고 싶었지만, 엘리바스는 욥에게

엘리바스가 욥에게 속히 회개하라고 다그치다

입을 열 기회를 주지 않고 계속해서 자신의 말을 이어간다.

"내가 자네라면, 하나님께 찾아가 내 사정을 아뢰고 호소해 보겠네. 그분은 측량할 수 없이 놀라운 일들을 행하시고 헤아릴 수 없이 많은 기적들을 행하시며, 땅에 비를 내려주시고 들판에 물이 흐르도록 보내주시는 분이 아닌가. 진실로 그분은 낮은 자들을 높이시고, 슬퍼하는 자들을 기쁘게 하시며, 교활한 자들의 음모를 뒤엎으시어 그들로 아무것도 이루지 못하게 하시며, 슬기롭다고 자랑하는 자들을 제 꾀에 빠뜨리시고, 교활한 자들이 머리를 짜내며 궁리해낸 공교한 계획조차 순식간에 뒤틀리게 하시어 단번에 끝장내버리시는 분이 아닌가 말일세."

하나님의 여러 속성을 언급하면서 엘리바스는 욥에게 충고하기를, 지금 욥이 겪고 있는 고난에 대하여 무엇보다 하나님께 사정을 아뢰고 그분께 호소해 보라고 권고한다. 이 같은 욥에 대한 엘리바스의 충고는 고난에 대처하는 욥의 바람직하지 못한 자세에 대하여 은근한 질책을 내포하고 있다.

"하나님께서 그리하시면 저들은 대낮에도 어둠을 만난 듯 허둥대고 한낮에도 한밤중처럼 더듬거리더군. 그러나 하나님께서는 의지할 데 없는 가련한 사람들에게는 따뜻한 구원의 손길을 베푸셔서 그들을 힘센 자들의 폭력적인 말과 손아귀에서 구해주신다네. 그렇기에 곤궁한 자들이 소망을 가질 수 있고, 불의한 자들이 스스로 자기 입을 다무는 것이 아니겠는가."

불의한 자들처럼 입을 벌려 자기 신세를 한탄하지 말고, 가련한 자들에게 구원의 손길을 베푸시고 곤궁한 자들에게 소망이 되시는 하나님께 모든 사정을 털어놓으면 욥의 고난도 거뜬히 해결될 것이라는 충고다. 이 같은 엘리바스의 충고는 일반적인 경우에는 들어맞겠지만, 욥의 특수한 경우에는 전혀 들어맞지 않았다. '욥의 고난은 그의 죄악 때문'이라는 전제 자체가 틀렸기 때문이다.

그렇지만 우리는 엘리바스를 어리석다고 비난할 수는 없다. 오늘날 우리는 사건의 발단이 되는 욥기 1장과 2장을 읽었기에 왜 욥에게 고난이 임했는지 분명히 알 수 있지만, 당시 욥의 세 친구와 엘리후는 그런 사실을 전혀 몰랐기 때문에 갑작스런 욥의 고난을 제대로 파악할 수 없었던 것이다.

(엘리바스, 자신의 충고를 묵묵히 듣고 있는 욥을 보며 자신의 설득이 욥에게 먹혀들어가고 있다는 자신감을 갖고서) "이보게, 하나님께 징계를 받아서 올바로 선다는 것은 참으로 복된 일이라 할 수 있네. 그러니 전능하신 분의 처벌을 원망하거나 거부하지 말게. 하나님께서는 상처를 주시기도 하지만, 상처를 싸매어 주시기도 하는 분이 아닌가. 우리를 상하게 하시기도 하지만, 또한 손수 치료해 주시기도 하는 분이 아닌가 말일세. 그분은 여섯 가지 재앙 가운데서도 자네를 건져주시고, 일곱 가지 불행을 당하더라도 자네에게 아무런 해가 미치지 않도록 보호해주실 것이네. 혹독한 기근이 들더라도 자네를 굶어죽지 않게 해주실 것이고, 치열한 전쟁 가운데서도 죽음의 칼날을 피하게 해주실 것이네. 또한 자네가 사람들로부터 혀의 채찍을 맞아 저주와 비방 가운데 있더라도, 그분께서 자네를 안전하게 보호해주실 것이므로 자네는 어떤 파멸의 파도가 밀려와도

조금도 두려워할 필요가 없다네."

엘리바스는 하나님께서 욥을 징계하고 계신다는 것을 조금도 의심하지 않았다. 욥이 고난을 겪고 있는 것이 그 증거였다. 모든 고난은 죄의 결과이며 죄를 지은 자는 반드시 하나님께 징계를 받는다는 것이 당시 사람들의 보편적인 사고방식이었다.

엘리바스는 그런 사고방식에서 한치도 벗어나지 못하고 현재 욥이 심각한 고난을 겪는 것은 욥의 죄악에 대하여 하나님께서 징계를 내리시는 것이라고 추론한 것이다. 그러니 욥이 현재의 고난에서 벗어날 수 있는 유일한 길은 자신이 지은 죄를 회개함으로써 하나님께 용서를 구하는 길뿐이라고 생각한 것이다.

그렇게만 한다면, '여섯 가지 재앙'과 '일곱 가지 불행'을 능히 극복할 수 있다고 본 것이다. 여기서 '여섯' 혹은 '일곱'이란 숫자를 연이어 반복한 것은 말하고자 하는 뜻을 강조하기 위한 것으로, 고대 히브리 문학의 수사법 중 하나였다. 여기서는 '모든'(all)이란 뜻을 강조한다.

"그렇다네, 하나님께서 분명 그리하실 것이므로 자네는 기근과 파멸쯤은 하찮게 여겨 웃어넘길 것이고, 땅의 들짐승들도 하등 두려워할 필요가 없을 것이네. 왜냐하면 자네는 밭의 돌멩이들과 풍요의 계약을 맺고 땅의 들짐승들과도 잘 어울려 지낼 터이니 말일세. 결국 자네의 집안은 평화로워 아무런 걱정도 없을 것이고, 또 집안 어디를 샅샅이 둘러보아도 잃은 것이 하나도 없음을 확인할 수 있을 것이네. 게다가 자네의 자손도 늘어나서 그 자손들이 땅에서 자라나는 들풀처럼 아주 무성해질 것이네. 그리고 때가 되어야 곡식 단들이 타작마당으로 운반되어 오듯이 자네도 천수를 다 누리고 나서야 비로소 무덤으로 내려갈 것이네."

욥이 회개를 통해 하나님께 죄 사함을 받게 되면, 다시 말해 욥이 하나님과 먼저 화평을 이루기만 하면, 하나님의 모든 피조물(들짐승, 돌멩이, 기근, 파멸, 목숨 등)과도 역시 화평을 이루게 되어, 그 모든 것들이 욥에게 전혀 해를 끼치지 않게 될 것이라는 말이다. 욥의 경우에는 들어맞지 않는 이런 일반론을 되풀이하니, 욥으로서는 곤혹스럽고 답답할 수밖에 없었다. 이제 엘리바스는 다음과 같은 말로 자신의 1차 변론을 마무리한다.

"이보게, 욥! 지금까지 우리가 살펴보고 연구한 바는 모두가 진실이라네. 그러니 내 말을 잘 듣고, 부디 자네의 유익을 위해 곰곰이 생각해 보게나."

엘리바스가 의심할 나위 없이 확신하고 있는 바는 이것이었다. 즉, 악인에게는 하나님의 심판이 반드시 뒤따르고, 의인에게는 혹독한 재난이 절대로 닥쳐오지 않는다는 것(욥 4:7-8). 욥의 시대(주전 2000-1800년경)에 대부분의 사람들처럼 엘리바스 역시 당대의 그런 관습적인 생각에 깊숙이 젖어 있었다.

"흠, 흐흠…!"

욥은 괴로운 듯 신음을 토해낸다. 하지만 입을 다물고 가만히 있을 수 없었다. 침묵한다면, 상대방의 주장에 수긍하는 꼴이 된다. 하루아침에 자신에게 닥친 엄청난 고난, 그것은 욥 자신에게는 너무나 이해할 수 없는 억울한 일인데, 그 고난이 자신의 죄 때문이라는 친구들의 신학사상을 그대로 방관해서도 안 되는 일이었다. 그래서 욥은 고통스러운 가운데서도 정신을 가다듬으며 엘리바스를 정면으로 쳐다본다. 그러고는 입을 연다.

6

엘리바스에 대한 욥의 1차 답변

내 불행을 저울질할 수 있을까
질펀하게 널린 풀밭을 둔 채
어찌 들나귀와 들소가 울부짖으랴
싱거운 음식에 소금도 안 치는가

[제2막 제2장의 계속, 무대는 우스 땅 욥의 무너진 집터. 욥은 초췌한 몰골로 잿더미 위에 앉아 기왓장으로 자신의 종기 난 가려운 몸을 벅벅 긁으며 엘리바스의 충고를 다 들었다. 하지만 욥은 엘리바스의 충고에 전혀 수긍할 수 없었다. 아무리 생각해 보아도 자신이 이처럼 끔찍한 재난을 겪을 만한 죄를 저지르지 않았기 때문이다. 욥은 괴롭고 답답한 심정으로 엘리바스의 변론에 답변한다.]

엘리바스의 첫 번째 변론에 대한 욥의 답변 (6:1-30)

[내레이션] 엘리바스의 충고를 듣고 욥이 입을 열어 답변한다.

(욥, 자신의 아픔과 진심을 알아주지 못하고 무작정 하나님께 회개하라는 엘리바스의 충고가 못내 서운하고 답답하다는 어투다. 그래서 다시금 자신의 속마음을 허심탄회하게 토로한다.)

"아, 정말이지, 내 고뇌의 무게를 달아볼 수만 있고, 내가 당한 이 불행의 비참함을 저울에 올려놓을 수만 있다면 얼마나 좋을까! 그렇게만

한다면 그래, 틀림없이 바닷가의 모래보다도 더욱 무거울 거야. 그러하기에 내 말이 거칠고 경솔했던 것이라네."

앞서 3장에서 욥이 자신의 태어난 날(생일)을 저주한 일에 대하여, 그리고 아예 자신이 태어나지 않고 어머니 뱃속에서 유산당하거나 사산이 되었으면 좋았을 것이라는 말에 대하여 조금은 경솔하고 거칠었던 점에 대해 유감을 표하고 있다. 그것마저 참아야 했었는데…. 하지만 곧이어 도저히 그럴 수밖에 없었던 자신의 처지에 대해 변명한다.

"전능하신 분께서 나에게 화살을 쏘아대시고 그 화살이 내 속에 세게 박히니 내 영혼이 그 화살의 독으로 비틀거린다네. 지금 하나님께서는 작정하시고 나를 아주 무섭게 몰아치고 계신다네. 들판에 먹을 풀이 있는데도 들나귀가 울부짖겠는가. 구유에 꼴이 있는데도 소가 울겠는가. 싱거운 음식을 소금도 치지 않고 먹을 수 있겠는가. 달걀 흰자위를 무슨 맛으로 먹는단 말인가. 나는 그런 음식을 거들떠보지도 않고 입에 대지도 않을 걸세. 그런 음식은 생각만 해도 속이 메스꺼워지기 때문이라네."

욥은 자신에게 임한 고난은 하나님께서 자신을 향해 쏘신 화살 때문이라고 말한다. 어떤 면에서 그 말은 맞다. 비록 사탄이 욥을 공격하여 괴롭히고 있지만, 궁극적으로는 하나님께서 사탄으로 하여금 욥을 공격하도록 허락하셨기 때문이다. 이처럼 욥은 자신에게 임한 고난의 화살이 하나님께로부터 비롯된 것임은 분명히 인식하고 있었지만, 왜 하나님께서 자신에게 그처럼 맹렬한 독이 묻은 고난의 화살을 쏘아대시는지 그 이유를 알 수 없어서 갈등했고 한탄했다.

욥은 자신의 답변에서 '소금 없는 싱거운 음식' 또는 '맛없는 달걀 흰자위' 같은 비유를 언급했는데, 이는 방금 자신을 향한 엘리바스의 충고나 권면이 그런 싱겁고 맛없는 음식 같아서 욥의 영혼이 받아먹기에

"그 화살의 독으로 내 영혼이 비틀거린다네."

는 속이 메스껍다는 의미다. 다시 말해 원인 모를 고난을 겪고 있는 자신에게 아무런 도움이 되지 못한다는 뜻이다. 욥의 답변은 이어진다.

"나는 지금 하나님께 간곡하게 드릴 요청이 있는데, 하나님께서 나의 그 요청을 용납하고 들어주시기를 간절히 바란다네. 그것은, 하나님께서 나를 선뜻 죽여 없애주시는 것, 곧 그분께서 손을 들어 나를 얼른 깨뜨려주시는 것이라네. 그렇게 해주신다면, 그것이 나에게 진정 위로가 되고, 이토록 무자비한 고통 중에서라도 내게 큰 기쁨이 될 거라네. 그 까닭은, 내가 정말이지 거룩한 그분의 말씀을 거역하지 않았기 때문일세. 아, 내게 무슨 기력이 더 남아있어 내가 소망을 품고 계속 살아가야 한단 말인가. 내게 무슨 전망이 있어 내가 더 참고 견뎌야 한단 말인가. 나에게 무슨 바위 같은 힘이라도 있던가. 내 살덩이가 무슨 놋쇠라도 된단 말인가. 아, 이제는 내게 정말 아무런 힘도 없고 도움을 청할 데라곤 세상 어디에도 없구나."

모든 재산과 남녀 종들과 열 자녀를 졸지에 잃고 아내마저 매몰차게 떠나버린 지금, 잿더미 위에 앉아 전신에 고름이 터져 진물이 줄줄 흐르는 가려운 몸을 기왓장으로 벅벅 긁고 있는 욥, 그런 욥이 지금 하나님께 간절히 소원하고 있는 바가 있었다. 그것은 하나님께서 자신의 목숨을 선뜻 거두시는 것이었다. 즉, 죽기를 갈망한 것이다.

욥 자신이 하나님께 접근하는 것은 불가능하기 때문에, 그분이 쏘는 재앙과 고난의 혹독한 화살을 피하는 유일한 길은 오직 자신이 죽는 것뿐이라고 생각한 것이다. 하지만 죽는 것 이상으로 욥은 자신의 결백함과 나약함을 고백하면서 하나님께 신실한 자로 남게 되기를 소원했다. 자신의 육체가 극도로 약해져 있는 상황에서도 끝까지 하나님을 거역하지 않음으로써 하나님께 충성된 자로 끝까지 남기를 소원한 것이다.

"비록 내가 전능하신 분에 대한 경외감을 조금 잃었다고 할지라도 절망에 빠진 피곤한 사람에게는 친구의 따뜻한 동정심이 절실히 필요한 법인데, 어찌하여 내 친구들은 물이 조금 흐르다가 바싹 마르고 또 바싹 말랐다가 너무 많이 흘러 범람하는 개울처럼 도대체가 미덥지 못하구나. 얼음이 녹으면 물살이 제법 거세지고 눈이 녹으면 졸졸거리며 흐르다가도, 날이 더워지면 쉬이 말라버리고 뙤약볕이 내리쬐면 아예 자취조차 없어지고 마는 그런 개울, 물이 줄기를 따라 힘차게 굽이쳐 흐르다가도 물길에서 벗어나 메마른 곳에 이르면 이내 끊어지고 마는 그런 개울과도 같구나. 그런 개울을 멀리서 보고 데마의 대상들이 물을 얻기 위해 달려오고 스바의 상인들도 희망을 갖고 물을 찾아왔건만, 막상 개울에 이르고 보니 물 한 방울조차 얻을 수 없고 오직 얻을 것이라곤 낙담밖엔 없구나. 그러니 물을 기대했던 그 마음이 도리어 부끄러울 뿐이구나."

욥은 친구들을 와디(Wadi, 비가 오면 물이 콸콸 흐르는 시내를 이루다가도 비가 그치면 이내 바싹 말라버리는 골짜기의 개울)에 비유했다. 그래서 '데마의 대상들'과 '스바의 상인들'이란 말을 사용했는데, 그들은 모두 사막을 여행하는 대상(隊商, caravans)을 가리킨다. 그들이 사막을 가로질러 여행할 때 간절히 찾기를 바라는 것은 '오아시스'다. 그런데 만일 목마른 대상들이 자신들이 간절히 바라고 기대했던 장소에서 물을 발견하지 못한다면, 기껏 발견한 그 장소가 물이 바싹 말라버린 와디라면, 그들은 크게 낙담하고 고통스러워할 것이다. 욥이 꼭 그랬다.

우기에는 물이 넘치고 건기엔 바싹 마르는 팔레스타인의 와디

욥의 친구들이 욥에게 아무런 도움이 되지 못한 것은 그들의 제한된 지식과 경험 때문에 욥의 상황을 올바로 판단하기에는 역부족이었기 때문이다. 결과적으로 욥의 친구들은 욥의 고난에 대한 아픔과 보살핌보다는 자신들의 평소 이론을 변호하는 데 더 관심을 기울였다. 고난당한 욥이 절실하게 필요로 한 것은 친구들의 따스한 동정과 애틋한 보살핌이었지만, 친구들이 욥에게 준 것은 와디처럼 바싹 메마른 충고와 비난과 정죄였다. 그래서 욥은 더욱 아팠다.

"지금 자네들이 내게 이런 개울과 무엇이 다른가. 내 처참한 몰골을 보니 덜컥 겁이라도 난단 말인가. 내가 언제 자네들에게 무엇을 좀 달라고 부탁한 적이 있던가. 내가 언제 자네들의 재산에서 얼마를 떼어달라고 요구한 적이 있던가. 아니면, 내가 자네들에게 내 원수의 손아귀에서 나를 구해달라고 했거나 또는 폭군의 손아귀에서 나를 건져달라고 부탁한 적이 있던가."

욥은 네 번의 질문을 통해 자신이 친구들에게 진심으로 기대했던 것이 무엇이었는지를 분명히 밝히고 있다. 그것은 적선도 아니었고 용맹한 복수도 아니었다. 어느 날 갑자기 모든 것을 잃고 혹독한 고난 가운데 빠진 욥의 가련한 처지를 함께 아파하면서 따스한 긍휼(히, 헤세드)의 마음을 표하는 것이었다(14절). 와디처럼 바싹 메마른 충고도 아니고 시시비비를 따지는 변론이 아니라, 친구의 진심을 이해하는 마음으로 그저 곁에서 함께 아파하는 것, 사랑과 긍휼의 손길로 상처 입은 욥의 마음을 가만히 어루만져주는 것, 바로 그것이었다.

여기에 언급된 '원수'와 '폭군'은 욥의 소유물을 약탈하고 남녀 종들을 죽인 스바 사람(욥 1:15)과 갈대아 사람(욥 1:17)이라고 짐작해볼 수 있다.

> "내가 잠자코 들을 테니 어디 내가 알아들을 수 있게 나를 가르쳐보게나. 내게서 무엇이 잘못되었고 내가 언제 그릇된 짓을 했는지, 나에게 말 좀 해주게나. 올곧은 말은 언제나 힘이 있는 법, 하지만 자네들이 내게 말하고자 하는 것이 도대체 무엇이란 말인가. 자네들은 내 말꼬리나 붙잡고 늘어질 셈인가. 만신창이가 된 이 몸의 말은 한낱 스쳐지나가는 바람소리로밖엔 생각지 않는군. 여차하면 자네들은 고아를 놓고도 제비뽑기를 하고, 궁하면 친구조차도 팔아먹을 사람들이로군."

욥은 자신의 진심을 도무지 이해하려 들지 않고 기껏 말꼬리나 붙들고 늘어지는 친구들의 매정함에 대하여 섭섭한 마음을 토로하고 있다. 그래서 욥은 친구들의 거칠고 매정한 비난에 마음이 크게 상하여 그들의 무자비함을 '고아를 놓고도 제비뽑기를 한다.'는 말로써 책망하고 있다. 여기서 고아(보다 정확한 뜻은 아버지가 없는 자, 곧 과부의 자녀)를 제비뽑는다는 말은, 그들을 거래의 수단으로 삼는다는 말이다. 욥의 시대에 악한 자들은 가난한 과부가 빚을 갚지 못할 경우에 그들의 자녀를 제비뽑아 자신의 노예로 삼거나 혹은 노예시장에 내다팔았다.

> "그러니 이제 자네들은 조용히 하고 내 얼굴을 똑똑히 쳐다보게나. 설마 내가 자네들의 면전에서 거짓말을 하겠는가. 제발 부탁하건대, 잘 살펴보고 내게 불의한 말을 하지 않도록 하게나. 나에게는 아무

잘못도 없으니, 나의 의를 의심치 말고 제발 다시 생각해주게나. 자네들도 평소에 잘 알듯이 언제 내 혀가 거짓을 내뱉은 적이 있었으며, 언제 내 입이 악한 것을 분별치 못한 적이 있었던가 말일세."

욥은 친구들에게 다시금 두 가지를 부탁하고 있다. 첫째, 자신을 무조건 죄인으로 규정하여 악하고 불의한 말을 하지 말아 달라는 것이다. 둘째, 자신의 평소 신실한 모습을 기억하여 거짓말하지 않는 자신의 진심을 이해해 달라는 것이다.

욥이 이런 부탁을 한 것은, 자신의 고난이 친구들의 말처럼 어떤 큰 죄를 저지른 징벌로 임한 것이 아니라는 확신을 가졌기 때문이다. 하지만 "인생이 어찌 하나님 앞에 의로우랴!"(욥 9:2) 하는 욥의 고백에서 알 수 있듯이, 욥이 하나님 앞에서 절대적으로 의롭다고 주장한 것은 아니다. 자신이 이처럼 혹독한 재난을 당할 정도로 도덕적이고 신앙적인 어떤 큰 죄를 저지른 것만은 확실히 아니라는 것을 주장한 것이고, 실제로 이 같은 욥의 주장은 진실하다.

사실, 사건의 발단 부분에서 충분히 알 수 있듯이(욥 1-2장), 하루아침에 욥에게 큰 재난과 고난이 임한 것은 그가 무슨 죄를 지었기 때문이 아니라 아이러니하게도 하나님이 자랑하고 사탄이 시기할 정도로 욥이 너무나 경건하고 의로웠기 때문이었다.

오늘날 우리는 욥기를 통해 욥의 무죄를 잘 안다. 그런데 만일 우리도 욥의 친구들처럼 사건의 발단을 모른 채 욥의 처참한 상태를 보았다면 어떤 자세를 취했을까? 욥의 친구들처럼 우리 역시 욥에게 분명 숨겨진 죄악이 있고, 그 죄악 때문에 하나님께 마땅한 징벌을 받고 있다고 생각하지 않았을까? 그렇다면, 우리가 과연 욥의 친구들이 참 어리석고 무지하다고 쉽게 비난할 수 있을까? 그러니 우리는 다른 이들, 특히 평소 신실한 믿음의 형제들이 갑자기 겪는 여러 고통들에 대해서 함부로 판단하거나 쉽게 정죄하지 말아야 한다는 소중한 교훈을 배울 수 있다.

7
욥의 절망과 영혼의 괴로움

인생살이는 품꾼의 나날 같고
저물기를 기다리는 종과 같네
긴 긴 밤 뒤척이는 잠자리에
구더기와 고름이 질질 흐르네

[제2막 제2장의 계속, 무대는 우스 땅 욥의 무너진 집터. 엘리바스의 무정한 변론을 들은 욥은 초췌한 몰골로 잿더미 위에 앉아 괴롭고 답답한 심경으로 자신의 결백을 주장하며 친구들의 따스한 위로와 동정을 호소한다. 앞서 6장에서 고난의 원인이 욥 자신의 죄악 때문일 것이라고 극구 주장한 친구 엘리바스의 변론에 항변하여 자신의 무죄와 결백을 역설했던 욥은, 이제 극도로 고통당하고 있는 자신에게 눈을 돌려 어쨌든 그런 참혹한 지경에 처한 자신의 신세를 크게 한탄하는 말을 늘어놓는다. 참으로 처연하다.]

엘리바스의 첫 번째 변론에 대해 욥의 이어지는 답변 (7:1-21)

(욥, 초췌한 몰골의 욥이 처연한 목소리로 자신의 비참한 처지를 한탄한다. 욥의 한탄을 듣고 있노라면, 그토록 품위 있고 경건하며 의롭고 고상했던 욥이 도대체 무슨 연유로 지금과 같은 비참한 처지에 빠지게 되었는지 그야말로 눈물이 날 지경이다. 온몸을 뒤덮고 있는 악성 피부병으로 고름이 줄줄 흐르고 있는 욥의

> 몸을 보노라면, 차마 눈뜨고 제대로 볼 수조차 없다.) "아, 인생이 땅 위에서 살아간다는 것이 고된 종살이를 하는 것과 무엇이 다른가. 우리네 한평생 인생살이가 품꾼의 나날과 무엇이 다르단 말인가. 그저 날이 저물기를 고대하는 종과 같고, 오직 하루의 품삯 받기를 기다리는 품꾼과 하등 다를 바가 없구나."

욥은 자신의 삶이 힘든 노동을 하는 품꾼과 같다고 말한다. 노동자의 인권이라고는 찾아볼 수조차 없었던 고대 세계에서, 뜨거운 태양 아래에서 힘든 노동을 하는 품꾼의 유일한 바람은 한시라도 빨리 힘든 노동이 끝나고 품삯을 받는 저녁이 찾아오는 것이다. 이에 빗대어 욥은 힘든 노동 같은 자신의 고통스러운 삶에도 고통이 끝나는 저녁이 속히 찾아오기를 간절히 기대한 것이다.

> "나도 그렇게 여러 달을 고통 가운데 보내고 있으니 오직 괴로운 밤만이 꼬리를 물고 이어지고 있다네. 내가 잠자리에 누울 때도 '언제 깰까? 언제 날이 샐까?'하고 걱정하면서, 날이 새도록 이리 뒤척이고 저리 뒤척이며 잠 못 이루는 나날의 연속이라네. 내 온몸엔 구더기가 득시글거리고, 피부에는 옴딱지가 덕지덕지하고, 짓무른 상처에서는 고름만 줄줄 흘러내리네. 이처럼 비참한 내 인생이 날마다 베틀의 북보다 빨리 흘러가니 아무런 소망도 없이 그저 종말을 맞이할 것만 같네."

지금 욥의 몸은 그야말로 눈뜨고는 차마 볼 수 없는 상태다. 욥이 표현한 대로 온몸을 뒤덮은 악성 피부병으로 인해 옴딱지가 더덕더덕하고, 그런 옴딱지가 떨어진 짓무른 곳에서는 고름 진물이 줄줄 흘러내리고 있었으며, 심지어 피부가 움푹 헌 데에는 마치 오랜 시체에 생겨나듯 구더기가 생겨나 득시글거리고 있었다. 인간의 모습이 아니었다.

그런 비참한 고통 속에서도 인생의 날들은 베틀의 북보다 빨리 흘러가고 있었다. 여기서 '베틀'은 베나 무명이나 명주 따위의 피륙을 짜는 틀이고, 북(shuttle)은 베틀에서 실꾸리를 넣고 날실 사이로 오가면서 씨실을 넣어 베가 짜이도록 매우 빠르게 좌우로 움직이는 배 모양의 나무통이다. 그래서 욥은 쏜살같이 흘러가는 인생의 빠름과 덧없음을 '베틀의 북'에 비유한 것이다. 이처럼 자신의 비참한 신세와 인생의 덧없음을 한탄하던 욥은 이제 눈을 들어 하늘의 하나님께 호소한다.

하나님께 부르짖는 욥(레옹 보나 작)

"주님, 내 목숨이 한 줄기 바람 같은 것임을 기억하소서. 나의 두 눈이 다시는 좋은 세월을 보지 못할 것만 같습니다. 지금 나를 보는 눈들이 조만간 더는 나를 보지 못하겠고, 주님께서 눈을 뜨고 나를 찾으시려 하실지라도 나는 더 이상 땅 위에 존재하지 않을 것입니다. 구름이 사라지면 그 자취조차 없어지는 것처럼 한번 무덤으로 내려간 자는 다시는 땅 위로 돌아올 수 없습니다. 그런 자는 다시는 자기 집으로 돌아갈 수 없고, 그가 살고 있던 자리도 더는 그를 알아보지 못할 것입니다."

욥은 애처로운 심정으로 하나님을 향해 간절히 호소하고 있다. 주님의 신실한 종인 욥 자신이 구름처럼 자취조차 없이 사라지기 전에, 한번 들어가면 다시는 영원히 돌아올 수 없는 땅 밑 세계인 무덤으로 내려가기 전에, 어서 빨리 자신을 찾아달라고 호소하고 있다. 만일 너무 늦게 자신을 찾으면, 그때는 긍휼을 베풀고 싶어도 베풀 수 없을 것이기 때문에 그런 일이 제발 일어나지 않도록 한시라도 빨리 자신을 찾아달라고 주님께 호소한 것이다.

"그러니 주님, 내가 입 다물고 있을 수 없습니다. 내 영혼이 참으로 괴롭고 답답하니, 내가 번민 속에서 말하지 않을 수 없으며 고통 가운데서 불평하지 않을 수 없습니다. 이 몸이 바다라도 된단 말입니까. 아니면, 바다 깊은 곳의 괴물이란 말입니까. 어찌하여 주님께서는 눈을 부릅뜨고 나를 그리도 세밀하게 감시하시는 것입니까. 내가 생각하기를 '잠자리에 들면 그래도 좀 낫겠지, 잠을 자면 고통이 덜어지겠지' 하지만, 어찌하여 주님께서는 악몽으로 나를 놀라게 하시고 두려운 환상으로 나를 떨게 하십니까."

욥은 온 세상 모든 사람들 가운데서 하필 자신을 꼭 집어 눈을 부릅뜨고 세밀하게 감시하시는 주님께 불평을 터뜨리고 있다. 왜 주님께서 하필 자신에게만 그토록 가혹한 고통의 화살을 계속 날리시는지, 그 이유를 따져 묻고 있다.

욥은 번뇌했다. 너무나 괴롭고 답답하고 고통스러웠다. 번뇌와 고통을 잊으려고 억지로라도 잠을 청해 보지만, 주님께서는 꿈속까지 찾아와 악몽과 두려운 환상으로 놀라게 하고 두렵게 하니, 도대체 어쩌라는 건지 심히 답답할 뿐이다.

그렇다면 하나님은 정말로 욥에게 악몽을 꾸게 하셨는가? 성경은, 하나님께서 계시의 한 방편으로서 '꿈'을 사용하신다고 말한다. 하지만 악몽(惡夢)은 또 다른 문제다. 그러니 여기 욥의 말은 비유적으로 이해하는 것이 좋을 듯하다. 욥은 자신의 극심한 고통에 대하여 하나님께도 일정 부분 책임이 있다는 사실을 그런 식으로 표현한 것이다.

한편, 욥은 주님께서 자신을 '바다 깊은 곳의 괴물'인 양 취급하신다고 불평했는데, 이 말은 '리워야단'을 가리키는 말이다(욥 3:8). 리워야단은 고대 바벨론 신화에서 해와 달의 빛을 가릴 수 있는 힘을 가진 것으로 여겨졌던 신화적인 용(龍)을 가리킨다. 그리고 유대교 설화에서는 천지 창조 때 하나님에게 도전했다가 싸움에 져서 땅으로 쫓겨난 신화적인 피조물로 여겨졌다. 말하자면, 욥은 자신이 그런 바다 괴물처럼 주님께 대적하여 그 결과로 세밀한 감시의 대상이 되었는지 의문을 표한 것이다.

> "그러므로 주님, 내가 이런 상태로 계속 살아가느니 차라리 숨이 막혀 죽는 편이 훨씬 낫겠습니다. 정말이지 삶이 지긋지긋합니다. 내가 영원히 살 것도 아닌데 제발 나를 좀 내버려두십시오. 살아가는 나의 나날이 허망하고 아무런 의미조차 없습니다. 사람이 무엇이기에, 주님께서는 그렇게도 크고 대단하게 여기십니까. 어찌하여 그토록 마음을 두시고 관심을 쏟으시는 겁니까. 어찌하여 아침마다 그를 감찰하시고, 어찌하여 매순간 그를 시험하시는 것입니까. 주님께서는 언제까지 나에게서 눈을 떼지 않으시렵니까. 어찌하여 침 한 번 꼴깍 삼킬 동안만이라도 나를 가만히 내버려두지 않는 것입니까."

욥은 하필 자신을 꼭 집어 고통의 화살을 쉴 새 없이 날리시는 하나님께 불평을 터뜨리고 있다. 그래서 큰 절망에 빠져 잠시라도 하나님의 관심에서 벗어나기를 갈망한다. 이처럼 신실한 자들도 심각한 절망에 빠질 수 있다. 후일에 모세(민 11:15), 엘리야(왕상 19:4), 예레미야(렘 20:14) 같은 신앙의 위인들도 심각한 절망의 순간을 겪었다.

그렇다면 욥의 말처럼 하나님은 끊임없이 우리를 시험하시고 감찰하시는 것인가? 그렇지 않다. 특히 징벌하기 위해서 끊임없이 감찰하시고 감당할 수 없는 가혹한 시험을 계속하시지는 않는다. 여기 욥의 말은 갑작스런 재난으로 인해 극도의 번민과 고통에 빠진 자의 말이다. 사는 것보다 차라리 죽는 것을 더 바라는 깊은 절망에 빠진 사람의 말이라는 사실에 유의해야 한다.

연약한 사람인지라, 그런 상태에서는 누구든지 그처럼 하나님께 불평을 터뜨릴 수 있다는 것을 충분히 이해해야 한다(비록 욥의 친구들은 이해하지 못했을지라도 오늘날 우리는 이해해야 한다). 만일 욥이 절망의 골짜기에서 벗어나 평소의 평안한 상태에 있었다면, 그의 입에서는 주님을 향한 찬양과 감사가 흘러나왔을 것이다.

> "사람을 끊임없이 감찰하시는 분이시여! 설령 내가 죄를 지었다고 할지라도, 도대체 그것이 전능하신 주님께 무슨 해를 끼칠 수 있단 말입니까. 그런데도 주님께서는 어찌하여 나를 과녁으로 삼아 이토록 괴롭게 하시는 것입니까. 내가 그토록 주님께 짐이 된단 말입니까. 오, 어찌하여 주님께서는 나의 허물을 용서하지 않으시고 나의 죄악을 덮어주지 않으십니까. 내가 이제 머잖아 죽어 흙 속에 눕게 되면, 그땐 주님께서 아무리 나를 찾으실지라도 이미 나는 땅 위에서 사라지고 없을 것입니다."

욥도 그 시대의 일반적인 관념에 따라 자신의 고난이 하나님의 진노에서 비롯된 징벌로 보았다. 자신을 스스로 살펴볼 때 욥 자신은 어떤 죄악도 기억해낼 수 없었지만, 현재 자신에게 임한 극심한 고통으로 미루어볼 때 자신에게 어떤 죄가 있을 수도 있다고 판단한 것이다.

하지만 설령 그렇다고 해도 욥이 이해할 수 없었던 것은, 자신의 그런 허물이 주님께 무슨 해악을 끼쳤다고 자신을 과녁 삼아 이토록 고통의 화살을 마구 쏘아대시는지 그 까닭을 알 수 없었다. 그리고 자신이 그동안 주님께 드린 많은 기도나 희생제물이 아무런 가치 없이 자신의 그런 허물과 잘못이 전혀 용서받지 못했다고 생각하니, 그저 괴롭고 답답할 뿐이었다. 이처럼 주님께 대한 욥의 모든 신앙이 기초부터 흔들릴 정도로 욥에게 임한 고통은 그만큼 심각한 것이었다.

8
빌닷의 1차 변론

주를 잊어버린 사람은 풀과 같네
확신은 토막나고 믿음은 거미줄
뿌리 뽑히면 가지와 잎새도
속절없이 마르고 만다네

[제2막 제3장, 무대는 우스 땅 욥의 무너진 집터. 제2막 제3장은 빌닷의 변론(8장)과 그에 대한 욥의 답변(9-10장)으로 구성되었다. 엘리바스의 변론에 대해 욥이 전혀 수긍하지 않고 계속해서 자신의 결백과 무죄를 주장하면서 하나님을 향해 한탄과 불평의 말을 쏟아내자, 곁에서 잠자코 듣고 있던 수아 사람 빌닷이 욥의 태도가 매우 못마땅하다는 듯 입을 열어 자신의 변론을 펼친다. 그는 욥의 고난이 하나님의 심판에 따른 것으로 악한 자들의 삶은 필연적으로 절망에 이를 수밖에 없는 반면, 하나님께서 인정하시는 순전하고 의로운 사람의 삶은 행복할 수밖에 없다는 논리를 펼친다. 이 같은 빌닷의 주장은 고대인들의 전형적인 인과응보의 가치관에 기초한 것으로 욥에게 전혀 울림을 주지 못한다. 그러했기에 욥의 심경은 더욱 답답하고 괴로울 뿐이다.]

욥의 고난에 대한 빌닷의 첫 번째 변론 (8:1-22)

[내레이션] 엘리바스에게 답변하는 욥의 말을 듣고, 수아 사람 빌닷이

앞으로 나서며 입을 열어 욥에게 충고한다.

빌닷은 엘리바스 다음으로 연장자인 듯하다. 고대 족장시대의 중근동 사회에서는 나이에 따른 차례의 질서가 매우 엄격했기 때문이다. 가장 젊은 친구인 엘리후가 가장 오랫동안 계속해서 침묵을 지키다가 이 책의 후반부인 32장에 가서야 입을 열어 자기 변론을 펼치는 이유도 그러한 서열 때문일 것이다.

(빌닷, 욥이 자신의 결백과 무죄를 주장하며 하나님을 향해 한탄과 불평의 말을 쏟아내자 화가 난 듯 날카로운 어조로 욥을 나무라듯이. 그래서 빌닷의 변론에는 긍휼이나 사랑, 위로나 격려 등이 들어 있지 않고, 그야말로 차가운 이성과 살벌한 정죄의 칼날만이 번뜩이고 있다. 그 까닭은, 욥의 고난은 그의 죄악에 대한 하나님의 징벌이라는 결론을 딱 정해놓고 시종일관 논지를 펼치기 때문이다.) "욥, 내 말 좀 들어보게나. 자네가 언제까지 그런 식으로 말하려는가. 언제까지 거친 바람처럼 말을 그리 심하게 하려는가 말일세. 하나님께서 심판을 잘못하실 리가 있겠는가. 전능하신 분께서 올바른 것을 그르다고 하실 리가 있겠는가. 만일 자네의 자식들이 하나님께 죄를 지었다면, 그 죄 때문에 하나님께서 응당 그들을 벌하시지 않겠는가."

하나님께서 심판을 잘못하실 리가 없고 올바른 것을 그르다고 하실 리가 없다는 소발의 말은 맞다. 그러나 그 실제적인 예를 욥과 그의 자녀들로 상정한 것은 잘못이다. 성도에게 임하는 고난이 반드시 그의 죄에 대한 하나님의 심판 때문이 아니고, 때로는 성도를 연단하시려는 하나님의 거룩한 의지에서 비롯된 것일 수도 있고, 더욱 드물게는 욥의 경우처럼 오직 하나님의 절대주권으로만 이해해야 할 때도 있는 법인데, 소발은 그런 점을 간과했다. 이것이 소발의 한계였다. 그러니 그의 충고가 욥에게 하등 와닿을 리가 없다.

"그러므로 이제 자네가 하나님을 간절히 찾고 전능하신 분께 간절히 은총을 구해보게나. 만일 자네가 깨끗하고 올곧기만 하다면, 주님께서는 자네를 위해 직접 떨치고 일어나셔서 자네의 집안을 의로운 집안으로 다시 회복시켜 주실 것이네. 그렇게 되면, 비록 처음에는 작고 보잘것없겠지만 나중에는 아주 크고 번창하게 될 것이네."

욥에게 임한 고난이 하나님의 심판인 줄로 솔직히 인정하고 속히 회개함으로써 하나님의 은총을 간절히 구해보라는 충고다. 그렇게 하면, 이전의 부요하고 번성했던 시절처럼 다시금 회복되고 번창하게 될 것이라는 설득이다.

하지만 이 같은 빌닷의 충고와 설득은 욥에게 전혀 도움이 되지 못했다. 빌닷의 충고도 엘리바스의 경우처럼 욥의 고난이 그의 죄 때문에 비롯되었다는 잘못된 전제하에 주어진 것이기 때문이다. 말하자면 빌닷은, 욥이 모든 고난의 원인인 죄를 제거할 때 비로소 하나님의 복을 받을 수 있을 것이라고 말함으로써 욥의 고난 문제를 올바로 파악하지 못했고, 따라서 욥에게 아무런 도움이 되지 못했다.

"이보게, 욥! 자네보다 앞선 옛 세대들에게 물어서 선조들이 터득한 지혜를 잘 살펴보도록 하게나. 우리 모두는 갓 태어난 아기처럼 사실 아무것도 아는 바가 없지 않은가. 또한 땅 위에서 살아가는 우리의 인생살이라는 것도 알고 보면 한낱 그림자에 불과한 것이 아닌가. 그러니 선조들이 어찌 자네에게 가르쳐주고 일러주지 않겠는가. 그들이 마음으로 터득한 바를 어찌 자네에게 말해주지 않겠는가."

엘리바스의 충고가 주로 자신의 오랜 연륜의 경험에 바탕을 둔 것이었다면(4-5장), 빌닷의 충고는 옛 선조들의 전례에 바탕을 두고 있다. 즉, 대대로 전해져오는 전통의 권위를 내세워 갓 태어난 아기와 같고 한낱 그림자에 불과한 짧은 인생을 산 욥의 주장과 고집이 무익하고 천박하다고 질타하고 있다. 그렇지만 사실 이런 빌닷의 충고와 질타는 자기 자신에게 그대로 해당되는 것이다. 욥을 향한 그의 충고가 진실의 초점을 올바로 파악하지 못한 갓난아이와 같고 그림자와 같기 때문이다.

> "보게나, 늪이 아닌 곳에서 어찌 왕골이 자라겠으며 물이 없는 곳에서 어찌 갈대가 무성하겠는가. 물이 없으면, 이런 것들은 아직 푸르러서 벨 때가 되지 않았는데도 다른 풀들보다 먼저 말라 죽고 만다네. 하나님을 잊고 살아가는 사람의 운명도 이와 꼭 마찬가지라네. 하나님 없는 사람의 소망도 이와 같이 이내 시들고 말라 영영 사라져버리고 만다네. 그런 자가 믿고 바라는 것들은 쉽게 끊어지고, 그런 자가 기대고 의지하는 것들도 한낱 거미줄에 불과할 뿐이라네. 그런 자가 기대어 살고 있는 집도 오래 서 있지 못하고, 그런 자가 굳게 붙들고 있는 집도 오래 버티지 못하고 와르르 무너지고 만다네."

왕골이나 갈대는 나일 강변에서 많이 자라나는 식물로서 종이나 배를 만드는 재료인 파피루스(papyrus)를 가리킨다. 이런 식물들은 물이나 물기가 있는 늪이나 강변 등에서 잘 자라는데, 만일 물이 말라버리면 곧장 시들어버린다. 이처럼 모든 인생에게 있어 마치 '물'과 같은 하나님을 잊고 산다면, 그 사람은 곧장 시들고 말라 영영 사라져버리고 만다는 논지다.

이런 논지의 맥락에서 빌닷은 계속해서 '거미줄'의 비유를 사용하고 있다. 거미가 '거미줄'(원문은 '거미의 집')을 칠 때 매우 공을 들이지만, 그것은 본래 아주 약한 것이기 때문에 외부의 작은 충격에도 쉽게 부서진다. 빌닷은 하나님을 잊고 세상을 의지하는 악인들의 삶이 바로 거미줄과 같다고 비유한 것인데, 이는 결국 욥이 하나님보다 세상을 더욱 의지함으로써 그의 삶이 거미줄처럼 되고 말았다고 은근히 비난조로 지적한 것이다.

특히 '악인의 집은 순식간에 와르르 무너지고 만다.'는 빌닷의 말은 몇 달 전에 생일잔치를 하던 중 거센 바람에 집의 네 기둥이 와르르 무너져 그 아래 깔려 죽은 욥의 열 자녀를 생각할 때 욥의 가슴에 날카로운 비수를 꽂는 잔인한 말이다(욥 1:18-19).

"설령 그런 악한 자가 따스한 햇살 아래 힘차게 자라나고 있는 싱싱한 식물같이 그 가지가 정원을 온통 뒤덮고, 그 뿌리가 서로 엉키어 돌무더기를 휘감으며, 심지어 돌 사이에까지 그 뿌리를 내릴지라도, 어느 날 갑자기 그 뿌리가 몽땅 뽑히고 나면, 그동안 그 식물을 지탱해주던 땅마저 '나는 너를 본 적이 없다.' 하고 못 본 체할 것이네. 그러면 그 식물은 속절없이 이내 시들어 죽어버리고, 그 땅에서는 또 다른 식물이 자라나게 된다네. 이와 같이 악한 자가 살아서 누리는 쾌락도 잠깐일 뿐이고 모든 것이 덧없이 지나간다네."

빌닷의 모든 비유는 한때 엄청난 부요와 번창과 명예를 누렸지만 이젠 하루아침에 폭삭 망해버린 욥을 염두에 두고 내뱉는 말이다. 겉으로 보기엔 욥의 회개를 통한 하나님의 회복을 말하는 것 같지만, 변론의 요지는 결국 욥은 하나님의 심판을 받아 철저하게 파멸당할 만큼 큰 죄인이라는 사실이다. 정말이지 욥의 친구가 맞나 싶을 정도로 아예 처음부터 욥을 악인으로 규정한 뒤 모든 논지를 펼치고 있는 빌닷의 독선에 혀를 내두를 지경이다. 그래도 빌닷은 친구랍시고 다른 한편으로는 좋은 말로 욥을 설득한다.

"이보게, 정말로 하나님께서는 흠 없이 사는 온전한 자들을 결코 내치지 않으시고, 또한 악을 행하는 못된 인간들의 손을 잡아주지도 않으신다네. 그러니 속히 회개하고 하나님을 간절히 찾게나. 그리하면

"그러니 욥, 속히 회개하고 주님을 간절히 찾게나!"

하나님께서는 자네의 입에 함박웃음을 가득 채워주실 것이고, 자네의 입술에 기쁨의 소리를 한껏 채워주실 걸세. 뿐만 아니라 자네를 미워하는 자들은 수치의 옷을 입게 될 것이고, 자네에게 해를 끼친 악인들은 자취도 없이 사라지고 말 걸세."

빌닷은 욥의 고난은 그의 죄악에 대한 하나님의 심판 때문이고, 그래서 욥은 악인이라는 자신의 전제가 혹시 틀렸을지도 모른다는 생각은 전혀 하지 않고, 단지 자신의 주장을 받아들여 욥이 속히 회개함으로써 하나님께 복을 받을 수 있기를 원했다. 고대 사람들의 생각 속에 '번성은 곧 하나님의 축복'이고 '고난은 곧 하나님의 심판'이라는 권선징악 및 인과응보의 사고방식이 얼마나 뿌리 깊이 자리 잡고 있는지를 잘 보여준다.

9
빌닷에 대한 욥의 1차 답변

내가 아무리 애써 씻는다고 해도
주께서 시궁창에 던져 버리시면
내 옷도 나를 싫어할 것이니
그분의 채찍을 그 누가 앗아가랴

[제2막 제3장의 계속, 무대는 우스 땅 욥의 무너진 집터. 대대로 내려오는 선조들의 전통적 권위를 내세워 욥의 숨겨진 죄악을 상정하고 날카롭게 공격했던 빌닷의 변론에 대해 욥이 조금도 주눅 들지 않고 논리정연하게 답변하는 장면이다. 이때 욥은 하나님과 인간 사이의 절대적인 괴리를 강조하면서 은연중에 두 사이를 대변할 수 있는 중보자를 대망하고 있다. 이처럼 고난은 인간의 한계를 절실히 깨닫게 하고, 그런 깨달음을 통해 필연적으로 중보자(그리스도)를 소망하게 하는 강력한 힘이 있다.]

빌닷의 첫 번째 변론에 대한 욥의 답변 (9:1-35)

[내레이션] 빌닷의 말을 묵묵히 다 들은 후에 욥이 답변한다.

(욥, 날카로운 정죄의 칼로 가슴을 후벼파는 듯한 빌닷의 매정한 말을 듣고, 가슴을 짓누르는 듯한 괴롭고 무거운 어투로 입을 열어 말한다.) "그래, 친구여. 자네 말이 맞는 줄은 나도 잘 아네. 하지만 어떤 인생인들 한낱 죽을

인생에 불과한 사람이 어떻게 전능하신 하나님 앞에서 의롭다고 주장할 수 있겠는가. 설령 사람이 하나님께 무엇을 따진다고 할지라도, 그분의 천 마디 말에 한마디조차 제대로 답변할 수 없을 걸세."

욥도 인정했듯이, 빌닷의 변론은 원론적인 측면에서는 반론의 여지가 없었다(욥 8:3-22). 그래서 욥은, 하나님께서 하시는 모든 일은 의롭고 거룩하며 또한 악인은 반드시 망하고 의인은 마침내 번성한다는 빌닷의 말에는 총체적으로 동의했다. 하지만 빌닷의 원론적인 변론은 욥의 특수한 정황에는 매우 부적합했다. 그래서 욥은 여전히 더 큰 의문을 빌닷에게 제기한다. 그 의문은 이것이다. 그렇다면 과연 어떤 인생인들 하나님께서 보시기에 의롭겠느냐는 것이다.

다시 말해, 사람들 가운데 하나님 앞에서 자신이 '의인'이라고 자부할 자가 누가 있겠느냐는 것이다. 그러하기에 만일 하나님의 심판이 임한다면 모든 사람에게 임하는 것이 맞지, 왜 하필 자신에게만 이토록 혹독한 심판이 임했느냐란 반문이다. 욥의 말은 이어진다.

"참으로 하나님께서는 그 지혜가 심오하고 그 힘이 강력한 분이시니, 그분을 거역하고도 번영을 누릴 사람이 세상에 그 누가 있겠는가. 하나님께서는 아무도 모르는 사이에 산을 무너뜨리시는 분으로 그분께서 분노로 산을 뒤집어엎을지라도, 심지어 산들조차 그분이 언제 그랬는지 알지 못한다네. 하나님께서 땅을 붙잡고 뒤흔들면 땅을 떠받치고 있는 기둥뿌리가 흔들거리고, 그분께서 해에게 명령을 내리시면 해조차도 하늘에 떠오르지 않는다네. 또한 그분은 별들조차 꼼짝 못 하게 가두어 빛을 내지 못하게도 하신다네."

천지를 창조하시고 주관하시는 전능자 하나님의 주권에 대한 신앙고백이다. 하나님께서 분노로 산을 뒤집어엎는 것은 화산 폭발 같은 현상을 염두에 둔 듯하고, 땅을 붙잡고 뒤흔드는 것은 대지진 현상을 염두에 둔 듯하다. 그리고 그런 대지진 현상과 관련해서 땅을 떠받치고 있는 기둥뿌리가 흔들린다는 말은 고대인들의 우주관이 반영된 말이다.

고대인들은 사람과 동물이 살고 있는 이 평평한 땅(지구)이 땅 밑에 굳게 박혀 있는 커다란 기둥들에 의해 떠받쳐지고 있다고 생각했다. 그리고 하늘은 땅의 높은 산들에 의해 떠받쳐지고 있다고 생각했다. 어쨌든 욥은 전능하신 창조주 하나님께서는 자신이 만드신 땅, 산, 해, 별 등을 자신이 마음먹은 대로 능히 주관하실 수 있는 분임을 고백한 것이다.

> "진실로 하나님께서는 홀로 하늘을 펼치시고 바다 물결을 밟으시는 분이라네. 저 넓디넓은 하늘을 수놓아 북두칠성과 삼성과 묘성을 만드시고 남쪽 하늘의 밀실에 뭇별들을 두신 분일세. 주님께서는 사람이 측량할 수 없는 놀라운 일들을 행하시고 헤아릴 수조차 없이 수많은 기적을 베푸시는 분이라네. 그분께서 내 곁을 지나가신다고 해도 나는 그분을 보지 못하고, 그분께서 내 앞에서 걸어가신다고 해도 나는 그분을 깨닫지 못할 거라네."

천지만물을 창조하시고 주관하시는 전능하신 하나님에 대한 욥의 신앙고백이 계속 이어지고 있다. 그런데 별자리에 관한 욥의 묘사가 꽤나 구체적이다. 이 같은 별자리에 관한 욥의 언급은 고대 세계의 지식인들에게 일반적으로 알려진 천문학적 상식에 기초하고 있는 듯하다. 산들과 바다들에게 각기 이름을 부여한 것처럼, 고대인들은 대략적으로 천체의 지도를 만들어 다양한 별자리들에 각자 적절한 이름을 부여했던 것이다. 한편, '남쪽 하늘의 밀실'이란 말은 본래 바빌로니아 사람들이 12궁의 별자리(성좌)를 표현할 때 사용한 말이지만, 여기서 욥은 단순히 남쪽 지평선 위에 떠 있는 무수한 별자리를 지칭한 듯하다.

"그분께서 빼앗아 가신다면 누가 감히 그분을 막을 수 있겠으며, 누가 감히 그분께 '왜 그러십니까?' 하고 따질 수 있겠는가. 하나님께서 진노를 거두지 않으시면 라합을 돕는 무리들도 그분 앞에 벌벌 떨며 무릎 꿇고 마는데, 하물며 한낱 인간에 불과한 내가 어찌 그분과 논쟁을 할 수 있겠으며, 내가 무슨 말로써 그분께 말대꾸를 할 수 있겠는가."

인간의 생사화복을 자신의 뜻대로 홀로 주관하시는 하나님의 주권을 고백하는 말이다. 이와 관련해서 욥은 하나님의 진노 앞에 벌벌 떨며 무릎 꿇는 '라합을 돕는 무리들'이란 표현을 사용했다. 이때 '라합'은 '교만함' 또는 '강퍅함'이란 뜻으로, 고대 히브리인들은 이를 무시무시한 '바다 괴물'로 여겼고, 더 나아가 하나님에 의해 쫓겨난 용(龍) 곧 사탄을 상징한다고 보았다(계 12:3-12). 따라서 '라합을 돕는 무리들'이란 사탄에게 협조하고 그를 추종하여 하나님을 거역하고 대적하는 모든 사악한 세력을 지칭한다.

"설령 내가 의롭다고 할지라도 나는 그분께 감히 말대꾸를 할 수 없네. 나는 다만 나를 심판하실 재판장이신 그분께 그저 은총을 간구할 뿐이라네. 내가 그분께 부르짖으므로 그분께서 설령 내게 대답하신다고 해도, 나는 그분께서 정말로 내 말을 들으셨다고는 믿기 어렵네. 왜냐하면 그분께서는 나를 폭풍처럼 강하게 몰아쳐 심히 상하게 하시고, 아무런 이유도 없이 내게 수많은 상처를 주실 뿐만 아니라, 숨 돌릴 틈조차 없이 온갖 쓰라린 고통으로 나를 마구 짓누르시기 때문이네."

욥은 하나님께서 자신에게 무슨 앙심을 품고 계시는지 모든 고통과 상처를 숨 돌릴 틈조차 없이 마구 퍼붓고 있다고 생각했는데, 이는 욥이 자신의 깊은 아픔과 절망감을 표현한 것이다. 욥은 지금과 같은 고통을 당할 만한 죄가 자신에게 없다고 믿었지만, 전능하신 하나님을 상대로 그분과 변론하여 이길 가능성이 전혀 없기 때문에, 그리고 누구도 하나님의 공의로우심에 감히 도전할 수가 없기 때문에, 자신의 깊은 좌절감을 이런 방식으로라도 표현하지 않을 수 없었을 것이다. 욥은 그런 심정을 계속 토로한다.

> "그처럼 강하신 분을 내가 어찌 감당하겠는가. 힘으로 하자니, 누가 감히 그분께 대적할 수 있으랴. 재판으로 하자니, 누가 감히 그분을 재판정에 소환할 수 있으랴. 설령 내게 아무런 흠이 없다고 해도, 그분께서는 내 입으로 나를 스스로 비난하게 하실 것이네. 그리하여 설령 내게 아무런 죄가 없다고 해도, 내 입술이 스스로 내 죄를 입증할 것이네. 정말로 내게는 아무런 흠이 없지만 나도 나 자신을 알 수가 없으니, 정말이지 산다는 게 지긋지긋할 따름이라네."

천지만물을 창조하시고 인간의 생사화복을 홀로 주관하시는 전능하신 하나님을 상대로 무슨 방식으로든 어찌해볼 도리가 없는 인간의 한계를 한탄하는 말이다. 왜냐하면 설령 욥 자신에게 아무런 죄가 없다고 해도, 하나님께서 하시고자 하신다면 욥의 입술을 주장하여 그로 하여금 스스로 죄를 고백하게 만들 수도 있기 때문이다. 그런 능력을 지니신 하나님을 상대로 욥이 대체 무얼 할 수 있단 말인가! 그러니 욥은 속수무책으로 자신의 고통을 오롯이 스스로 감당할 수밖에 없고, 하루하루 산다는 게 그저 지긋지긋할 따름이었다.

> "그러므로 이렇든 저렇든 지금 나로선 다만 이 말밖엔 더 할 말이 없다네. '하나님께서는 허물이 없는 온전한 사람이나 죄 많은 악한 사람이나 똑같이 한 가지로 멸망시키신다.'라고 말일세. 아무 죄 없는 사람이 갑작스레 재앙을 만나 목숨을 잃게 되어도, 그분께서는 그저 웃고만 계실 거네. 세상이 악인들의 손에서 제멋대로 놀아나는데도, 그분께서는

재판관들의 눈을 멀게 하셔서 올바로 판결을 못하게 하실 거라네. 그분께서 그렇게 하지 않으신다면, 도대체 누가 그렇게 한단 말인가."

욥은 심히 답답하고 괴로웠다. 백번을 고쳐 생각해도 지금의 가혹한 고난을 당할 만큼의 허물이나 죄악이 자신에게 없는데도, 이렇게 온갖 고난의 잿더미 위에 앉아 고통의 기왓장으로 자기 온몸을 벅벅 긁고 있질 않는가! 대체 이게 무슨 현상이란 말인가.

이처럼 욥은 세상에 온갖 불의와 불공정이 넘쳐나는데도 하나님은 계속 모른 체하시고, 더욱이 그런 불의와 불공정도 결국 하나님의 책임하에 일어나는 것이라고 한탄하며 불평했다. 과연 그런가? 얼핏 보면, 그런 것 같다. 삶은 불공평하고, 세상에서 악인들이 버젓이 활개를 친다. 그런데도 하나님은 계속 침묵하신다.

하지만 실은 그렇지 않다. 단지 시간의 문제일 뿐, 하나님은 때가 되면 세상사에 개입하셔서 공정한 심판을 통해 옳고 그름을 분명하게 가리신다. 그리하여 악인에게는 진노의 심판을 내리시고 의인에게는 칭찬의 상급을 베푸신다. 반드시 그렇게 하신다. 하지만 당장 재난의 잿더미 위에 앉아서 혹독한 고통의 시간을 보내고 있는 욥은 자신의 신세를 한탄하지 않을 수 없었다. 그래서 한탄과 하소연이 이어진다.

갈대로 만든 범선처럼 빠른 인생의 세월

"아, 내게 주어진 내 인생의 나날들이 뜀박질하는 사람보다 더 빨리 지나가니, 내가 좋은 세월은 누릴 겨를도 없이 순식간에 날아가

버리는구나. 내 인생이 어찌 그리 빠른지, 마치 갈대로 만든 범선 같고, 먹이를 보고 공중에서 내리 덮치는 독수리 같구나. 내가 스스로 마음먹기를 '그래, 아무리 힘들고 원통해도 온갖 불평을 다 잊고 웃으며 살자'라고 다짐해도, 내가 당장 겪고 있는 이 고통이 너무나도 혹독하고 두려워 움츠러들지 않을 수가 없구나. 주님께서 나에 대해 죄 없다고 하지 않으실 줄을 내가 아니, 어차피 이 몸이 주님 앞에서 죄인 취급을 당할 바에야 내가 무엇 때문에 이토록 힘들게 헛된 수고를 해야 한단 말인가. 내가 눈 녹은 물로 이 몸을 아무리 씻고 잿물로 아무리 내 손을 깨끗이 닦아도, 주님께서 나를 또다시 시궁창에 처넣을 것이 뻔하니, 내 옷조차도 나를 싫어하겠구나."

조금도 줄어들거나 나아지기는커녕 더욱 세차게 몰아치는 욥의 고통은 욥의 친구들에게 확신을 심어주었다. 욥이 분명 어떤 큰 죄를 지었고, 그 죄로 인해 하나님의 징벌을 받고 있는데도, 욥이 계속해서 회개를 거부하고 있으니 당연한 대가를 받고 있다고 생각한 것이다. 하지만 욥은 아무리 백번을 고쳐 생각해도 지금의 혹독한 고통을 초래할 만한 죄를 지은 적이 없다고 확신했다. 그러니 회개하려고 해도 회개할 수조차도 없었다.

그렇지만 모든 걸 떠나 현재 분명한 것은, 욥이 계속 혹독한 고통을 겪고 있다는 것이고, 하나님 앞에서 자신을 정화(淨化)할 아무런 방법이 없다는 사실이었다. 그래서 욥은 고통에 굴복하고 체념한 상태가 되었다. 하나님께서 자신을 정죄하기로 결정하신 바에야 기껏 몸을 씻고 손을 닦는 정도의 자정 노력이 무슨 소용이 있겠는가! 도로 정죄의 시궁창에 처넣으시면 모든 것이 말짱 헛고생인 것을!

그래서 욥은 어차피 자신을 죄인 취급하여 징벌하실 바에야 지금 혹독하게 겪고 있는 이 헛되고 의미 없는 혹독한 고통만이라도 제발 멈추어달라고, 즉 자신의 목숨을 빨리 거두어달라고 처음부터 하나님께 간구한 것이다.

"하나님께서는 나 같은 사람이 아니시니 내가 그분께 무어라 대꾸할 수도 없고, 법정에서 서로 대면하여 옳고 그름을 가릴 수도 없구나. 아, 하나님과 나 사이에 손을 얹어 중재할 재판장이 있다면 얼마나 좋을까! 누군가 하나님의 막대기를 내게서 치워줄 수만 있다면, 그분께서도 더 이상 나를 공포의 도가니로 몰아넣지 못하실 텐데. 그리 되면, 내가 그분 앞에서 아무런 두려움 없이 말할 수 있으련만. 그러나 내 처지를 생각할 때 그런 일이 어찌 내게 일어날 수 있으랴!"

절망적인 체념과 낙담 가운데서도 욥은 모든 걸 포기하진 않았다. 좁은 틈새로 들어오는 한 줄기 빛처럼, 욥에게도 가느다란 한 가닥 소망이 있었다. 그것은 자신의 처지를 하나님께 대변해줄 수 있는 중재자(중보자)에 대한 간절한 소망이었다. 욥이 이토록 자신과 하나님 사이를 조정해줄 중재자를 갈망한 까닭은 분명하다. 자신의 죄 없음을 확신하고 있었던 욥은 그런 자신의 결백한 상태를 하나님께 올바로 전달해줄 누군가가 꼭 필요했기 때문이다. 이처럼 중재자를 바라는 욥의 갈망은 신약시대에 구원의 메시아를 바라는 우리의 간절한 필요에 대한 생생한 예표이며 그림자다.

욥은 잠시 숨을 돌린다. 바로 이 지점에서 욥과 친구들은 피차간에 논쟁을 멈추었어야 했다. 그래야 서로에게 더는 상처를 주지 않을 수 있었을 것이다. 그래야 더 격렬한 논쟁이나 말다툼으로 나아가지 않았을 텐데, 사람의 감정이란 게 어디 그런가. 한 번 입을 열었더니 그동안 속에서 참아내었던 말들이 폭포수처럼 흘러나왔다. 그건 어쩜 서러움, 억울함 같은 것이었다. 그래서 변론은 계속 이어지고 논쟁은 그치지 않는다. 그리고 서로에 대해 더욱 아픈 말들이 오간다.

10

견디기 힘든 욥의 고통

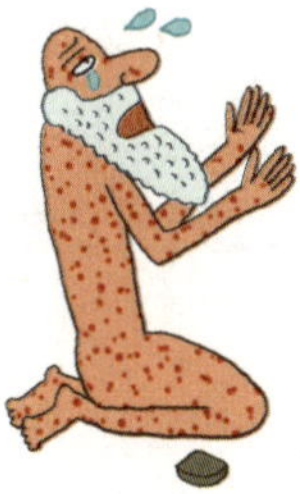

산다는 건 긴 긴 괴로움뿐이니
영혼의 쓰라림을 어찌 다 말합니까
주여, 까닭이나 말씀해 주십시오
이 몸이 능멸당해도 좋습니까

[제2막 제3장의 계속, 무대는 우스 땅 욥의 무너진 집터. 욥의 회개를 촉구하며 날카로운 정죄의 칼날을 들이대는 빌닷의 변론(8장)에 대해, 욥은 하나님 앞에서는 모든 인간이 너나 할 것 없이 죄인 됨을 인정하면서, 한편으로는 자신의 결백을 확신했기에 자신의 억울한 처지를 하나님께 대변해줄 수 있는 중재자를 간절히 고대했다(9장). 이제 욥은 자신이 무슨 까닭으로 고난을 받아야 하는지에 대해 답답한 심정으로 다시금 하나님께 질문하고, 그와 동시에 이토록 아프고 힘겨운 고통을 피해 조용한 휴식(죽음)을 소원하는 처절한 절규를 한다.]

빌닷의 첫 번째 변론에 대해 욥의 이어지는 답변 (10:1-22)

(앞선 9장이 빌닷을 향한 욥의 답변이었다면 이제 욥은 눈을 하늘로 향한 채 하나님을 향하여 자신의 심경을 허심탄회하게 부르짖고 호소한다. 현실의 고통이 가득 배인 애처롭고 절절한 어조다. 마치 한 편의 비극적 오페라에서 주인공이 가슴을 부여잡고 하늘을 바라보며 레치타티보[Recitativo, 대화하듯 노래하는

형태] 혹은 아리아[Aria, 독백처럼 부르는 노래]를 애절하게 부르는 것인 양 듣는다면 훨씬 감정이입이 수월할 것이다.) "아, 산다는 것이 이토록 괴롭고 고통스러우니, 내가 내 마음속의 원통함을 털어놓지 않을 수가 없구나. 내가 내 영혼의 쓰라림을 말하지 않을 수가 없구나. 내가 하나님께 아뢰오니, 나를 정죄하여 죄인마냥 다루지 마소서. 도대체 무슨 까닭으로 주님께서 나같이 하찮은 자와 이토록 다투시는지, 그 까닭을 말씀해주소서."

졸지에 자신과 가족을 덮친 혹독한 고난에 대하여, 그 까닭을 알기 원하는 욥의 요청은 잘못된 것이 아니다. 욥은 자신이 무엇 때문에 이토록 극심한 고난을 당하는지 그 이유만이라도 간절히 알고 싶어 했다. 하지만 절대주권자이신 하나님께서는 그 물음에 설명해줄 의무가 없다.

실제로도, 나중에 폭풍우 가운데 등장하신 하나님은 온 세상을 홀로 주관하시는 자신의 절대주권에 대해서만 계속 말씀하실 뿐, 욥의 고난 이유에 대해서는 한마디 언급도 없으셨다(38-41장). 하지만 오늘날 우리가 본서의 배경(도입부, 1-2장)을 통해 분명히 알 수 있는 것은, 욥에게 임한 고난은 그의 죄악 때문이 아니라는 점이다. 욥의 죄악 때문이기는 고사하고, 그와 정반대로 지구상의 모든 사람들 가운데서 아주 특출한 욥의 경건함과 의로움 때문에 그런 고난이 임했던 것이다. 여기에 기독교 진리의 아이러니가 숨어 있다.

"주님께서는 주님의 손으로 친히 빚어 만드신 이 몸은 이리도 억압하고 멸시하시면서도 악인들의 계획은 저리도 잘 되게 하시니, 그것이 정녕 옳고 선한 일입니까. 과연 주님께서도 육신의 눈을 갖고 계십니까. 사람이 보는 것처럼, 주님께서도 그렇게 보고 계시는 것입니까. 주님께서 사시는 날이 인간이 사는 날처럼 그렇게 짧은 것인가요. 정녕 주님께서 살아가실 햇수가 사람이 누리는 햇수처럼 짧단 말인가요. 그래서 이토록 나의

"주께서는 내게 죄가 없다는 것을 잘 알지 않습니까!"

허물을 찾아내려고 힘쓰시고 나의 죄악을 들추려 애쓰시는 건가요. 정녕 주님께서는 내게 죄가 없다는 것을 잘 아시고, 또한 주님의 손에서 나를 빼낼 사람도 아무도 없다는 것을 잘 아시지 않습니까."

욥은 본질적으로 사람과 다른 전능하신 창조주 하나님께서 왜 마치 사람인 것처럼 연약한 자신을 두고서 이토록 억압하고 괴롭게 하시는지 그 까닭을 알 수 없었다. 더군다나 자신에게는 혹독한 고통을 당할 만한 어떤 허물과 죄악이 없는데도 눈에 불을 켜고 허물을 들추어내려 하시는지 그 까닭을 알 수 없었다. 그런 사실은 누구보다도 전지하신 하나님께서 잘 알고 계실 터인데, 도대체 무슨 까닭으로 고통을 주지 못해 안달이 나셨는지 그 까닭을 알 수 없었다.

우리는 사건의 배경(욥 1-2장)을 전혀 모른 채 하루아침에 감당하기 힘든 혹독한 고난을 당한 욥의 원통함을 충분히 이해해야 한다. 욥의 말대로 욥에게는 정말로 죄가 없었다. 인류의 조상에게서 물려받은 원죄(原罪)나 마음속으로 지은 어떤 죄라면 모르겠지만, 적어도 욥의 친구들이 생각하는 것과 같은 그런 도덕적이고 종교적인 죄는 범한 적이 없었다. 그런 의미에서 정말로 욥은 악에서 떠난 자였다(욥 1:1). 하나님께서도 그런 욥의 온전함과 정직함을 인정하셨기에 사탄에게 욥을 자랑할 수 있었고(욥 1:8), 또한 사탄이 욥을 시험할 수 있도록 허락하셨던 것이다(욥 1:12; 2:6).

> "주님께서 손수 이 몸을 만드시고 이 몸을 빚으시지 않으셨던가요. 그런데 이제 와서 나를 없애려고 그토록 애쓰시는 겁니까? 주님, 주님께서는 진흙을 뭉쳐 빚으시듯 이 몸도 친히 뭉쳐 빚으셨다는 사실을 기억하소서. 그런데도 어찌하여 이제 와서 나를 다시 흙으로 되돌리려고 애쓰십니까. 주님께서는 이 몸을 젖과 같이 쏟아부으시어 치즈처럼 엉기게 하셨지요. 그러고서 가죽과 살로 이 몸을 입히시고 뼈와 힘줄로 이 몸을 엮지 않으셨습니까. 그렇게 주님께서는 이 몸에 생명을 주시고 은혜를 베푸셨으며 나를 돌보시고 내 영혼을 지켜주셨습니다. 그런데 지금 돌이켜 생각해보니, 주님께서는 그러면서도 마음속에 항상 나를 해칠 생각을 품고 계셨던 것 같습니다."

욥은 자신의 가죽(피부)과 살, 뼈와 힘줄 등이 하나님에 의해 몸소 빚어졌다는 사실을 충분히 인식하고 있었다. 자신의 목숨과 영혼까지도 하나님의 은혜로 온전히 보존되고 안전하게 유지되고 있다는 사실도 잘 알고 있었다. 욥은 전능하신 창조주 하나님께 대한 경외심과 찬양과 감사의 마음을 항상 품고 있었다.

그런데 도무지 이해하지 못할 일이 발생했다. 욥 자신에게 아무런 죄악이나 잘못이 없는데도, 하나님께서 이토록 혹독한 고난의 화살을 마구 쏘아대시는 것은 도대체 무슨 까닭이란 말인가! 마구 괴롭히며 해칠 요량으로 그렇게 잘 만드셨단 말인가? 정녕 하나님께서는 그런 마음을 품으시고 욥을 지으셨단 말인가?

물론, 그렇지 않다. 하나님은 우리가 죄 짓기를 기다려 우리를 해칠 요량으로 우리를 줄곧 지켜보시는 게 아니다. 그와 정반대다. 우리를 향한 하나님의 특별한 애정과 관심이 그분으로 하여금 우리를 계속 지켜보게 만든다(시 34:15). 하지만 당시 가장 어둡고 우울하고 괴로운 상태에 있었던 욥은 자신의 쓰라린 고통 중에서 마치 하나님이 자신을 해칠 요량으로 자신의 죄를 일일이 추적하고 계시는 것처럼 보였다. 충분히 그렇게 생각할 만했다.

> "만일 내가 죄를 지으면, 주님께서는 나를 죄인으로 못 박고는 나의 죄악을 용서하지 않으실 것입니다. 내가 악하다면, 응당 내게 재앙이 임할 것입니다. 하지만 설령 내가 의롭다고 할지라도, 나는 주님 앞에서 얼굴을 들지 못할 것입니다. 내가 지금 겪고 있는 이 엄청난 고난으로 인해 내 마음이 수치심으로 가득 차 있기 때문입니다. 만일 내가 주님 앞에서 머리를 당당하게 쳐든다면, 주님께서는 사자처럼 내게 달려들어 나를 여지없이 사냥하시겠지요. 그래서 주님의 기이한 능력을 다시금 나타내시어 나를 마구 해치겠지요. 주님께서는 내게 불리한 증인들을 번갈아 계속 세우시면서 나를 향한 진노를 한층 더하고 계시니, 마치 군대처럼 쉴 새 없이 나를 몰아치고 계십니다."

의롭고 경건한 욥은 평소 사람들의 존경을 받았고, 그로 인해 영예로운 삶을 영위할 수 있었다. 그러나 하루아침에 닥친 엄청난 고난으로 인해 욥은 부끄러울 수밖에 없었다. 설령 욥 자신이 의롭다고 해도, 초췌한 몰골로 잿더미 위에 앉아 진물 흐르는 온몸을 기왓장으로 벅벅 긁고 있는 그 상태가 아주 수치스러울 수밖에 없었다. 그렇다고 해도 고개를 들고 하나님께 대들 수도 없었다.

만일 그렇게 하면, 하나님께서는 마치 굶주린 사자처럼, 잔인한 군대처럼 더욱 매섭게 욥을 몰아칠 것이기 때문이다. 그래서 욥은 수치심에 고개를 처박고 속으로 피눈물을 흘릴 수밖에 없었다. 참으로 애처로운 욥의 신세다. 이 같은 가련한 신세로 전락하게 된 이유가 있다면, 다른 사람들보다 월등하게 경건하고 의로웠던 게 죄라면 죄였다. 적당히 경건하고 의로웠다면 이 같은 고난이 닥치지 않았을 것이다. 참으로 아이러니다.

> "오, 주님, 그러실 바에야 어찌하여 이 몸을 어머니의 태에서 나오게 하셨습니까. 차라리 어머니의 태에서 죽게 하셨더라면, 나 같은 것이 어느 누구의 눈에도 띄지 않았을 것이 아닙니까. 아예 세상에 존재하지 않았던 것처럼 여겨졌더라면 더욱 좋았을 것이 아닙니까. 어머니의 태에서 무덤으로 곧장 내려갔더라면 더욱 좋았을 것이 아닙니까."

현실의 고난과 당장의 고통이 너무나 혹독하여 욥은 아예 처음부터 세상에 태어나지 않는 것이 더 좋았을 것이라고 하나님께 호소한다. 정말 그런 것일까?

아니다! 모든 삶은 하나님께로부터 주어진 고귀한 선물로서 모든 삶에는 하나님의 선하신 섭리와 원대하신 경륜이 깃들어 있다. 따라서 비천하고 고통스러운 삶일지라도 그런 삶을 통해서도 하나님의 계획과 영광은 충분히 드러날 수 있다. 후일에 예수님은 태어날 때부터 맹인된 사람에 대하여 그에게도 하나님의 계획이 있다고 말씀하셨다(요 9:1-3).

욥의 경우엔, 사람이 하나님의 복 주심이 없다면 어찌 하나님을 경외할 수 있겠느냐는 사탄의 간사한 이간질과는 달리(욥 1:9-11; 2:4-5), 하나님의 복 주심이 없고, 도리어 까닭 모를 혹독한 고난만 있어도 하나님을 끝내 배반하지 않고 하나님께 죽도록 충성하는 사람이 있다는 것을 예증할 수 있는 대표적인 인물로 선정된 것이다.

따라서 욥은 그런 인물들을 대표할 수 있는 사람으로 하나님에 의해 친히 선정된 영광을 안게 된 것이고, 결국 욥을 통해 하나님께서는 건방진 사탄의 코를 납작하게 만드는 큰 기쁨을 누리신 것이다. 이런 관점에서 보면, 욥의 고난은 결코 헛되지 않고 아주 큰 가치와 의미를 지닌 것이다. 하지만 이 모든 계시의 진리를 알 턱이 없는 고대의 욥은 까닭 모를 자신의 혹독한 고난에 대해 계속해서 하소연을 늘어놓을 수밖에 없었다.

> "주님, 이제 내 인생의 나날도 얼마 남지 않았습니다. 그렇지 않습니까. 그러니 제발 멈추어주십시오. 이 몸을 그냥 이대로 내버려두십시오. 부디 남은 날들만이라도 편히 살게 하소서. 이 몸이 다시는 돌아오지 못할 곳으로 내려가기 전에, 어두컴컴한 흑암의 땅 곧 죽음의 그림자로 온통 뒤덮인 그 땅으로 내려가기 전에, 칠흑처럼 어두운 땅, 죽음의 그림자로 온통 뒤덮여 아무것도 구분할 수 없는 땅, 빛조차도 흑암처럼 되어버리는 그 땅으로 내려가기 전에, 오, 주님, 제발 그리해 주소서."

욥은 하루가 다르게 살가죽과 뼈가 맞붙을 정도로 바싹 말라가는 초췌한 자신의 모습을 보면서, 이제 자신이 땅 위에서 살 수 있는 날이 얼마 남지 않았다는 것을 직감한다. 그런 사정을 들어, 욥은 자신이 죽어 무덤으로 내려가기 전에 얼마 남지 않은 날들 동안이라도 편히 살 수 있게끔 이 지독한 고통을 멈추어달라고 하나님께 호소한다.

이때 욥은 '무덤'(히, 스올)을 다양하게 묘사하고 있는데, 이 같은 묘사를 통해 고대인들의 사후관(死後觀)을 엿볼 수 있다. 당시에 사람들은 누구나 죽으면 '무덤'으로 내려가는데, 그곳은 땅 밑에 있는 거대한 공간으로 모든 죽은 자들이 모이는 처소라고 생각했다. 이런 관점에서 그곳은 누구든지 한번 들어가면 다시는 돌아올 수 없는 땅이고, 죽음의 그림자가 드리워진 캄캄한 곳으로 아무것도 구별할 수 없는 땅이며, 빛조차도 흑암처럼 되어버리는, 그러니까 빛이라곤 눈 씻고 찾아보아도 전혀 찾아볼 수 없는 흑암의 땅이라고 생각했다.

11
소발의 1차 변론

하나님의 뜻을 어찌 알겠는가
하늘보다 높고 땅보다 넓고
바다보다 깊은 하나님은
거짓과 악행을 금방 아시네

[제2막 제4장, 무대는 우스 땅 욥의 무너진 집터. 욥기의 제2막 제4장은 소발의 변론(11장)에 대해 욥이 답변하는 장면이다(12-14장). 자신이 왜 이토록 혹독한 고난을 받아야 하는지에 대한 문제로 하늘의 하나님을 향하여 애처롭게 부르짖으며 차라리 죽음을 원한다는 뜻을 내비쳤던 욥의 절규가 끝나자(10장), 그동안 줄곧 침묵을 지키던 욥의 세 번째 친구인 소발이 나서서 자신의 변론을 펼친다(11장). 하지만 고지식하고 편협한 교리주의자라고 할 수 있는 소발은 안 그래도 아픈 욥의 심령을 더욱 아프게 한다. 상대방을 향한 충고나 권면에서 그 상대방을 신뢰하고 그의 영혼을 진심으로 사랑하는 마음이 없다면, 그 어떤 말도 상대방에게 위로나 도움이 될 수 없다.]

욥의 고난에 대한 소발의 첫 번째 변론 (11:1-20)

[내레이션] 욥의 말이 끝나자, 나아마 사람 소발이 입을 열어 욥에게 충고한다.

(소발, 고지식하고 편협한 교리주의자답게 애정 없는 딱딱한 말로써 욥을 정죄한다. 잿더미 위에 앉아 혹독하게 고통받고 있는 가련한 욥을 향한 따스한 배려나 동정심이 조금도 없다.) "욥, 자네가 이토록 말이 많으니 내가 입 다물고 가만히 있을 수가 없네. 이보게, 말 많은 사람치고 옳은 말 하는 것을 본 적이 있는가. 자네의 빈말을 듣고도, 누가 입 다물고 가만히 있을 수 있겠는가. 자네가 이토록 비아냥거리는데 누가 자네를 탓하지 않을 수 있겠는가."

소발은 첫 번째 발언이다. 성격이 가장 성급하며 열렬한 것으로 보이나, 변론 자체는 상당히 논리적이고 이성적이며 그 논리의 근거를 정통성에 두고 있다. 사실, 소발은 욥의 변호를 듣고 적잖게 실망했다. 다른 친구들(엘리바스, 빌닷)처럼 소발 또한 욥이 죄 없이 정직한데도 억울하게 고난을 당하고 있다고는 생각하지 않았다.

그런데도 다른 친구들의 변론에 대해 욥이 많은 말로써 자신의 무죄와 결백을 적극적으로 항변하자, 소발은 욥의 많은 말을 단지 그의 쓸데없는 비아냥으로 간주했다. 그래서 욥을 말이 많은 어리석은 자로 생각했다. 구약시대의 현자들은, 말이 많은 사람은 허물을 면하기 어려운 어리석은 자로 보았기 때문이다. 결국 소발도 다른 친구들처럼 욥의 위로자가 아니라 욥의 비난자가 되었다. 소발은 계속해서 말한다.

"자네는 말하기를 '내 주장은 아무런 흠이 없고, 내가 주님 앞에서도 깨끗하다.'라고 하는군. 참으로 답답하네. 이럴 때 하나님께서 친히 입을 여시어 자네가 그르다는 것을 말씀해 주신다면 오죽이나 좋을까! 그분께서 자네에게 지혜의 비밀을 드러내어 보여줄 수 있다면 정말 좋으련만! 그분의 지혜는 우리로서는 감당하기 어렵다네. 그러니 지금 자네가 받는 벌은 자네가 실제로 지은 죄보다 가볍다는 것을 알아야 하네."

소발은 고통스러운 욥을 더욱 고통스럽게 했다. 하루아침에 모든 재산, 모든 남녀종들, 모든 자녀를 잃은 데 더하여, 욥 자신은 악성 피부병으로 진물이 줄줄 흐르는 상태에서 잿더미 위에 앉아 기왓장으로 온몸의 가려운 데를 벅벅 긁어대는 처참한 상황이었다. 욥의 이런 모습을 지켜보면서도, 하나님께서 욥이 지은 죄보다 가볍게 징벌하신 결과라니, 소발은 도대체 욥이 얼마나 끔찍한 죄를 지었다고 생각하는 것일까? 왜 그렇게도 욥을 믿지 못하고 의심하는 것일까? 결국 욥의 고난 배경에는 필히 드러나지 않은 큰 죄가 있다고 굳게 믿은 소발의 논리는 편협하고 고지식한 인과응보 사상의 선입견에서 비롯되었다.

> "이보게, 욥! 자네가 하나님의 깊은 뜻을 어찌 알 수 있겠는가. 자네가 전능하신 분의 무한하심을 어찌 깨달을 수 있겠는가. 진실로 그분은 높은 하늘보다 더 높으시니 자네가 어찌 미칠 수 있겠는가. 깊은 무덤보다도 더 깊으시니 자네가 어찌 알 수 있겠는가. 하나님께서 미치는 범위는 온 땅보다도 더 길고 모든 바다보다도 더 넓단 말일세."

다른 친구들처럼 소발의 신관(神觀)도 틀린 것은 없다. 인간의 모든 한계를 초월하시는 전능자 하나님에 대한 묘사는 맞는 말이다. 그런데 문제는 그런 전능하신 하나님이시기 때문에 욥의 모든 숨겨진 죄를 알고서 욥을 징벌하신다는 논리를 펼친 데 있었다. 자신이 전능하신 하나님의 모든 행동을 파악하고 있다는 전제를 깔고 있는 셈이다.

바로 이 같은 논지가 틀렸다. 인간이 하나님의 깊은 뜻을 알 수 없다고 믿는다면, 하나님께서 하시는 일에 어떤 의도가 숨겨져 있는지도 인간으로선 알 수 없다고 고백하는 게 맞다. 그렇게 생각했다면, 욥의 고난이 반드시 욥의 죄 때문이 아닐 수도 있겠다는 생각을 할 수도 있었을 텐데…. 한편, 무덤(히, 쉐올)은 죽은 자들이 내려가 거처하는 땅 밑 깊은 곳의 적막하고 캄캄한 곳을 가리킨다(시 86:13).

"하나님께서 모든 데를 두루 다니시면서 사람들을 잡아 가두시고 심문하신다면, 누가 감히 그분을 막을 수 있겠는가. 그분께서는 거짓된 사람들을 단번에 알아보시고, 악을 보시면 곧바로 알아차리신다네. 미련한 사람이 현명해지기를 기다리느니, 차라리 들나귀가 사람 낳기를 기다리는 게 더 나을 걸세."

"차라리 들나귀가 사람 낳기를 기다리는 게 나을걸세."

들나귀는 매우 고집스러워 길들이기 아주 힘든 야생짐승이다. 소발은 아무리 잘못을 알려줘도 깨달음이 없는 자를 '들나귀'에 비유하여 아무리 설득하고 권면해도 자기 결백을 계속 주장하는 욥의 고집을 은연중에 책망하고 있다. 그래서 이제 소발은 보다 직접적으로 욥에게 권고한다.

"이보게, 욥! 그러니 자네가 이제라도 마음을 바르게 먹고 주님을 향해 자네의 손길을 뻗친다면, 그리고 자네가 모든 악한 일에서 손을 떼고 어떤 불의도 더 이상 자네의 집에 머물지 못하게 한다면, 자네는 정녕 아무 거리낌 없이 당당하게 얼굴을 들고 다닐 수 있을 걸세. 굳게 서서 두려움 없이 살아갈 수 있을 것이란 말일세."

'얼굴을 든다'는 말은 '회복하다'란 뜻의 관용적인 표현이다. 그러니까 소발의 말은, 이제라도 욥이 주님께 손길을 뻗어 자기 죄를 뉘우치고 회개하는 기도를 드린다면, 주님께 죄 사함을 받고 은총을 입어 예전처럼 회복될 것이라는 말이다. 소발의 권고는 이어진다.

"그렇게 되면, 지금까지의 고통과 불행은 다 잊어버리게 되고 흘러가버린 시냇물처럼 과거를 추억하게 될 걸세. 그리고 자네의 인생은 대낮의 강렬한 햇볕보다 더 밝아질 것이고 암울했던 시간들은 아침 햇살같이 환해질 걸세. 이제 자네에게 소망이 있으므로 마음이 든든해질 것이네. 암, 그렇고말고! 자네가 사방을 빙 둘러보아도 이제는 걱정할 것이 하나도 없으므로 마음 편히 발 뻗고 쉬게 될 걸세. 그렇게 자네가 자리에 편히 누워도 자네를 두렵게 할 자가 아무도 없고, 도리어 많은 사람들이 자네에게 잘 보이려고 애쓸 것이네."

소발은 욥의 고난이 의외로 쉽게 해결될 수 있다고 생각했다. 그가 제안한 방법은 '욥의 회개'였다. 욥이 주님을 향해 자신의 죄를 회개하기만 한다면 모든 문제가 쉽게 해결될 것이라고 자신 있게 주장했다. 하지만 이 같은 소발의 주장은 욥의 고난의 까닭을 제대로 알지 못한 데서 비롯된 것으로, 그의 고지식하고 편협하며 제한된 지식을 보여주는 잘못되고 어리석은 주장이었다. 이런 맥락에서 소발은 고집을 피우면서 계속해서 회개하지 않는 데 따르는 경고도 잊지 않았다.

"그러나 죄를 회개하지 않는 악인은 눈이 멀어서 마침내는 도망칠 곳조차 찾지 못할 것이므로, 그의 유일한 희망이라곤 그저 어서 빨리 숨이 끊어지기를 바라는 것뿐이라네."

앞서 욥은 자신의 생일을 저주하면서 차라리 세상에 태어나지 않았거나(욥 3장), 아니면 당장이라도 숨이 끊어져 무덤으로 내려가기를 간절히 소원했다(욥 7장). 소발은 그러한 욥의 말을 의식하면서, 그런 태도는 죄를 회개하지 않는 악인에게서 찾아볼 수 있는 특징이라고 말하고 있다. 그러니까 소발에게 있어 지금 고난당하고 있는 욥은 '회개하지 않는 악인'일 뿐이다.

12

소발에 대한 욥의 1차 답변

새와 짐승에게 물으면 알까
땅과 물고기에게도 물어 볼까
오래 살수록 인생의 깊이와
살아가는 지혜를 알게 되리라

[제2막 제4장의 계속, 무대는 우스 땅 욥의 무너진 집터. 다른 친구들과 마찬가지로 소발 역시 욥의 고난이 욥의 죄악과 그 죄악을 회개하지 않는 데 따른 하나님의 마땅한 징벌이라는 주장을 펼치자, 욥은 더욱 결연한 어조로 자신의 결백과 무죄를 주장한다. 그러면서 욥 자신도 세 친구들 못지않게 하나님께 대한 지식을 분명히 가지고 있음을 강조한다. 이 같은 욥의 반론은 12장부터 14장까지 길게 이어진다. 이것은 세 친구들의 주장에 대한 욥의 심히 답답한 마음을 보여주며, 동시에 자신에게 임한 고난에 대해 아주 깊은 회의를 느끼고 있음을 반증한다.]

소발의 첫 번째 변론에 대한 욥의 답변 (12:1-25)

[내레이션] 소발의 말을 듣고, 욥이 입을 열어 대답한다.

(욥, 간절한 말로써 자신의 진심을 토로했건만 자신을 회개하지 않는 어리석은 악인으로 규정하는 소발에 대하여 무척 섭섭한 마음으로. 그래서 비꼬는 투의

빈정대는 어조다.) "어허, 참으로 자네들만 지혜로운 사람들이군. 자네들이 죽으면, 지혜도 함께 따라 죽겠군 그래. 그러나 자네들이 알고 있는 것 정도는 나도 다 알고 있다네. 내가 자네들보다 못하지 않다네. 아니 그래, 그 정도도 모를 사람이 어디 있겠나."

욥의 말이 냉소적이다. 방금 전에 욥은 참기 힘들 정도로 소발에 의해 죄 있는 자로, 지혜 없는 자로, 또한 회개하지 않는 악인으로 신랄하게 공격받았기 때문이다. 그래서 욥은 자신을 변호하기 위해 한편으로는 논리적으로, 다른 한편으로는 냉소적으로 응답한 것이다.

"하나님께 간구하여 종종 응답을 받곤 했던 내가 이젠 내 친구들에게 한낱 웃음거리가 되다니! 의롭고 흠 없는 내가 조롱거리가 되고 말다니! 자네들은 아무런 고통 없이 마음 편히 지내니까 재앙에 빠진 나를 보고 마구 비웃는군. 재앙을 만나 비틀거리고 있는 사람을 내려치고 있군 그래. 강도들의 장막이 오히려 번성하고 하나님을 분노케 하는 자가 도리어 세상을 활보하니, 그자들은 하나님을 자기 멋대로 할 수 있다고 생각하네."

거듭 말하지만, 욥이 여기서 친구들을 향해 자신의 의로움과 흠 없음을 주장하고 있는 것은 하나님의 속성과 같은 절대적인 온전함과 의로움을 주장하는 것이 아니다. 그것은 다만 일반적으로 자신이 의롭고 올바른 삶을 살았다는 뜻이다. 실제로 그러했다. 하나님께서도 그 사실을 인정하셨다(욥 1:8; 2:3).

욥이 또한 여기서 '번성하는 강도들의 장막'과 '세상을 활보하는 악인'에 관해 언급한 것은 "악인이 형통하는 경우가 어디 있겠으며, 죄 없이 망한 자가 어디 있겠는가?"라는 친구들의 주장을 반박하는 말로서, 현실적으로 세상에 비일비재한 의인의 고통과 악인의 형통을 지적한 말이다.

"바다의 물고기들이라도 자네들에게 일러줄 것이네."

"짐승들에게 물어보게. 그것들이 자네들에게 말해 줄 걸세. 공중의 새들에게 물어보게. 그것들이 자네들에게 가르쳐 줄 걸세. 아니면, 땅에다 대고 물어보게. 땅이 자네들에게 가르쳐 줄 걸세. 그것도 아니면, 심지어 바다의 물고기들이라도 자네들에게 일러줄 것이네. 주님께서 친히 이 모든 일을 행하신다는 것을 그 모든 것들 가운데 무엇인들 모르겠는가. 살아 숨 쉬고 있는 모든 것들의 생명은 전부 다 그분의 손 안에 있고, 뭇 사람의 목숨 또한 그분의 손에 전적으로 달려 있다네."

욥은 공중과 땅과 바다의 모든 짐승들이 우리에게 가르치는 것 두 가지를 언급한다. 하나는, 세상에서 일어나고 있는 모든 일들은 오로지 하나님에 의해 주관되고 있다는 사실이다. 다른 하나는 사람과 동물 등 숨 쉬고 있는 모든 것들의 생명과 목숨은 오로지 하나님의 손에 전적으로 달려 있다는 사실이다. 그러니까 친구들이 오해하고 있는 것과는 달리, 욥은 세상만사와 세상만물에 대한 하나님의 전적인 주권에 대해 충분히 인정하고 있는 것이다.

"귀가 어찌 말을 듣지 못하겠으며, 혀가 어찌 음식 맛을 알지 못하겠는가. 지혜는 나이 든 사람들에게서 나오고, 오래 산 사람일수록 인생의 깊은 통찰력을 지니고 있는 법이라네. 하지만 본래 모든 지혜와 권능은 하나님께 속한 것이고, 인생에 대한 지혜와 통찰력도 오직 그분께 속한 것이라네."

욥은 수사적인 표현을 사용하여 말하고 있다. 그런 수사적인 질문은 당시의 노련하고 능숙한 변론가들에게는 전형적인 질문 및 토론 방식이었다. 일반적으로 거기에는 반어(反語)나 풍자 등이 포함되어 있었다.

"하나님께서 무너뜨리시면 누군들 다시 세울 수 있겠으며, 하나님께서 가두시면 누군들 풀려날 수 있겠는가. 하나님께서 물길을 막으시면 땅이 즉시 메말라 가뭄이 들고, 그분께서 물길을 터놓으시면 땅에 물이 흘러넘쳐 홍수가 난다네. 힘과 지혜가 모두 그분께 속해 있으니, 속는 자와 속이는 자가 모두 그분의 통치 아래 있다네."

앞서 욥의 친구들은 욥의 고난에 관해 말하면서 저마다 하나님의 전능함과 전적인 주권에 대해 강조하였다. 그러면서 그들은 "전지전능하신 하나님께서 어찌 실수로 욥이 잘못한 게 없는데도 욥을 징벌하실 리 있었겠는가!"라는 논리를 펼쳤다. 이런 논리에 대해 욥 역시도 친구들과 마찬가지로 하나님의 전능함과 전적인 주권을 강조한다. 이는 욥이 하나님의 그런 속성을 알지 못하고 하나님께 불평을 터뜨리고 자신의 처지를 한탄한 게 아니라는 것을 반증한다. 친구들이 아는 것을 욥도 잘 알고 있었다. 문제는, 욥의 고난을 대하는 관점과 해석의 차이였다.

"진실로 하나님께서는 통치자들을 발가벗긴 채 맨발 상태로 끌려가게 하기도 하시고, 세상의 지혜로운 재판관들조차 바보로 만들기도 하신다네. 또 왕들이 매고 있는 그들의 띠를 풀어서, 그것으로써 도리어 그들의 허리를 결박하여 포로로 끌고 가기도 하신다네. 또 제사장들을 발가벗긴 채 끌려가게 하시고, 권력자들의 권세를 한순간에 무너뜨리기도 하신다네. 또한 말 잘하는 참모들의 입을 꾹 다물게도 하시고, 나이 많은 자들의 분별력도 흐리멍덩하게 만들기도 하신다네. 진실로 하나님께서는 귀족들에게 수치와 멸시를 퍼부으시고, 힘 있는 권력자들의 권세를 약하게 하는 분이시라네."

통치자들, 재판관들, 왕들, 제사장들, 권력자들, 참모들, 나이 많은 자들, 그리고 귀족들은 세상에서는 지혜롭고 힘 있으며 경험 많고 분별력 있으며 품위 있다고 간주되는 자들이다. 그러나 하나님 앞에서 그들 모두는 내세울 것이나 자랑할 것이 아무것도 없다. 하나님은 그런 자들의 흥망성쇠와 생사화복을 전적으로 주관하시기 때문이다(신 32:39; 삼상 2:6-8; 단 2:21). 이 같은 하나님의 전능함과 전적인 주권에 대한 욥의 언급은 계속 이어진다.

"또한 하나님께서는 어둠 속에 감춰진 것들을 밝히 드러내시고 죽음의 그늘조차도 빛 가운데로 끌어내시는 분이시며, 뭇 나라들을 강하게도 하시고 망하게도 하시며 뭇 민족들을 번성하게도 하시고 흩어버리기도 하시는 분이고, 땅 위 세상 사람들을 다스리는 지도자들에게서 분별력을 빼앗으셔서 그들로 길 없는 거친 광야에서 헤매게 하시는 분이라네. 하나님께서 그리 행하시면, 세상의 지도자들은 빛도 없는 어둠 속을 더듬거리며 다니고, 술 취한 사람처럼 이리저리 마구 비틀거린다네."

하나님의 주권은 왕들이나 제사장들 같은 땅 위의 모든 인생들뿐만 아니라, 세상의 모든 민족들과 나라들까지 미친다. 뿐만 아니라 어둠, 그늘, 죽음, 빛 같은 모든 자연현상과 무생물의 추상적인 개념의 차원까지도 능히 미친다. 한마디로 하나님의 주권이 미치지 않는 인생, 장소, 시간, 개념 등은 하나도 없다. 우주만물의 모든 유형의 존재들과 무형의 개념들이 하나님의 주권의 손길에서 벗어나지 못한다. 그 모든 것들이 하나님의 오묘한 섭리와 위대한 경륜의 유용한 도구와 재료로 사용된다.

13

욥의 항변과 간청

주여, 나를 원수 대하듯 하지 마소서
바람에 날리는 나뭇잎 같은
내 잘못이 크니 알려주시고
내게서 그 손을 거두어주소서

[제2막 제4장의 계속, 무대는 우스 땅 욥의 무너진 집터. 소발의 변론(11장)에 대해 욥이 12장에 이어 계속해서 답변하는 장면이다. 욥은 자신의 재난을 해결해주실 분은 오직 하나님뿐임을 알고, 어떡하든지 하나님 앞에 나아가 자신의 억울하고 딱한 처지를 하소연함으로써 하나님께로부터 의롭다 하심을 인정받고자 갈망한다.]

소발의 첫 번째 변론에 대해 욥의 이어지는 답변 (13:1-19)

(욥, 자신을 비난하고 정죄하는 친구들에 대해 서운한 마음이 가득하다. 안 그래도 온갖 상처로 고통스러워 죽을 지경인데, 친구들이 자신의 말을 믿어주면서 위로와 격려의 말을 해주기는커녕 도리어 고집만 피우지 말고 속히 회개하라고 자꾸만 비난하고 정죄하니, 어찌 서운하지 않을 수 있겠는가. 그래서 욥은 다시금 자신의 억울한 처지를 하소연한다.) “이것 보게. 내가 이 모든 것을 내 눈으로 직접 보아왔고 또 내 귀로 들어서 다 알고 있다네. 자네들이 알고 있는 것을 나 또한 잘 알고 있다네. 내가 자네들만 못하지 않다네. 하지만

내가 말하려고 하는 대상은 자네들이 아니라 전능하신 하나님일세. 나는 하나님께 정말 내 고난의 이유를 묻고 싶을 뿐이네. 그런데 자네들은 내게 대하여 거짓말을 지어내고 있을 뿐이고 아무런 병도 고쳐주지 못하고 있으니, 전부 쓸모없는 돌팔이 의사나 마찬가지일세. 그러니 자네들은 입을 꾹 다물고 있게나. 차라리 그것이 더 지혜롭겠어!"

욥은 친구들이 말하는 것들을 자신도 다 알고 있으니 자신에게 위로와 격려의 말을 안 해줄 바에야 차라리 입을 다물고 있는 편이 더 좋겠다고 말하면서, 자신은 오직 하나님과 더불어 변론하기를 원한다고 말한다. 친구들과 변론하는 것은 더 이상 의미와 가치가 없다고 판단했기 때문이다. 그렇다면 친구들이 아니라 하나님과 변론하기를 원한 욥의 태도는 건방진 행동인가?

그렇지 않다. 하나님을 향한 진솔한 변론은 기도하는 것과 마찬가지의 행동으로서, 기도는 우리가 하나님께 직접 나가는 일이고, 우리는 기도를 통해 그분께 찬양과 경배를 드리는 것은 물론이고, 또한 우리의 답답한 심정을 변론하듯 호소하고 탄원할 수도 있다. 그래서 자신의 무지함을 고백하는 가운데 '왜'라는 질문을 통해 하나님의 응답을 받아 깨달음에 이를 수 있다. 물론 우리의 변론이 자신은 옳고 하나님은 틀렸다는 것을 입증함으로써 자신의 의(義)를 드러내기 위한 것이라면 그것은 건방진 일이다.

"내가 뭐라고 하는지 잘 들어보게나. 내 입술의 변론을 주의 깊게 들어보게나. 자네들은 하나님을 위한답시고 어찌 허튼소리를 하고 있는 것인가. 하나님을 위한답시고 어찌 빈말을 하고 있는 것인가. 자네들이 하나님의 낯을 따르겠다는 것인가. 하나님을 위해서 변호를 하겠다는 것인가. 하나님께서 자네들을 속속들이 들추셔도 좋단 말인가. 사람을 속이듯, 그렇게 자네들이 하나님을 속일 수 있으리라고 생각하는가.

자네들이 거짓말을 해서 하나님을 편든다고 해도, 하나님께서는 틀림없이 자네들을 꾸짖으실 것이네. 자네들은 그분이 두렵지도 않는가. 그분의 크신 위엄 앞에서 자네들은 놀랄 것이고, 그분에 대한 두려움 때문에 자네들은 무서워 부들부들 떨 것이네."

'하나님의 낯을 따른다.'는 말은 '하나님에 대해 편애를 보인다.' 또는 '하나님의 편을 든다.'란 뜻이다. 욥의 친구들은 하나님을 위한다는 명분으로, 다시 말해 스스로 하나님을 위하여 변론한다는 생각으로, 무조건 하나님의 편에 서서 욥을 책망하고 정죄하는 방식으로 하나님의 낯을 따랐다. 하지만 욥이 보기에 그들은 하나님의 뜻을 제대로 파악하지 못한 엉터리 변호인들이었다. 과연 엉터리 변호인들인 욥의 친구들은 나중에 하나님께로부터 호된 꾸지람을 들었다(욥 42:7-8).

"자네들은 나를 향해 언제나 쓸모없는 상투적인 격언만을 들먹거리는군. 그러니 자네들의 변론은 무너지기 쉬운 흙덩이처럼 아무런 힘도 쓰지 못할 걸세. 그러니 이제는 입을 좀 다물고 내가 말하는 대로 좀 내버려 두게나. 일이 어떻게 되든지, 내가 당하면 될 것 아닌가."

욥은 친구들이 입을 다물고 있어 주기를 바랐다. 때로는 고난받는 자 곁에서 입을 다문 채 조용히 앉아 있는 것이 더욱 효과적이기 때문이다. 당시 욥은 고난의 원인에 대한 이런저런 이론적인 설명보다는 가슴에서 우러나오는 따뜻한 위로와 격려의 말을 더 원했다.

"내가 어찌 내 이빨로 내 살을 물어뜯겠으며, 어찌 내 생명을 내 손으로 해치겠는가. 설령 하나님께서 나를 죽이신다고 해도 나는 그분을 믿을 것이네. 하지만 그렇다고 할지라도, 그분 앞에서 나는 내 방식대로 내 억울한 사정을 밝혀 나 자신을 변호해야겠네. 내가 그렇게라도 하는 것이 그나마 내게는 구원을 얻는 길이 될 것이니, 그분 앞에서는 어떠한 위선도 통하지 않을 것이기 때문이네."

욥은 생명의 위험을 감수하고서라도 하나님과 계속 변론하기를 원한다. 욥은 전능자와 맞서 변론하는 것이 아주 위험한 일인 줄 잘 알고 있었다. 어쩌면 더욱 큰 징계를 초래할 수도 있었고 목숨마저 잃을 수도 있었다. 그래도 욥은 자신의 처지가 너무도 가련하고 또 자신에게 임한 고난의 까닭을 도무지 이해할 수 없었기에, 자신의 생명조차 돌보지 않고 어떠한 위험도 기꺼이 감수하면서 자신의 억울한 사정을 하나님께 계속 아뢰기를 바랐다.

"이제 내 말을 잘 들어보고 내가 하는 진술에 귀를 기울여주게나. 여보게들, 내가 내 사정을 그분께 진술하였으므로 이제 무죄로 밝혀져 의롭게 될 것이라고 확신한다네. 대체 누가 나를 그르다고 주장할 수 있을까. 만약 그런 자가 있다면, 나는 차라리 입을 다물고 죽고 말겠네."

욥은 자기 목숨을 걸고 의로움을 주장하고 있다. 여기서 욥이 주장하는 의로움은 신학적인 의미의 절대적인 의로움이 아니라 법적인 의미의 상대적인 의로움이다. 다시 말해 작금의 혹독하고 끔찍한 고난과 징벌을 당할 만큼의 법적인 죄악을 자행한 일이 없다는 양심선언이다.

소발의 변론에 대한 답변 중 하나님을 향한 욥의 기도 (13:20-28)

(이제 욥은 친구들에게서 눈을 돌려 하늘의 하나님을 향해 호소한다. 두렵고 떨리는 심정으로 자신의 아픈 현실을 탄원한다. 그것은 주님의 긍휼을 바라는 애처로운 기도다.) "오, 주님, 제발 나의 두 가지 부탁만 들어주소서. 그러면 내가 주님 앞에서 피하여 숨지 않겠습니다. 주님, 이제는 나를 치시는 주님의 그 손을 내게서 멀찌감치 거두소서. 또한 나로 하여금 공포에

사로잡혀 떨지 않게 하소서. 그런 다음에 주님께서 나를 부르소서. 그러면 내가 대답하겠습니다. 아니면, 내가 먼저 주님께 말씀드리겠으니 주님께서 꼭 대답해 주소서."

욥은 법정(法廷) 장면을 채택하여, 피고로서 재판관인 하나님께 두 가지를 요청한다. 첫째, 자신에 대한 징계의 손길을 거두어주실 것. 즉, 욥이 현재 겪고 있는 극심한 육체적 고난을 거두어주실 것. 둘째, 자신을 두렵게 하지 마실 것. 즉, 자신에게서 극심한 심령의 두려움을 없애주실 것.

이런 두 가지 조처가 취해진다면, 욥은 자신의 무죄를 하나님 앞에 입증할 수 있다고 생각했다. 욥은 자신의 이 같은 요청이 즉시 받아들여질 것을 기대했겠지만, 하나님께로부터 즉각적인 응답을 받지 못했다. 그러나 후일에 욥에게 일어난 모든 일이 해피엔딩으로 종결됨으로써 욥의 두 가지 요청은 모두 이루어진다(욥 42:12-17).

"주님, 내가 얼마나 많은 불법과 죄악을 저질렀습니까. 내가 무엇을 잘못했는지, 나로 하여금 알게 하소서. 주님께서는 어찌하여 나를 피하십니까. 어찌하여 나를 원수 대하듯 하십니까. 주님께서는 어찌하여 한낱 바람에 날리는 낙엽 같은 나를 그토록 위협하시는 것입니까. 한낱 마른 지푸라기 같은 나를 어찌 이토록 못살게 구십니까. 주님께서는 마음 아픈 나의 쓰라린 과거들을 일일이 기록하시고, 내 어린 시절의 잘못들까지도 낱낱이 들추시어 나를 이토록 꾸짖고 계시는 것입니까."

욥은 자신을 아주 하찮은 존재로 여기고 '바람에 날리는 낙엽'과 '마른 지푸라기'에 비유했다. 이것들은 가장 무가치하고 하찮은 것들을 나타내는 말들이다. 욥은 우주만물의 창조자이시며 주권자이신 전능하신 하나님께서 어찌하여 그토록 하찮은 자신에게 지나치게 관심을 갖고, 이미 지나간 날들의 사소한 것들 하나하나를 끝까지 추적하여 그토록 가혹하게 다루시는지, 참으로 그 까닭을 알 길이 없어 답답한 심정으로 묻고 있다.

"주님, 어찌 나를 원수 대하듯 하십니까?"

> "진실로 주님께서 나의 발을 사슬로 꽁꽁 묶으시고, 나의 움직임을 뚫어지게 낱낱이 지켜보시며, 내가 내딛는 발자국마다 일일이 살피고 계시므로 이 몸이 이렇게 썩어가는 물건처럼 낡아지고 좀먹은 옷처럼 못 쓰게 되고 말았습니다."

전신에 악성 피부병이 생겨 딱지가 덕지덕지 엉겨 붙고, 그 딱지들이 떨어진 자리에는 진물이 줄줄 흘러내리고, 심지어 움푹 파인 데에는 구더기까지 생겨나는 비루하고 초췌한 몰골, 그런 피골이 상접한 욥의 몸은 그야말로 썩어가는 물건 같았고 좀먹은 옷 같아서 아무짝에도 쓸모없는 몸이었다.

14
욥의 체념과 탄식

베어진 나무에서 새순이 나오고
뿌리가 땅속에서 늙어도
그루터기에는 새싹이 돋습니다
그러나 사람은 죽으면 끝입니다

[제2막 제4장의 계속, 무대는 우스 땅 욥의 무너진 집터. 소발의 변론(11장)에 대해 욥이 12장과 13장에 이어 계속해서 답변하는 장면이다. 앞서 친구들의 매정한 정죄에 대하여 자신을 적극적으로 변호했던 욥은 이제 하늘의 하나님께 눈을 돌려 하나님께 호소한다. 하나님 앞에서 인간이 얼마나 허무한 존재인지를 호소하며 탄식한다.]

소발의 변론에 대한 답변 중 욥의 이어지는 기도 (14:1-22)

(욥, 소발의 주장에 대해 답변이 이어지지만 그 대상은 소발 개인을 향한 것이 아니라 세 친구들 및 하나님을 향한 변론의 성격을 띠고 있다. 여기서 욥은 인생의 허무함을 토로한다. 하지만 욥은 단지 인생무상을 토로하는 데 그치지 않고, 그런 와중에서도 내생을 소망하며 하나님의 은총의 손길을 바라는 마음을 나타낸다.)
"오, 주님, 여인의 몸에서 태어나는 모든 사람은 사는 날도 많지 않은데다, 그마저도 괴로움으로 가득 차 있을 뿐입니다. 인생이란 꽃처럼 피어났다가 어느 순간에 팍 시들어버리고, 그림자처럼 붙잡지도 못한 채 그저 덧없이 사라지고 마는 것이 아닙니까. 그런데도 주님께서는 어찌하여 그런 미미한 사람에 불과한 나를 그토록 눈여겨 살피시고, 나를 데려가 주님의 심판대 앞에 세우시는 것입니까."

욥은 주님께서 자신을 유독 꼭 찍어 면밀하게 눈여겨 살피신다고 생각한다. 그렇지 않다면, 주님께서 젊은 날의 아주 작은 죄까지 샅샅이 찾아내어, 그토록 철저하게 징벌을 내리지는 않을 것이기 때문이다.

욥은 하나님의 전능하심과 자신의 미약함을 충분히 인식하고 있었다. 이 같은 인식의 바탕 위에서, 욥은 전능자 하나님께서 '꽃'이나 '그림자' 같이 짧은 생을 사는 미약한 자신을 긍휼히 보시고, 이제는 적대적인 관심을 거두어 자신을 홀로 자유롭게 내버려두기를 간구한다. 성경문학에서 '꽃'은 그 영광이 쉽게 사그라지는 허무함을(시 103:15; 벧전 1:24), 그리고 '그림자'는 고정된 실체 없이 재빨리 변화하는 헛된 것을 상징한다(시 102:11; 전 6:12).

"세상에 어느 누군들 더러운 것들 가운데서 깨끗한 것을 이끌어낼 수 있겠습니까. 아무도 그럴 수 없습니다. 사람마다 땅 위에서 살아갈 날수가 다 정해져 있기에 모든 사람은 주님께서 이미 정해놓으신 그 날수대로만 살아갈 뿐입니다. 어느 누구도 주님께서 정해놓으신 그 기한에서 벗어날 수가 없습니다. 그러니 이제는 나에게서 그만 눈길을 거두시어 나로 좀 쉬게 하소서. 품꾼 같은 내 인생, 그저 남은 나날 동안만이라도 편히 좀 쉬게 하소서."

욥은 이 지상에서 사람으로 살아가는 한 깨끗한 것이라곤 찾아볼 수 없는 원초적인 불결함을 고백하고, 또한 하나님께서 정해놓으신 날수대로만 살아갈 수밖에 없는 인생의 근본적인 한계와 연약함을

"나무는 베어지더라도 새로운 싹이 돋아납니다."

강조함으로써 하나님의 긍휼과 자비를 간구한다. 본질적으로 그처럼 연약하고 불결한 인생이니만큼, 그런 사정을 십분 참작하여 지금 겪고 있는 혹독한 고난의 불구덩이 속에서 제발 좀 건져달라는 애타는 호소다.

"나무에게는 희망이 있으니 비록 베어져 쓰러지더라도 새로운 순이 다시 돋아나고, 싹이 돋아서 멈추지 않고 계속 자라납니다. 뿌리가 땅 속에서 늙어가고 그루터기가 흙 속에 묻혀 죽어가더라도, 물 기운만 들어가면 그 싹이 돋아서 다시 자라나고 새로 심은 듯 가지를 뻗칩니다."

욥은 나무의 소생력에 비유하여 인생의 유한하고 허무한 삶을 강조한다. 실제로 나무는 찍히고 죽어가더라도, 물 기운만 들어가면 다시금 움을 틔우고 연한 가지를 내어 이전의 왕성한 나무로 회복한다. 하지만 인생은 한번 찍히고 늙으면, 다시는 이전의 왕성한 청년 시절로 되돌아갈 수 없다. 단지 죽음만이 기다릴 뿐이다. 욥은 그런 이치를 호소한다.

"하지만 사람은 그렇지 아니하니, 사람은 일단 기력이 쇠하여 죽으면 어디론가 사라지고 맙니다. 마지막 숨을 거두면 온데간데없이 사라져 도대체 어디에 있는지조차 모르게 됩니다. 물이 없어져버린 바다처럼, 홍수가 없어 말라버린 강처럼 사람도 한번 죽으면 다시는 일어나지 못합니다. 하늘이 없어질 때까지 일단 죽은 사람은 잠에서 다시는 깨어나지 못합니다."

'물이 없어져버린 바다'란 표현은 고대 세계에서 큰 강의 침전 및 퇴적 현상으로 바다의 만(灣)이 육지로 변하는 경우를 가리키는 말인 듯하다. 또한 '하늘이 없어질 때까지'는 '하늘이 그대로 존재하는 한'이란 뜻이다. 말하자면 죽은 사람이 다시 살아나는 일은 절대 불가능한 일로서, 하늘이 무너지거나 떠나가는 일이 있지 않고서는 일어날 수 없다는 말이다. 그런데 욥의 이 말은 공교롭게도 그리스도의 재림과 성도의 부활의 때에 하늘이 '요란한 소리를 내면서 사라지는' 현상이 일어난다는 신약시대의 부활사상을 암시해주고 있다(벧후 3:10).

"오, 주님, 차라리 나를 무덤 속에 숨겨주소서. 주님의 분노가 다 지나갈 때까지 나를 거기 스올에 감추어주소서. 그리하여 기한을 정해두셨다가 때가 되면 나를 기억해주소서. 사람이 한번 죽고 나면 어찌 다시 살아나겠습니까. 그러므로 이 몸은 이토록 고통스럽고 괴로운 날들이 다 지나갈 때까지 거기 무덤에 꼭꼭 숨어서 참고 기다리겠습니다."

욥은 당장 겪고 있는 현실의 고난이 너무나도 고통스러워 자신을 향한 하나님의 진노가 모두 가라앉을 때까지 무덤(스올) 속에 꼭꼭 감추어달라고 호소한다.

히브리어 '스올'(Sheol)은 죽은 자들이 들어가는 지하세계 곧 무덤을 말한다. 고대 히브리인들은 우주를 하늘, 땅, 땅 밑(지하)의 3층 구조로 이해했다. 그중에서 땅 밑 곧 스올(무덤)은 죽은 자들이 예외 없이 모두 들어가는 죽은 자들의 사후 거처로 인식되었다. 구약시대에는 그곳이 단지 무덤으로 간주되어 악인에 대한 형벌의 장소라는 개념은 없었다. 하지만 신약시대에 이르러 그곳은 '게헨나' 곧 지옥으로서 악인들이 형벌을 받는 고통과 저주의 장소로 간주되었다(눅 16:23).

"그러다가 때가 되어 주님께서 나를 부르시면, 나는 큰 소리로 "예, 주님!" 하고 주님께 대답하겠습니다. 그러면 그때는 주님께서도 주님의 손으로 지으신 나를 보시고 흐뭇해하실 것입니다. 그러므로 비록 지금은 주님께서 나의 발걸음을 일일이 헤아리고 계시지만, 그때는 내 죄를 낱낱이 살피지 않으실 것입니다. 또 그때는 주님께서 나의 허물을 자루 속에 꾹꾹 눌러 담아 철저히 봉해두시고, 나의 잘못이 하나도 보이지 않게 온전히 덮어주실 것입니다."

극한 고통의 깊은 절망감 속에서, 욥에게는 아무런 삶의 기쁨이나 소망이 있을 수 없었다. 그래서 욥은 자신의 고난으로부터 풀려나기를 계속적으로 갈망했다. 그것은 마치 병사가 전쟁의 두려움에서, 그리고 노예가 고역의 속박에서 풀려나기를 갈망하는 것과 같은 것이었다.

그리하여 욥은 하나님께 직접 그 방법까지 제시한다. 그것은 하나님의 진노가 다 풀릴 때까지 하나님의 눈에 띄지 않는 장소 곧 땅 밑의 무덤(스올)에다 자신을 가두어놓는 것이었다. 그러다가 자신을 향한 하나님의 진노가 다 풀린 뒤, 그때 주님께서 자신을 부르시면 기꺼이 대답하겠고, 그러면 하나님께서는 이전처럼 더 이상 욥의 죄를 파헤치지 않고 욥을 흐뭇한 심정으로 바라보시게 될 것이라는 제안이다. 하지만 이 같은 욥의 제안도 부질없었다. 주님께서 응하시지 않았기 때문이다. 이제는 절망뿐이었다. 그런 심경을 욥은 토로한다.

"그러나 이게 어찌 된 일입니까. 산이 와르르 무너져 내리듯이, 바위가 그 자리에서 온데간데없이 옮겨지듯이, 물이 돌들을 닳게 하여 없애버리듯이, 급류가 땅의 흙먼지를 모조리 쓸어가 버리듯이, 주님께서는 사람의 소망을 다 쓸어가 버리셨습니다. 주님께서 사람을 끝까지 다그치고 억누르시니, 사람이 모두 주님 앞에서 사라지고 맙니다. 창백하게 질린 얼굴로 주님 앞에서 멀리 쫓겨나고 맙니다. 그러므로 비록 그의 자식들이 영예를 얻는다고 한들 그가 알지 못하고, 그의 자식들이 비천해진다고 한들 그가 알 길이 없습니다. 다만 그는 자기 살의 고통만을 느낄 뿐이고,

자기 혼의 슬픔만을 통곡할 따름입니다."

산이나 바위 같은 크고 견고한 자연물조차도 권능 있는 하나님의 진노 앞에서는 티끌처럼 산산이 흩어지는 만큼, 하물며 흙으로 지음 받은 연약한 사람이야 어찌 주님의 진노 앞에 견딜 수 있겠는가. 주님께서 작정하고 그 죄를 다그치면 모든 인생은 흙먼지처럼 사라지고 창백하게 질린 얼굴로 주님 면전에서 멀리 쫓겨날 따름이다.

그렇게 주님 앞에서 사라지고 쫓겨난 인생은 땅 밑 세상인 무덤(스올)으로 들어갈 것인데, 거기서는 땅 위에 있는 자녀들의 빈부귀천에 대해 아무런 영향을 줄 수도 없고 받을 수도 없는 쓸쓸한 존재가 되고 만다. 어둡고 음울한 그곳에서 다만 살이 썩어가는 고통만을 느낄 뿐이고 혼이 슬퍼하는 통곡만이 있을 따름일 것이다.

욥은 피곤함을 느낀다. 이제는 입을 다물고 좀 쉬고 싶다. 이런 논쟁들은 날카로운 이론의 발톱으로 서로를 할퀴고 있을 뿐이다. 하지만… 그나마 이렇게라도 말싸움이라도 하는 순간은 자신의 고통과 죽은 자식들에 대한 슬픔을 잠시라도 잊어버릴 수 있는 케렌시아(Querencia)라고 할 수 있다. 투우장의 싸움소들은 각각 다른 역할을 가진 투우사들에게 세 번의 공격을 받는다. 경기장으로 말을 타고 들어온 첫 투우사는 소의 목덜미를 몇 차례 깊이 찌르고, 두 번째 투우사는 소의 어깨와 척추 부근에 작살을 내리꽂는다. 소는 급격하게 죽음의 공포를 느낀다. 군중은 함성을 지른다. 그러면 소는 이번이 마지막 싸움이 될 것이라는 위기의식 가운데 마지막 일전(一戰)을 앞두고 잠시 쉰다. 그 쉼의 공간이 바로 '케렌시아'다. 싸움소에게 케렌시아는 회복과 모색, 그리고 죽음을 준비하는 공간이다.

15
엘리바스의 2차 변론

엘리바스가 욥에게 다시 말하네
슬기로운 이들은 쓸데없는 말로
자기가 옳다고 떠들지 않는데
자네는 왜 허물을 드러내는가

제 3 막 : 사건의 전개 ❷ (제2차 논쟁, 15-21장)

욥기의 제3막은 사건의 전개 부분으로, 욥과 그의 세 친구들 간에 주고받는 '제2차 논쟁'으로 구성되었다. 제1차 논쟁과 마찬가지로(3-14장), 엘리바스와 욥(15-17장), 빌닷과 욥(18-19장), 그리고 소발과 욥(20-21장)이 서로 간에 변론하고 답변하는 장면이 전개된다.

하지만 치열한 논쟁에도 불구하고 그들은 욥이 겪고 있는 고난의 진정한 의미와 가치를 발견하지 못한다. 욥의 고난 사건을 하나의 거대한 코끼리로 볼 때, 그들은 그것의 코나 다리나 꼬리 등의 작은 일부분만 보고 만지며, 그것이 마치 코끼리 전체인 것처럼 주장하고 있을 뿐이다. 좀 더 많이 보았거나 적게 보았다는 차이일 뿐, 그들의 논쟁은 인간 이해의 한계를 적나라하게 보여주고 있을 따름이다.

사실, 욥의 고난 사건이라는 거대한 코끼리 전체를 정확하게 볼 수 있는 분은 오직 하나님뿐이시다. 그러니 욥의 고난 논쟁은 결국 하나님의 등장(38-41장)으로 종결될 수밖에 없는 것이다.

[제3막 제1장, 무대는 우스 땅 욥의 무너진 집터. 욥기의 제3막 제1장은 엘리바스의 2차 변론(15장)과 그에 대한 욥의 답변(16-17장)으로 구성되었다. 욥과 세 친구들 간에 주고받은 한 차례 논쟁이 마무리되자, 제1차 논쟁을 주도했던 가장 연장자인 엘리바스가 다시금 제2차 논쟁을 주도한다. 그래서 그가 가장 먼저 입을 열어 욥에게 말한다. 욥이 회개하지 않고 계속해서 항변하자, 제1차 논쟁 때에 비해 엘리바스의 말이 한층 매몰차고 거칠어진다.]

욥의 고난에 대한 엘리바스의 두 번째 변론 (15:1-35)

[내레이션] 소발의 주장(11장)에 대하여 욥이 긴 답변(12-14장)을 통해 마무리 짓자, 데만 사람 엘리바스가 그런 욥의 말을 받아 대꾸한다.

엘리바스의 고향인 '데만'은 사해(死海) 남쪽에 위치한 '에돔' 혹은 그 인접 아라비아 지역으로 추정된다. 예로부터 이곳은 지혜 있는 지역으로 널리 알려졌다(렘 49:7). 이곳 출신인 엘리바스는 욥의 세 친구들 중 가장 나이 많은 사람으로서 매번의 논쟁을 주도하고 있는데, 그는 주로 자신의 개인적인 경험이나 세상의 일반적인 이치에 근거하여 욥의 고난을 해석하고 있다.

(엘리바스, 친구들의 끈질긴 설득과 권고에도 불구하고 욥이 계속해서 자신의 결백과 무죄를 주장하며 하나님을 향해 한탄과 질문을 쏟아내자, 욥에 대해 슬며시 부아가 치민 것 같다. 그래서 그는 제1차 논쟁에서 욥에게 보였던 정중한 예의와 친절을 뒤로 한 채 제2차 논쟁에서는 처음부터 욥을 심하게 몰아붙인다. 결국 엘리바스는 친구 욥의 고난을 아파하면서 그의 불행을 어떻게든 해결해주려는 사랑의 열심에서가 아니라, 자신이 추구한 신앙관과 인생관을 정당화하며 어떻게든

자기주장을 관철하려는 일종의 자기 열심을 가지고 논쟁에 참여하고 있는 것이다.)

"이보게 욥, 현명하다는 사람이 어찌하여 그렇게 헛된 지식으로 답변을 하는가. 어찌하여 자기 자신을 해로운 동풍으로 채우는가. 정말 지혜로운 사람은 아무짝에도 쓸모없는 헛된 말로 논쟁하지 않는다네. 아무 유익도 없는 말로 자기가 옳다고 변론하지 않는다네. 가만 보니, 자네는 정말 하나님을 경외하는 법을 모르는군. 하나님께 기도하는 법조차도 몰라. 자네가 하는 말을 잘 들어보면, 자네의 허물을 충분히 알 수 있네. 자네는 지금 혀만 간사하게 놀리고 있단 말일세. 자네를 정죄하고 있는 것은 내가 아니라 바로 자네 자신의 입술이라네. 암, 그렇고말고! 자네의 입술이 자네의 죄악을 밝히 증거하고 있단 말일세."

동풍(히, 콰딤)은 북부 아라비아 사막지대에서 팔레스타인 쪽으로 불어오는 뜨거운 바람으로, 농작물에 매우 해로운 바람이었다(겔 17:10). 엘리바스는 욥의 모든 말을 그런 해로운 동풍에 비유하며 헛된 지식이라고 규정했다.

엘리바스는 욥이 계속해서 고집을 피워 자기 죄를 인정하기를 거부함으로써 하나님을 경외하는 법도 모르고 회개 기도를 하는 법조차 모른다고 비난했다. 엘리바스의 생각에, 욥이 갖추어야 할 올바른 자세는 친구들에게 항변하고 하나님과 변론하는 것이 아니라 자신의 죄를 솔직히 고백하고 하나님의 자비를 구하는 것이었다. 이런 견지에서 엘리바스는 친구들의 적절한 충고까지 받아들이기를 거부하며 온갖 말로 항변하는 욥의 태도 자체가 그의 입술로 스스로를 정죄하고 있는 셈이라고 판단한 것이다.

"자네가 세상에서 맨 처음 태어난 자라도 되는가. 저 산이 생기기도 전에 자네가 먼저 태어났단 말인가. 자네가 하나님의 하늘 회의에 참석하기라도 했단 말인가. 이 세상 지혜를 자네 혼자만 다 지녔다고 생각하는가.

그래, 우리가 알지 못한다는 것을 자네는 어찌 안단 말인가. 우리는 알지 못하고 자네 혼자만 깨달은 이치가 도대체 무엇이란 말인가. 우리 중에는 머리가 하얗게 센 이도 있고 나이 많은 이도 있지 않은가. 자네 부친보다 인생을 더 산 사람도 있단 말일세."

친구들 중 가장 나이 많은 엘리바스는 세상 경험의 풍부함에 근거하여 여러 조롱 섞인 질문으로 욥의 지혜를 비웃는다. 하지만 나이를 떠나 영적 통찰력에 있어서는 욥이 다른 세 친구들보다 단연 앞섰다. 이것은 나중에 하나님께서 공식적으로 인정해주신 바였고, 그래서 욥의 친구들은 욥의 중재를 통해 하나님께 용서받을 수 있게 된다(욥 42:7-8).

"자네에게는 하나님의 위로조차 소용이 없단 말인가. 자네에게는 부드러운 위로의 말도 성에 차지 않는단 말인가. 어찌하여 그렇게 흥분하며 건방지게 구는 건가. 왜 그렇게 눈을 부라리며 화를 내는가. 어찌하여 하나님께 대해서까지 그렇게 화를 내면서 그런 거친 말을 함부로 내뱉고 있는 건가. 사람의 몸을 입고 어찌 깨끗할 수가 있단 말인가. 여자의 몸에서 태어난 인간이 어찌 의롭다고 주장할 수 있느냐 말일세. 이것 보게나, 욥! 하나님께서는 자신의 거룩한 천사들조차 믿지 않으신다네. 그분의 눈에는 저 푸르른 하늘조차도 전혀 맑지가 않다네. 그런데 하물며 죄 짓기를 물 마시듯 하는 더럽고 부패한 인간들이야 오죽하겠는가."

"욥, 어찌 인간이 의롭다고 주장할 수 있단 말인가?"

엘리바스는 자신들의 충고를 받아들이지 않고 무시하는 욥의 태도를 하나님께 대한 성냄이라고 몰아붙였다. 이것은 자신들의 말을 하나님의 말로 착각한 엘리바스의 독선으로서, 영적 무지함에서 비롯된 것이다. 인간의 죄성(罪性)과 부패함을 강조한 엘리바스의 말은 본질상 틀리지 않다. 다만 그런 논리를 욥의 고난에 적용시킨 게 잘못이다.

지금 욥은 자신이 하나님에 의해 아주 부당하게 취급받고 있다고 느끼고 있다. 아무리 생각해도 작금의 혹독한 고통을 당할 만한 죄를 지은 것 같지 않다. 그럼에도 불구하고, 하루아침에 모든 것을 잃고 살과 뼈를 깎는 듯한 고통이 매순간 온몸을 파고든다. 도대체 왜 이런 고난을 당해야 하는지 알 수 없는 욥으로서는 하나님께 화를 내며 불편한 감정을 호소할 수밖에 없다.

하지만 결과적으로 자신의 감정을 올바로 통제하지 못한 욥은 나중에 자신이 전능자 하나님과 더불어 너무 많은 말을 했다는 사실을 깨닫고는 스스로 입을 가리고 자신의 교만함을 회개한다(욥 42:6).

> "자, 내가 말할 테니 내 말을 잘 들어보게나. 내가 직접 본 것들을 말해줄 테니 귀 기울여 들어보게나. 내 말은 지혜로운 자들이 조상 대대로 들어왔던 것을 하나도 숨김없이 우리에게 그대로 전해준 것이라네. 당시에 이 땅은 우리 조상들에게만 주어진 것이어서 외지인들은 발도 붙이지 못했다네."

친구들 중 가장 연장자인 엘리바스는 주로 자신의 개인적인 경험이나 예로부터 전해오는 세상의 일반적인 이치에 근거하여 욥의 고난을 해석하고 있다. 그래서 자신의 조상들이 대대로 살아온 땅, 외지 사람들은 발도 붙이지 못한 이 땅의 지혜를 욥에게 들려주려 한다.

여기서 '이 땅'은 엘리바스의 출신지인 에돔 인근의 '아라비아 지역'을 가리킨다. 이곳은 예로부터 지혜의 땅으로 알려졌다. 이제 엘리바스는

(하나님께 징벌 받고 있는 것이 틀림없다고 여겨지는) 욥을 의식한 채 조상 대대로 전해오는 악인관(惡人觀)을 길게 피력한다.

"악한 자는 일생 동안 고통으로 몸부림치게 되어 있고, 포악한 자도 자신이 악을 쌓은 햇수대로 죽는 날까지 형벌을 받는 법이라네. 그런 자의 귀에는 소름 돋는 무시무시한 소리가 들리고, 모든 것들이 다 잘 돼 나가는 듯싶은 그 순간에 기다렸다는 듯이 재앙이 해일처럼 들이닥친다네. 또 그런 자에게는 어디선가 예리한 칼날이 항상 목숨을 노리고 있으므로, 언제쯤 흑암에서 벗어나 빛을 보게 될는지 기약조차 할 수 없다네. 또 그런 자는 밥 한술이라도 얻어먹으려고 여기저기를 미친 듯이 떠돌아다니는 가운데 마침내 자신에게 더는 소망이라곤 찾을 수 없는 흑암의 날이 닥쳐왔다는 것을 깨닫게 된다네. 또한 싸움을 준비한 왕이 전쟁터에서 적군을 향해 돌진하는 것처럼, 온갖 고난과 고통이 그런 자에게 득달같이 달려들어 그를 쳐서 이길 것이네."

엘리바스는 조상들의 전통적인 지혜에 근거하여 악인이 필연적으로 겪게 될 영육 간의 온갖 고난과 고통을 열거한다. 즉, 악인이 겪게 되는 심리적인 고통들(죄책감, 불안정, 절망감, 두려움 등)과 육체적인 고난들(단명, 기근, 급격한 파멸, 방황 등)을 길게 열거한다.

이처럼 엘리바스는 악인에게 임하는 영적인 고난들과 육적인 고통들을 언급함으로써 욥에게 충격을 주어 그를 깨우치려 했다. 그래서 욥이 자신의 죄를 고백하고 회개하기를 바랐다. 앞서 욥의 친구들은 회개하지 않는 욥을 비난하고 정죄했는데, 이제는 무서운 심판까지 선포한 것이다. 하지만 그들의 변론은 절반의 진실들로 가득 채워져 있다. 악인들이 영육 간에 고통의 심판을 받는 것은 사실이다. 그러나 그들의 생각과는 달리 욥은 악인이 아니었다. 악인이기는커녕, 도리어 욥은 모든 악에서 떠난 흠 없고 경건한 자였다(욥 1:8; 2:3).

바로 이 같은 사실 때문에, 욥의 친구들이 욥을 향해 발설한 모든 권고, 비난, 정죄 등은 그 가치를 지닐 수 없다. 이런 사실을 알지 못한 엘리바스는 자신의 주장이 진리인 줄 굳게 믿고 계속해서 말한다.

> "이런 모든 고난과 고통은 모두 악인 스스로가 자초한 일이라네. 하나님을 향해 감히 주먹을 휘두르고, 전능하신 분 앞에서 자기 힘을 과시한 탓이라네. 뻣뻣하게 목을 치켜든 채 자기 고집을 내세우면서 방패를 들고 하나님께 대항하여 덤빈 탓이라네."

하나님을 향해 화를 내듯 한탄하고 불평하며 온갖 하소연을 쏟아내는 욥을 의식한 말이다. 즉, 욥에게 잘 새겨들으라고 하는 말이다.

> "비록 악인의 얼굴에 기름기가 번지르르 흐르고 잘 먹어서 허리에 살이 피둥피둥 쪘을지라도, 그자가 살고 있는 성읍은 이내 황폐하게 되고 그자가 살고 있는 집도 이내 폐허가 되어 끝내는 아무도 살 수 없는 돌무더기가 되고 말 걸세. 이런 자는 절대로 부자가 될 수 없고, 비록 일시적으로 부자가 된다 하더라도 결코 오래 가지 못하고 마치 뿌리박지 못한 나무처럼 조만간에 시들어버리고 만다네. 그는 암울한 현실에서 절대로 벗어나지 못하고, 마치 사나운 불꽃에 타버린 나뭇가지 같은 신세가 되고 말 걸세. 그분께서 한 번만 '후우' 하고 입김을 불면, 어디론가 흔적도 없이 날아가 버릴 거네."

엘리바스의 말에 따르면, 한때 엄청난 부자로 살다가 일순간에 모든 것을 잃고 폐허가 된 집터 위에 피골이 상접한 초췌한 몰골로 앉아있는 욥의 모습이 그대로 악인 그 자체의 모습이었다. 그러므로 엘리바스가 욥에게 말하고자 하는 핵심은 분명했다. 더 이상 고집 피우지 말고 죄악에 따른 하나님의 징벌을 솔직하게 인정한 다음, 숨긴 죄악을 하나님 앞에 전부 토로하고 속히 회개하여 하나님의 긍휼을 구하라는 것이다. 이런 취지에서 엘리바스는 악인이 필연적으로 겪을 고난과 고통에 대해 계속 언급한다. 집요할 정도로 욥을 몰아세운다.

"악인은 어리석게도 허망한 것을 믿고 추구한 만큼, 결국 그자에게 돌아올 것도 허망한 것밖엔 아무것도 없을 걸세. 그런 자는 때가 되지도 않아 미리 시들어버려서 마치 바싹 마른 나뭇가지처럼 되기에 푸르게 될 기회조차 갖지 못할 것이네. 익기도 전에 포도가 우수수 떨어지는 포도나무처럼 되고, 꽃이 다 떨어져서 열매를 맺지 못하는 올리브나무처럼 되어 버릴 걸세. 위선자들의 무리는 자손을 얻지 못해 아주 처량하게 되고, 뇌물로 부를 쌓아올린 그들의 집은 모조리 불에 타버릴 것이네. 그런 자들은 재앙을 잉태하여 허망한 것을 낳을 뿐이고, 그런 자들의 뱃속에는 남을 사기 칠 속임수만 가득할 뿐이라네."

엘리바스가 악한 자들의 갑작스러운 파멸 및 위선자들의 처량함과 허망함에 관해 강조하고 있는 것은 욥이 처한 상황을 염두에 두었기 때문이다. 작금 욥이 처한 상황을 보면, 모든 것들이 악인에 대한 하나님의 징벌과 딱 맞아 떨어졌기 때문이다. 그래서 급기야 엘리바스는 욥에게 '위선자'(히, 하네프)라는 말까지 적용시킨다. 말하자면, 욥이 평소에 보인 모든 의로움과 경건함과 정직함이 실상은 겉과 속이 다른 위선적인 행동이었다고 생각한 것이다.

자신의 주장을 관철시키기 위해 친구에 대한 신의조차 헌신짝처럼 내팽개친 비정함이 엿보인다. 이처럼 이른바 무얼 좀 안다고 자부하는 식자층의 일반적인 특징은 차가운 머리만 있을 뿐 따뜻한 가슴이 없다는 것이다. 냉랭한 이성만 있을 뿐 포근한 감성이 없다. 상처 내는 데는 선수이고 치료하는 데는 젬병이다. 욥의 친구들이 그러했다.

16

엘리바스에 대한 욥의 2차 답변

주께서 나를 과녁으로 삼으시자
사방에서 화살을 쏘아댑니다
삼베 누더기 입고 먼지 구덩이에서
통곡하며 눈물만 쏟을 뿐입니다

[제3막 제1장의 계속, 무대는 우스 땅 욥의 무너진 집터. 엘리바스의 변론(15장)에 대해 욥이 답변하는 장면이다(16장). 욥의 답변은 17장까지 이어진다. 자신의 처지를 올바로 이해하지 못한 채 맹렬하게 비난하고 정죄하는 친구들의 그릇된 변론에 대해 욥이 다시금 반박하면서, 오직 자신의 문제를 해결할 중보자를 대망하는 말로 마무리를 짓는다.]

엘리바스의 두 번째 변론에 대한 욥의 답변 (16:1-22)

[내레이션] 데만 사람 엘리바스의 말을 듣고 욥이 대답한다.

(욥, 자신의 아프고 억울한 현실을 도무지 이해하지 못한 채 자신을 악인과 위선자 취급하는 엘리바스에 대해 답답하고 서운한 마음이 가득하다. 그래서 말이 곱지 못하다.) "엘리바스, 그런 말은 나도 수없이 들었네. 자네들의 말은 내게 위로를 주기는커녕 괴로움만 더해준다네. 자네들은 그처럼 허망한 말을 언제까지 늘어놓을 텐가. 도대체 무슨 심정으로 나에게 그토록

앞다투어 답을 주려고 애쓰는가. 하기야 자네들이 나 같은 처지에 놓여 입장이 서로 바뀌었더라면, 나 또한 자네들처럼 말했을지도 모르지. 나 또한 자네들처럼 함부로 아무 말이나 마구 퍼부으면서 너희들이 가엾다는 듯 머리를 절레절레 흔들었을는지도 몰라. 하지만 적어도 나는 입을 열어 여러 말로 자네들을 위로하고 입술로나마 자네들의 고통을 덜어주었을 걸세."

욥에게 있어 친구들의 충고는 허망한 말에 불과했다. '허망한 말'을 직역하면 '바람의 말'로, 스치고 지나가는 바람처럼 쓸모없고 무익한 말이라는 뜻이다. 과연 그러했다. 욥이 고난을 당하는 것은 분명 그의 숨겨진 크고 특별한 죄 때문일 것이라는 논리를 편 친구들의 주장은 하나님의 특별한 섭리와 경륜을 제대로 파악하지 못한 허망한 말이었다.
욥은 그런 허망한 말 대신에 따뜻한 위로의 말을 친구들에게 기대했다. 혹독한 고통의 잿더미 위에 앉아 있는 욥은 친구들에게서 진부한 이론이 아니라 따스한 격려와 사랑 어린 위로의 말을 듣고 싶었다. 친구들에게서 어떤 위로와 격려의 말도 듣지 못하자, 욥은 또다시 하늘의 하나님을 향해 자신의 가련한 처지를 하소연한다.

"오, 주님, 내가 아무리 입을 열어 말을 해도 내 고통이 풀리지 않습니다. 그렇다고 입을 다물고 잠자코 있어 보아도 내 아픔이 도무지 떠나가지 않습니다. 주님께서는 정녕 나를 기진맥진하게 하시고 내 집안을 완전히 폐허로 만드셨습니다. 주님께서 내 삶을 철저하게 짓밟아 구겨버리셨으니, 그것이 바로 주님께서 나를 원수 대하듯 하신다는 증거입니다. 뼈와 살이 달라붙어 앙상하게 말라버린 내 처참한 몰골을 보고서, 사람들은 내가 주님께 죄를 지었기 때문에 이렇게 되었다고 생각합니다."

욥을 실족시키기 위해 사탄이 욥의 온몸에 무자비하게 가한 악성 피부병의 아픔은 인간의 한계를 초월하는 극한의 고통이었다. 게다가 그런 고통보다 한층 아픈 것은, 그 어떤 변론과 항변에도 불구하고 하루아침에 폐허로 변한 황량한 집터 위에 피골이 상접한 초췌한 몰골로 앉아 있는 욥의 비참한 처지가 그의 죄악에 대한 명백한 물증처럼 보이는 현상이었다. 그러했기에 욥으로서는 어찌해볼 도리가 없는 극한의 절망감에 휩싸일 수밖에 없었다.

> "참으로 주님께서는 분노하시어 나를 이렇듯 갈기갈기 찢어 놓으시고, 나를 심히 미워하셔서 나를 보고 이를 가십니다. 고통에서 허우적대는 나를 날카로운 눈초리로 지켜보고 계십니다. 사람들마다 나를 향해 입을 벌려 경멸하는 말들을 퍼붓고 내 뺨을 때리면서 나를 꾸짖습니다. 모두가 한패가 되어 나를 적대시하며 달려듭니다. 정녕 주님께서는 나를 경건치 않은 자들의 손에 넘기셨고, 사악한 자들의 손아귀에 던지셨습니다."

욥은 하나님께서 자신을 악인의 손에 넘겼다고 생각한다. 사실이 그랬다. 욥에게 임한 고난은 어디까지나 하나님의 허락하에 사탄이 가한 것이었다(욥 1:12; 2:6). 욥은 자신에게 임한 고난의 이유가 무엇인지는 알지 못했지만, 궁극적으로 그것이 하나님께로부터 비롯되었다는 사실만은 분명히 알고 있었다.

그러했기에 욥은 하나님을 향해 불평하고 의심했을지언정 사탄이 의도하고 기대한 바와는 달리 하나님을 저주하거나 떠나가지는 않았다. 말하자면 욥은 고뇌하고 불평하고 한탄했지만, 어디까지나 '하나님의 울타리 안에서' 방황하고 고뇌한 신실한 신앙인이었다.

> "오, 주님, 주님께서는 평안하게 잘살고 있는 나를 붙잡고 흔드셨습니

다. 내 목을 사정없이 조이시고 정신을 못 차리도록 나를 짓누르셨습니다. 나를 과녁으로 삼으셔서 나를 향해 사방에서 두루 화살을 쏘아대셨습니다. 그처럼 인정사정없이 마구 쏘아대는 통에 내 쓸개가 땅바닥으로 쏟아져 나오고 내 콩팥에 구멍이 뚫릴 지경입니다."

"주님, 사람들마다 나를 향해 경멸의 말들을 퍼붓습니다."

사실 욥은 하나님의 과녁이 되었다. 당시에 욥은 너무나도 경건하고 의롭고 정직했기에 하나님을 경외하는 모든 신앙인들 중에서 샘플로 뽑혀 그의 신앙이 검증받게 된 것이다. 하지만 그것은 궁극적으로 욥의 파멸을 위한 것이 아니라 욥의 복됨을 위한 것이었다. 그리고 과연 욥의 이야기는 마침내 욥의 회복과 번영으로 결말지어진다(욥 42:10-17). 하지만 그런 사실과 결말을 알 길 없는 욥은 자신의 고통을 계속해서 울부짖는다.

"정녕 주님께서는 상처에 또 상처가 나도록 나를 만신창이 되게 갈기갈기 찢어 놓으셨고, 그러고도 모자라 포악한 용사처럼 내게 달려드셨습니다. 그러므로 이 몸은 삼베 누더기를 살가죽 위에 걸치고 이토록 고통 속에 잠겨 있고, 체면 따위는 일찌감치 던져버리고 다만 먼지 구덩이 속에 처박혀 있을 뿐입니다. 오, 주님, 내 얼굴은 하도 울어서 벌겋게 되었고, 내 눈꺼풀은 퉁퉁 부어 깊은 죽음의 그림자가 드리워져 있습니다."

욥은 하나님께서 자신에게 분노하셔서 자신을 갈기갈기 찢어놓으셨다고 생각한다. 그래서 고통 가운데서 눈이 퉁퉁 붓도록 울었고, 슬픔 가운데서 죽음의 그림자가 가까이 이르렀음을 직감했다.

하지만 실제로는 그렇지 않다. 하나님은 욥에게 전혀 분노하지 않으셨다. 분노하기는커녕 도리어 사탄 앞에서 욥을 칭찬하셨고 크게 자랑스러워하셨다. 그런 뿌듯함으로 하나님께서는 욥의 신앙심을 인정하고 그를 테스트했을 뿐이다.

> "친구들이여, 그래도 내 손은 여전히 불의를 저지르지 않았고 내 기도는 순수하다네. 오, 땅이여, 내 피를 덮지 말아다오. 나의 울부짖음을 묻어버리지 말아다오. 보라, 지금도 나의 무죄를 입증해 줄 증인이 하늘에 계시고, 저 높은 곳에 나를 위해 변호해 줄 중보자가 계신다. 비록 내 친구들은 나를 비웃고 있지만, 내 눈은 오직 하나님만을 향하여 눈물을 쏟아내련다. 사람이 자기 이웃을 위해 탄원하듯 나를 위해 하나님께 탄원해 줄 친구가 있다면 그 얼마나 좋으련만! 그러나 이제 몇 해만 더 지나면, 나는 영영 돌아오지 못할 길로 떠나고 말겠지."

욥은 하나님 앞에서 자신의 사정을 탄원해 줄 자를 갈망하고 있다. 욥은 그 사람에 대하여 '증인' 혹은 '중보자'(변호사)라는 말로 표현한다. 이 같은 표현들은 모두 법정 용어로서, 어떤 사람이 법정의 재판관 앞에서 자신의 무죄를 입증하는 데 반드시 요구되는 사람들이다.

여기서 욥은 하나님 앞에서 자신의 '증인' 혹은 '중보자'가 되어주실 분을 '높은 데' 곧 하늘에서 찾고 있다. 이는 욥이 하나님과 자신 사이에서서 증인의 역할을 해줄 하늘 중보자를 갈망했고, 나아가 그런 중보자를 반드시 갖게 될 것이라고 확신했음을 보여준다. 후일의 발전된 계시를 보면, 그분은 곧 자신의 몸을 전부 바쳐 하나님과 우리 죄인들 사이를 중재해주신 '예수 그리스도'이시다.

17
차라리 무덤으로 보내주소서

밤과 낮은 바뀌게 마련이고
사람들은 어둠이 깊으면
새벽이 가깝다고 말하지만
내 유일한 소망은 무덤이네

[제3막 제1장의 계속, 무대는 우스 땅 욥의 무너진 집터. 엘리바스의 변론(15장)에 대해 욥이 16장에 이어 계속해서 답변하는 장면이다. 여기서 욥은 날이 갈수록 점점 다가오는 죽음의 그림자를 의식하며 하나님을 향해 다시금 탄식한다.]

엘리바스의 두 번째 변론에 대해 욥의 이어지는 답변 (17:1-16)

(친구들이 더 이상 위로자가 아니라 비판자임을 깨달은 욥은 친구들에 대한 기대를 접고 눈을 하나님께로 돌려 자기 소원을 아뢴다. 그것은 현재의 고통이 지속되느니 차라리 죽음을 원한다는 하소연이었다. 욥의 말은 처연하고 처절하다.) "이제 내 기운도 없어졌고 내 수명도 얼마 남지 않았으니 오직 무덤으로 들어갈 날만 남았구나. 나를 비웃는 자들만 내 곁에 있으니 내가 두 눈을 치켜뜨고 나를 분통 터지게 하는 그들을 지켜보아야만 할 뿐이로구나."

욥은 극도의 절망감을 느낀다. 자신의 분통함은 풀지 못한 채 악성 피부병으로 인해 온몸이 쇠약해질 대로 쇠약해져 이제 죽음의 그림자가 목전에 이르렀음을 직감한다. 그래서 욥은 하나님을 향해 호소한다.

"주님, 부디 이 몸을 보증해 주옵소서!"

"하나님, 이제는 주님께서 나서서 이 몸을 보증해 주십시오. 내 보증인이 되어 주실 분은 오직 주님밖엔 아무도 없습니다. 주님께서 그들의 마음을 둔하게 하셔서 진실을 깨닫지 못하게 하셨으니, 주님께서 또한 그들의 입술을 막아 나를 향해 우쭐대지 못하게 하소서."

욥은 하나님께 자신의 보증인이 되어 달라고 요청한다. 보증인은 법정에서 결정적인 효력을 발휘하기 때문이다. 욥은 친구들에게서는 자신의 결백과 무죄를 입증할 그 무엇도 기대할 수 없었다. 그래서 욥은 하나님께 모든 기대를 걸고, 오직 하나님을 자신의 '보증인'으로 삼기를 갈망했다.

"이보게들, 옛말에도 있기를 '보상을 얻으려고 친구를 해롭게 하는 자는 그 자식들의 눈이 멀게 된다.' 하였네. 어쨌든 하나님께서 나로 백성들의 이야깃거리가 되게 하셨으니 모두가 내 얼굴에 침을 뱉는다네. 그러니 내 눈은 슬픔 때문에 침침해져만 가고 내 몸의 팔다리들은 그림자처럼 앙상해져만 간다네."

욥은 옛 속담을 들어 허망한 말로써 고통 가운데 있는 친구를 괴롭히는 자들이 받을 하나님의 심판을 언급한다. 이는 온갖 말로써 자신을 비난하고 정죄하는 친구들에 대해 욥이 실망과 낙담을 넘어 분개하고 있음을 보여준다. 그러는 한편으로 욥은 자신이 처한 참담한 상태, 곧 모든 사람들의 이야깃거리로 전락한 자신의 비참한 상태를 다시금 언급함으로써 친구들의 동정심을 자극한다.

"이처럼 처참한 내 꼴을 보고, 정직하다고 하는 자들은 크게 놀라고 죄 없다고 하는 자들은 부들부들 떨며 나를 불경스럽다고 마구 비난하는구나. 하지만 정말 의로운 자라면 당당하게 자기 길을 걸어야 하고, 정말 깨끗한 자들이라면 그들의 손이 점점 더 강해져야 마땅하지 않은가."

욥과 같이 흠 없고 정직하다고 알려진 자가 어느 날 갑자기 그토록 무시무시한 고난을 겪는 것을 보고, 정직하다고 하는 자들은 크게 놀라고 죄 없다고 하는 자들은 부들부들 떤다. 왜냐하면 그들에게도 그런 끔찍한 일이 일어나지 말라는 법이 없기 때문이다. 당대에 누구보다 경건한 의인으로 인정받았던 욥에게 갑자기 닥친 끔찍한 고난은 그런 자들에게 극도의 심적인 충격과 윤리적인 혼란을 가져다주기에 충분했다.

"이제 자네들은 모두 제발 마음을 돌이켜 주게나. 나는 자네들 중에서 지혜로운 사람을 하나도 찾을 수 없네. 이제 내 인생은 다 끝났고 내가 살아가야 할 목적도 잃어버렸네. 내 마음속의 생각과 계획도 다 없어지고 말았네. 사람들은 흔히 '밤은 낮으로 바뀌게 마련이고, 어둠이 깊으면 새벽도 가깝다.'라고들 하지. 하지만 지금 내가 바라는 한 가지 소망이 있다면 어서 무덤으로 내려가는 것뿐일세. 어둠 속에 잠자리를 펴고 그저 편히 눕고 싶은 마음뿐이라네."

욥은 극도의 절망감에 빠져 더 이상 살아갈 의욕을 잃고 만다. 그에겐 친구들의 온갖 충고나 세상의 어떤 말도 위로가 되지 않는다. 언젠가는 절망의 밤과 어둠이 바뀌어 소망의 낮과 새벽으로 변한다는 말도 전혀 위안이 되지 않는다. 그 까닭은, 자신에게 임한 고난은 하나님께서 작정하시고 자신을 원수 삼고 과녁 삼아 내리치시는 것이라고 판단했기 때문이다. 전능자께서 맘먹고 그렇게 행하시는데 나약한 인간에게 대체 무슨 소망이 있단 말인가!

욥은 그저 빨리 죽어 무덤에 내려가 그 어둠 속에서 잠자리를 펴고 편히 눕고 싶은 마음뿐이었다. 오직 그 길만이 이 혹독한 고통의 사슬에서 벗어날 수 있는 유일한 길로 보였기 때문이다. 여기 무덤(히, 쉐올)은 고대 히브리 사상에서 죽은 자들이 들어가 거처한다고 믿은 땅 밑의 캄캄한 세계를 가리킨다.

> "내가 무덤에 내려가면, 나는 무덤을 향해 '내 아버지'라고 부를 것이고 내 시체를 파먹는 구더기를 향해 '내 어머니' 또는 '내 누이'라고 부를 것이네. 그러니 내 소망이 어디에 남아있겠는가. 누가 나에게서 한 줄기 소망인들 찾아낼 수 있겠는가. 내가 죽어 죽음의 문을 열고 무덤 속으로 내려가면, 내 소망도 나와 함께 영영 흙 속에 파묻히고 말 것이네."

고통스러운 악성 피부병으로 인해 피골(皮骨)이 상접해진 욥, 그는 이제 머잖아 죽음의 문을 열고 무덤 안으로 들어가 거기서 자기 육신이 썩어 구더기들이 파먹는 끔찍한 장면을 연상한다.

비록 그럴지라도 욥은 무덤을 '아버지'라 부르고, 구더기를 '어머니' 또는 '누이'라고 부르면서, 마치 그런 것들과 가족처럼 지내고 싶을 정도로 현실의 혹독한 고통에서 벗어나 무덤으로 속히 들어가기를 갈망한다. 그만큼 당시의 욥은 땅 위의 현실 가운데서는 한 줄기 가느다란 소망조차 찾아볼 수 없을 정도로 절망적이었다.

18

빌닷의 2차 변론

땅 위 어딘가에 숨겨진 올가미
덫도 어디서건 사람을 잡으리라
어느새 살갗이 문드러지거나
집에서 쫓겨나 두려움에 떨리라

[제3막 제2장, 무대는 우스 땅 욥의 무너진 집터. 욥기의 제3막 제2장은 빌닷의 2차 변론(18장)과 그에 대한 욥의 답변(19장)으로 구성되었다. 엘리바스의 두 번째 변론(15장)에 대해 욥이 길게 항변하자(16-17장), 두 번째로 빌닷이 또 나선다. 그는 욥이 '속히 회개하고 하나님께 복을 받으라'는 친구들의 한결같은 권고를 무시하고 계속해서 친구들을 적대시하면서 자기 입장만을 호소하자 단단히 화가 났다. 그래서 빌닷은 엘리바스보다 더욱 강경한 어조로 욥을 비난하고 정죄한다.]

욥의 고난에 대한 빌닷의 두 번째 변론 (18:1-21)

[내레이션] 욥의 말이 끝나자, 수아 사람 빌닷이 입을 열어 욥을 향해 말한다.

(빌닷, 욥의 계속되는 항변에 빌닷은 잔뜩 화가 났다. 그는 분에 못 이겨 욥을 맹렬하게 비난하고 엄중하게 정죄한다. 이제 빌닷은 욥의 친구로서가 아니라 대적자로서 욥 앞에 서 있다. 극심한 고통 가운데 있는 욥의 처참한 상황을 목도하고

있으면서도, 가슴속의 따스한 사랑과 긍휼을 상실한 채 머릿속의 차가운 이성과 편협한 자기주장만을 내세우는 강팍한 빌닷의 모습을 볼 수 있다. 그의 목소리는 차갑고 거칠다.) "욥, 대체 자네는 언제까지 그렇게 입을 놀릴 참인가. 상황이 어떻게 돌아가는지 제발 정신 좀 차리고 분별하게나. 그래야 우리가 자네에게 제대로 말을 할 수 있지 않겠나. 자네는 어찌하여 우리를 짐승 같다고 생각하는가. 자네 눈에는 우리가 그렇게 어리석어 보이는가. 화가 나서 자기 자신을 스스로 갈기갈기 찢는 사람아, 자네가 그런다고 해서 땅이 황무지가 되겠으며 바위가 꼼짝이라도 할 성싶은가."

욥을 볼 때 빌닷은 답답해 미칠 지경이다. 그냥 자기 죄악을 회개하고 하나님께 자비를 구하면 모든 게 형통하게 해결될 것 같은데, 욥이 끝까지 잘못한 게 없다고 뿌득뿌득 억지를 부리며 항변하고 있으니, 참으로 안타깝고 화가 났다. 그래서 빌닷은 욥이 스스로를 갈기갈기 찢고 있다고 말한다.

앞서 욥은 하나님께서 자신을 찢는다고 말한 적이 있었다(욥 16:9). 빌닷은 욥의 이 말을 트집 잡아 욥을 냉소적으로 비난한 것이다. 그래서 빌닷은 욥을 찢는 자는 하나님이 아니라 욥 자신이라고 정면으로 지적한다. 욥에게 주어진 친구들의 선한 충고를 욥이 받아들이기를 거부함으로써 스스로를 찢고 있다고 비난한 것이다. 계속해서 빌닷은 그런 욥을 한껏 의식하면서 악인이 당하는 징벌을 길게 언급한다.

"욥, 내 말을 잘 들어보게. 못된 짓 하는 악인의 빛은 결국 꺼질 것이고 그 불꽃은 이내 사그라질 것이네. 그런 사람의 장막 안에서는 빛도 어두워지고 등불도 결국 꺼지고야 말 걸세. 그자의 힘찬 발걸음도 얼마 가지 못해 쇠약해져서 비틀거릴 것이고 또 그 자신이 짜낸 꾀에 자기 스스로가 걸려들게 될 걸세. 자기가 쳐놓은 그물에 자기 스스로 걸려 넘어지게 되고, 자기가 파놓은 구덩이에 자기 스스로가 빠져들게 될 걸세. 결국 그자의 발꿈치는 덫에 걸리고, 그자의 몸은 올가미에 단단히 얽히고 만다네. 그자를 잡으려고 땅 위 어딘가에 올가미가 숨겨져 있을 것이고 길 어딘가에 함정이 놓여 있을 걸세."

"욥, 악인은 자기 구덩이에 스스로 빠진다네."

그물, 구덩이, 덫, 올가미, 함정 등은 모두 사나운 짐승을 사로잡고 포획하기 위해서 만들어진 도구나 장치들이다. 빌닷은 욥을 염두에 두고 이 같은 용어들을 사용함으로써 욥을 깨닫지 못하고 자기 고집만 피우는 짐승인 양 몰고 갔다. 앞서 빌닷은 욥이 자신들을 짐승으로 취급했다고 분노했는데(3절), 사실은 친구들이 욥을 짐승으로 몰고 간 것이다. 이처럼 빌닷은 욥을 악인으로 간주하고 계속해서 악인이 겪게 될 여러 재앙들에 관해 언급한다.

"공포가 사방에서 악인을 덮치고 또 그림자처럼 계속 따라다닐 것이므로 그자는 언제나 쫓기듯 허둥지둥할 걸세. 그래서 악인은 굶주림에 시달려 기력이 쇠약해질 것이므로 오직 재앙만이 그자를 기다리고 있을 뿐이라네. 그자의 살갗은 썩어 문드러져 가고, 마침내 사망의 장자가 그자의 팔다리를 집어삼킬 걸세. 의지하며 살던 자기 장막에서도 쫓겨나 공포의 대왕 앞으로 끌려가는 신세가 될 것이라네."

고대 아랍 지역에서는 독한 질병을 가리켜 '사망의 아들' 혹은 '운명의 딸'로 불렀다. 이런 배경 아래에서 '사망의 장자'란 표현은 독한 질병 중에서도 가장 끔찍하고 무서운 질병을 가리키는 시적 표현이다. 분명 빌닷은 당시 살갗이 썩어 문드러져가는 욥의 온몸을 뒤덮고 있는 무시무시한 질병을 염두에 두고 이처럼 말했을 것이다(욥 2:7). 독한 질병보다 더욱 욥을 고통스럽게 하는 독설이다.

> "그렇게 악인이 자기 장막에서 쫓겨나면, 낯선 것들이 그자의 집에 들어가 살게 될 것이고 그자가 살던 처소에는 유황이 뿌려질 걸세. 악인의 삶은 아래에서는 뿌리가 메말라 가고 위에서는 가지가 시들어갈 거라네. 그러면 그자를 기억하던 사람들은 이 땅에서 사라져 없을 것이니, 땅 위 어디에서도 그자의 이름을 부르는 자가 없을 걸세. 악인은 밝은 데서 어두운 곳으로 쫓겨날 것이고 이 세상에서 추방당하게 될 걸세. 악인은 자기 백성들 가운데 어떠한 자식이나 후손도 볼 수 없을 것이고, 그자의 집안에는 살아남은 자가 하나도 없을 걸세."

악인이 자기 장막에서 쫓겨나면, 그자에게 속하지 않은 낯선 것들 곧 들짐승들이나 야생식물들이 그 악인의 처소에서 터를 잡게 될 것이고, 그렇게 황량하게 된 악인의 처소는 마치 유황이 뿌려진 것처럼 철저한 폐허가 되어 영영 사람이 살아갈 수 없는 곳이 되고 말 것이라는 말이다. 그렇게 자기 장막에서 쫓겨나 흑암 속으로 들어간 악인은 땅 위에 후손 한 명 남기지 못하고 사람들의 기억에서 영영 사라지고 말 것이다. 모두 욥을 염두에 두고 하는 말이다. 욥은 일시에 열 자녀를 모두 잃었고, 그의 집은 무너져 폐허가 되었기 때문이다. 빌닷의 독설은 이어진다.

> "그렇게 되면, 동쪽에 살든 서쪽에 살든 그자의 종말에 관해 전해 듣는 자마다 모두가 크게 놀라고 겁에 질려 새파랗게 될 걸세. 악한 자의 집안은 반드시 이 같은 일을 당할 것이고, 하나님을 알지 못하는

자가 사는 곳은 틀림없이 그렇게 되고 말 걸세."

하나님을 알지 못하는 자의 철저한 파멸을 지적한 빌닷의 말은 악한 자들의 일반적인 운명을 언급한 것이지만, 은연중에 죄의 회개를 계속해서 거부하는 욥도 그런 자라는 암시를 깔고 있다. 그러므로 욥의 친구들은 급기야 욥을 향해 '하나님을 알지 못하는 자'라는 말까지 내뱉은 것이다. 욥기의 첫 장 첫 구절을 살펴본다면 참으로 기가 막힐 노릇이다(욥 1:1).

친구들에게서 그런 말을 듣는 욥으로는 자기 존재와 삶 전체가 일순간에 송두리째 부정당하는 극한 아픔을 느꼈을 것이다. 이런 점에서 욥의 친구들은 욥에게 위로를 주는 자들이 아니라 고통을 주는 자들이었다. 욥의 상처를 싸매주는 자들이 아니라 그 상처를 더 깊이 후벼 파는 자들이었다. 그 결과, 그들은 후일 하나님께 호된 책망을 받았고, 욥의 중보 제사를 통해 겨우 용서받을 수 있었다(욥 42:7-9).

19

빌닷에 대한 욥의 2차 답변

자네들은 마치 하나님이나 된 듯
가까운 친구라면서 나를 이리 혐오하니
내 말을 두루마리나 바위에
기록할 수 있으면 좋겠네

[제3막 제2장의 계속, 무대는 우스 땅 욥의 무너진 집터. 빌닷의 두 번째 변론(18장)에 대해 욥이 답변하는 장면이다. 욥은 자신의 심령에 큰 상처를 안기는 친구의 말에 대해 엄중히 항변하면서 다시금 자신의 가련한 처지를 한탄하는 가운데 친구들에게 위로와 긍휼의 마음을 호소한다. 그러면서 자신을 고통의 구덩이에서 건져낼 구속자를 갈망하면서 죽음 이후에 부활의 몸으로 하나님을 뵙게 될 것이라는 소망을 피력한다. 욥이 극한 고통 가운데서도 스스로 목숨을 끊지 않고 하루하루 버틸 수 있었던 것은 이처럼 죽음 이후에 내세가 있다는 부활 신앙을 끝까지 붙들었기 때문이다.]

빌닷의 두 번째 변론에 대한 욥의 답변 (19:1-29)

[내레이션] 빌닷의 말이 끝나자 욥이 대답한다.

(욥, 자신을 악인으로 규정하고서는 온갖 비유와 속담을 들어 자신의 가슴을 후벼 파는 친구들의 발언에 깊은 아픔과 상심을 느끼며 고뇌에 가득 찬 목소리로

답변한다. 몸과 마음이 모두 아픈 자의 처연한 한탄이고 애잔한 하소연이다.)

"자네들은 언제까지 이렇게 내 영혼을 괴롭힐 참인가. 언제까지 그렇게 아픈 말로 내 마음을 갈기갈기 찢어놓을 셈인가. 자네들은 열 번이나 나를 비난했다네. 자네들은 나를 그렇게 의심하고 비난하며 몰아쳐놓고도 조금도 부끄러워하지 않는구나. 내가 정말 큰 잘못을 저질렀다 하더라도 그것은 어디까지나 내 허물일 뿐일세. 자네들이 나보다 더 낫다고 자만하게 생각하면서 내가 수치와 모욕을 당하는 것이 마땅하다고 주장할지라도, 나를 거꾸러뜨려 이 지경으로 만들어놓으신 분은 하나님이시네. 오직 하나님께서 자신의 그물로 나를 내리 덮쳐 에워싸신 것이란 말일세."

욥의 친구들은 욥의 고난을 보면서 자만했다. 욥의 고난은 그의 죄와 잘못에 대한 하나님의 마땅한 징벌이었고, 따라서 자신들은 욥보다 거룩하다고 생각했던 것이다. 그들은 욥에게 임한 재난이 죄 때문이 아닌, 다른 무엇 때문일 수도 있다는 생각을 전혀 갖지 못했다. 그래서 자만한 마음으로 욥을 비난하고 정죄했다.

오늘날 우리는 어떨까? 욥의 친구들을 마냥 어리석다고 비난할 수 있을까? 당시 욥의 친구들은 욥기 1-2장에 나타난 사건의 발단 부분은 전혀 모른 채 욥의 극심한 고난을 지켜보게 되었다. 그래서 하루아침에 와르르 무너진 욥의 처참한 상황을 보면서 욥에겐 분명 숨겨진 죄악이 있고, 그 죄악에 대하여 하나님의 마땅한 징벌이 임했다고 판단한 것이다. 이 같은 판단은 보통 사람들의 일반적인 생각일 수 있다. 오늘날의 우리도 경건한 신앙인으로 알려진 사람이 욥의 상황과 유사한 처지에 빠지게 되면 욥의 친구들과 똑같은 생각을 하게 되기 쉽다. 겉모습에 속아서 쉽사리 정죄하지 말아야 할 것이다.

"보라, 내가 아무리 '억울합니다!' 하고 부르짖어도 아무런 답변이 없고, 내가 아무리 '살려주십시오!'하고 큰 소리로 부르짖어도 공정한 처분을 기대할 수 없네. 하나님께서 몸소 내 앞길을 막으시니 내가 어찌 한 치인들 앞으로 나아갈 수 있겠는가. 그분께서 친히 내 길에 어둠을 깔아놓으시니 내가 어찌 한 발인들 앞으로 움직일 수 있겠는가. 진실로 그분께서 내 영예를 발가벗기시고 내 머리에서 왕관을 벗겨 버리셨다네."

욥은 자신이 겪고 있는 혹독한 고난의 원인이 무엇 때문인지 도무지 알 수 없었다. 하지만 자신에게 그런 고난을 주신 분이 누구신지는 밝히 알고 있었다. 바로 하나님께서 고통의 그물로 자신을 내리 덮쳐 에워싸셨고(5절), 또한 자신의 앞길을 가로막은 채 고통의 어둠을 깔아 놓으시고, 나아가 자신의 머리에서 영예의 왕관을 벗겨버리신 것임을 확신하고 있었다.

하지만 당시 욥은 천상에서 하나님과 사탄 사이에 이루어진 내막을 알지 못했으므로(욥 1:6-12; 2:1-6), 그저 할 수 있는 일이라곤 하나님을 향하여 "억울합니다!" 하고 울부짖는 것이었고, "살려주십시오!" 하고 애원하는 것이었다. 그러나 아무런 답변이 없었다. 그저 죽음처럼 고요한 침묵뿐이었다. 그리하여 욥은 자신의 육신을 괴롭히는 악창(惡瘡)의 고통도 큰 고통이었지만, 하나님의 침묵은 더욱 견디기 힘든 영혼의 악창이었다. 그래서 욥은 아픈 영혼을 움켜잡고 계속 울부짖는다.

"하나님께서 사방에서 나를 마구 치시니 이 몸이 쓰러질 수밖에 더 있겠는가. 그래서 나무가 뿌리째 뽑히듯 내 소망도 송두리째 뽑히고 말았다네. 그분께서 나에게 분노를 발하시고 나를 마치 원수처럼 대하셨다네. 그분의 군대가 한꺼번에 몰려와서 내 집의 사방 주위에 진을 쳐 포위하셨다네."

욥은 하나님께서 자신에 대해 분노하시면서 마치 원수처럼 대하신다고 생각한다. 혹독한 고통을 겪고 있는 욥은 그렇게 느끼고 있었다. 충분히 그런 느낌이 들 만도 했다. 오늘날 우리는 욥기의 첫 부분(1-2장)을 알고 있기에 모든 사실을 알 수 있지만, 당시 욥은 그런 사실을 전혀 모르고 있다는 점을 십분 감안해야 한다.

그런데 실상은 욥의 생각과는 정반대였다. 하나님께서는 욥을 원수로 보기는커녕 도리어 욥을 크게 자랑스럽게 여기시고 사탄 앞에서 칭찬하셨다(욥 1:8; 2:3). 실제로 욥에 대해 화내고 질투하면서 욥을 원수로 보고 하나님께 고소한 자는 바로 '사탄'이었다(욥 1:9-11; 2:4-5; 계 12:10). 욥의 하소연은 이어진다.

> "이보게들, 하나님께서는 내 형제들도 내게서 모두 떠나가게 하시고, 나와 가까웠던 주변 사람들도 내게서 다들 등을 돌리게 하셨다네. 그리하여 내 친척들도 다 떠나버렸고 내 친구들도 나를 까맣게 잊었다네. 내 집에 살던 사람들과 내 집의 여종들까지도 나를 낯선 사람처럼 여겨서 마치 생판 모르는 이방인 대하듯 한다네. 내가 내 종을 불러도 대답조차 하지 않으니, 도리어 내가 내 입으로 종에게 애걸해야 하는 입장이 되어 버렸다네."

고난과 재난이 임하기 전, 욥이 부유하고 풍족했을 때는 주변의 모든 친인척들과 친구들과 이웃 사람들이 욥을 크게 부러워하면서 되도록 욥과 가까이 지내려고 애썼을 것이다. 또한 욥의 집안에서 일하던 남녀 종들도 주인 된 욥의 말에 절대 순복하면서 후덕한 욥의 인품과 아량에 함박웃음을 지었을 것이다.

그러나 하루아침에 욥이 모든 것을 잃고 병든 거지꼴이 되자, 모두가 욥을 비웃고 떠나갔다. 그리하여 욥은 달면 삼키고 쓰면 뱉는 감탄고토(甘呑苦吐)의 각박하고 냉랭한 인심을 절감하고 있었다. 욥을 비웃고 떠나간 그들 역시 욥의 세 친구들처럼 분명 욥이 저지른 무슨 큰 죄악 때문에 하나님께 마땅한 징벌을 받고 있다고 생각했을 것이다.

"그뿐만이 아니라네. 내 아내는 심지어 내가 숨 쉬는 것조차 거슬리는 모양이고, 내 형제들도 이런 내 몰골이 아주 역겨운 모양이야. 어린 것들조차도 나를 멸시하고 내가 나타나면 나를 조롱하기 일쑤라네. 내가 내 속을 털어놓던 내 가까운 친구들도 이제는 나를 꺼리고, 내가 사랑하던 사람들도 하나같이 모두가 나에게서 등을 돌린다네."

그야말로 욥은 가족, 친인척, 친구들, 이웃 사람들, 남녀 종들, 심지어 어린아이들까지 주변의 모든 이들에게서 내쳐진 신세로 사방천지에 덩그러니 혼자였다. 욥에게 임한 재난과 고난이 너무나도 끔찍했기 때문에, 그들 모두는 분명 욥이 숨겨진 어떤 큰 죄악 때문에 하나님께 마땅한 징벌을 받고 있다고 생각했던 것이다.

결국, 욥이 이런 상황에 처한 것은 사탄이 그리되도록 간교하게 조종했기 때문이다. 그러나 처음부터 지금까지 욥에게 일어난 모든 일을 밝히 알고 있는 분이 계셨다. 그분은 바로 하나님이시다. 그래서 오직 하나님만이 욥에게 일어난 모든 비틀어지고 왜곡된 상황을 올바로 잡아주실 수 있었다. 그런데 그분 하나님께서 어쩐 일인지 지금 계속해서 침묵하고 계신다. 그러니 욥의 영혼은 그 얼마나 답답하고 막막했을까! 이런 답답하고 막막한 심정으로 욥은 다시금 친구들에게 호소한다.

"자, 내 몰골을 보게나. 나는 뼈와 가죽밖에 남지 않았고 잇몸으로 겨우 연명하는 신세가 되었네. 이보게, 친구들! 그러니 자네들만이라도 나를 불쌍히 여겨주게나. 나를 더 이상 구박하지 말고 제발 불쌍히 여겨주게나. 하나님께 사정없이 두들겨 맞은 이 몸이 불쌍하지도 않은가. 그런데 어찌하여 자네들은 마치 하나님께서 하시듯 나를 이토록 핍박하고 못살게 구는가. 내 몸이 지금 이 꼴인데도 아직도 충분치 않다는 것인가."

"친구들, 내 몰골을 보게. 자네들만이라도 불쌍히 여겨주게나."

욥이 앓았던 악성 피부병은 상피병(象皮病)인 듯한데, 이 병은 신체의 일부분은 코끼리 피부처럼 비정상적으로 부풀어 오르는데 비해, 일부분은 무서울 정도로 바싹 야위어지는 괴이한 병이다.

욥은 자신의 처참한 몰골을 스스로 들먹이면서까지 친구들을 향해 제발 자신을 불쌍히 여겨달라고 호소한다. 하나님에게 두들겨 맞는 것만 해도 감당하기 힘드니 친구들이라도 따스한 위로와 격려의 말을 해달라고 읍소한다. 그러나 욥의 친구들은 그런 욥의 애원을 무시하고 오직 욥을 깨우치는 일에 열심을 낼 뿐이다. 왜 그럴까?

그들은 욥을 위로와 긍휼의 대상으로 본 것이 아니라 거대한 신학적 논쟁의 대상으로 보았다. 그래서 그들은 욥과의 논쟁에서 한 치의 양보 없이 그를 반드시 꺾어 굴복시켜야 할 적대자로 여겼다. 그들의 마음 밑바닥에는 무지와 교만이 깔려 있었다. 따라서 그들은 나중에 하나님께 호된 질책을 들었고, 욥의 중보 제사를 통해서만 하나님께 겨우 용서받게 된다(욥 42:7-9).

"오, 누군가 내가 하는 말을 기록해준다면 좋으련만! 내 말이 종이두루

마리에 기록될 수 있다면 좋으련만! 철필로 납판 위에 새겨지거나 바위 위에 영원히 새겨질 수 있다면 참으로 좋으련만!"

욥은 지금 친구들을 향해 발설하고 있는 자신의 말이 두루마리나 돌, 납판이나 바위 위에 새겨져 영영 보존되기를 원하고 있다. 그 까닭은, 후일의 역사에서 자신의 변론이 자기 친구들보다 더 의롭고 정직한 자들에 의해 공평하게 판단받기를 원했기 때문이다. 이 말은, 자신의 모든 말이 친구들에 의해 전혀 인정받지 못하고 있다는 답답한 심정을 반영하고 있다. 그래서 이제 욥은 자신의 모든 사정을 올바로 알아주고 제대로 변호해주실 위대한 구속자에 대한 신앙을 고백한다.

"그러나 친구들이여, 나는 확신하고 있다네. 나를 이 사망의 구렁텅이에서 건져주실 나의 구속자가 정녕 살아계시고, 언젠가 그분께서 나를 변호해주시기 위해 이 땅에 우뚝 서실 것이라는 사실을 나는 분명히 알고 있다네. 내가 죽어 내 육체, 내 살가죽이 다 썩은 뒤에라도 이 몸은 결국 하나님을 뵙게 될 걸세. 진실로 장차 내가 하나님을 꼭 뵙게 될 것이네. 나의 이 두 눈으로 반드시 하나님을 뵙게 될 것이야. 그때엔 분명 하나님께서 내게 낯설지 않을 것이야. 아, 그 열망으로 내 마음이 초조하고 가슴이 불타는 듯하구나!"

욥은 언젠가는 반드시 자신을 제대로 변호해줄 자신의 구속자가 등장할 것임을 확신했다. 하나님의 공의로움을 생각할 때 자신의 억울함이 이대로 영영 묻힐 수는 없다고 생각했기 때문이다. 욥이 염두에 둔 '구속자'(히, 고엘)란 말은 히브리 사회에서 형제나 친척을 그의 얽매임, 억울함, 어려움, 빚, 가난 등에서 구원해줄 책임과 권리가 있는 자를 가리킨다.

여기서 욥은 자신이 결백하므로 누군가 자신을 위해 구속자 역할을 반드시 해줄 것이라고 확신했다. 이때 욥은 아마도 '하나님'을 자신의 구속자로 생각했을 터인데, 후일 신약시대에 이르러 욥이 그토록 갈망한 구속자는 '예수 그리스도'였다.

나아가 욥은 비록 살아생전에 그런 구속자의 변호를 받지 못한다고 해도, 자신이 죽어 무덤 안에서 자기 육체와 살가죽이 다 썩은 뒤에라도 하나님을 반드시 뵙고 구속자의 변호를 받아 하나님과 다시 화목할 수 있게 될 것으로 확신했다. 구약시대에는 좀체 보기 드문 '부활의 신앙'이 고난받는 욥의 입을 통해 힘차게 고백되는 장면이다. 이처럼 고난은 종종 우리를 위대한 신앙의 문으로 인도한다.

> "만일 자네들이 이번 일의 뿌리가 전적으로 나에게 있다고 말하면서 '어떻게 해야 저 친구를 더욱 따끔하게 몰아칠까' 하고 생각한다면, 자네들은 스스로 심판의 칼을 두려워해야 할 걸세. 분노는 결국 칼의 징벌을 받게 될 터인데, 그때에야 자네들은 비로소 심판이 있다는 것을 깨닫게 될 걸세."

지금까지 욥의 친구들은 여러 말로 욥을 비난하고 정죄했다. 계속 회개하지 않고 버티면 더욱 혹독하게 하나님의 징벌을 받게 될 것이라고 욥에게 경고했다. 이제는 역으로 욥이 친구들에게 경고한다. 결백하고 죄 없는 자신을 지금처럼 계속해서 괴롭히고 정죄하면 장차 하나님에 의해 '심판의 칼'을 받게 될 것이라고 경고한다. 둘 중 욥의 경고가 옳았다. 나중에 욥의 친구들은 하나님께로부터 호된 책망을 듣게 되고, 욥의 중보 제사로 겨우 용서받게 된다(욥 42:7-9).

20

소발의 2차 변론

강철로 된 무기를 피한다고 해도
구리 화살이 꿰뚫고 말리라
하늘이 분노하고 땅이 거슬러
악인은 가진 것을 모두 잃으리라

[제3막 제3장, 무대는 우스 땅 욥의 무너진 집터. 욥기의 제3막 제3장은 소발의 2차 변론(20장)과 그에 대한 욥의 답변(21장)으로 구성되었다. 빌닷의 두 번째 변론(18장)에 대해 욥이 답변을 마치자(19장), 이번에는 소발이 자신의 두 번째 변론을 시작한다. 그의 첫 번째 변론에서도 그랬듯이(11장), 두 번째 변론에서도 역시 예로부터 전해오는 관례적인 인습에 근거하여 소발은 욥을 '악인'으로 상정한 채 철저한 인과응보의 논리를 펼치며 비판과 정죄로 가득한 독설을 퍼붓는다. 하나님의 섭리와 경륜에 대한 무지와 영적 미성숙이 그 얼마나 형제의 가슴에 상처를 주고 친구의 가슴에 못을 박고 있는지 잘 보여준다.]

욥의 고난에 대한 소발의 두 번째 변론 (20:1-29)

[내레이션] 욥의 말이 끝나자, 나아마 사람 소발이 욥의 말을 받아 대답한다.

(소발, 친구들의 충고를 듣고도 욥이 회개하기는커녕 구속자까지 들먹이며 자기

무죄를 끝까지 주장하자, 그 마음에 분한 감정이 가득 차서 따지고 다그치듯 냉랭하고 날카로운 말로) "욥, 자네 말을 듣고 있자니 화가 나서 도저히 입 다물고 있을 수가 없군. 속이 끓어 올라 나도 내 말 좀 해야겠네. 자네의 말은 모두 나를 멸시하고 모욕하는 말이네. 그러나 슬기로운 내 영이 깨닫는 바가 있어 자네에게 답변할 말을 일러주는군."

소발은 욥을 방문한 세 친구들 가운데 최연소자로서 나이 순서에 따라 엘리바스, 빌닷에 이어 항상 세 번째로 변론을 전개한다. 다른 두 친구들처럼, 그도 역시 고리타분한 인과응보의 원리에 근거하여 욥을 비난하고 정죄하는데, 그는 자신의 영이 슬기롭다고 말하면서 욥에게 충고한다. 그러나 그것은 자기 논리에 집착하는 소발의 독선적인 표현으로, 나중에 하나님은 그를 '우매하다'고 하셨다(욥 42:8). 여하튼, 소발의 변론을 들어보자.

"그래, 욥 자네도 이런 사실쯤은 모를 리 없겠지. 그러니까 아주 옛적, 사람이 이 땅에 살기 시작한 때로부터 악인의 승리는 잠깐뿐이요 위선자의 기쁨도 순간뿐이란 사실 말일세. 악인의 교만이 하늘까지 닿고 그 머리가 구름까지 닿는다 해도, 그자는 어느 순간에 자기 똥처럼 사라지게 되고, 그래서 그자와 알고 지내던 사람들이 서로 묻기를 '그자가 대체 어디 있는 거야'라고 할 걸세. 이처럼 정녕 악인은 한낱 꿈처럼 사라져버려 더 이상 보이지 않을 것이고 기껏 한밤중의 환상처럼 순식간에 사라져버릴 걸세."

소발은 예로부터 입증된바 악인의 일시적인 승리와 기쁨을 언급하면서 조만간 똥이나 꿈이나 환상처럼 흔적도 없이 땅 위에서 사라지게 될 것이라고 주장한다. 이어지는 소발의 주장에 의하면, 그는 악인이 받을 형벌을 모두 세 가지로 언급한다. 첫째, 기쁨과 존귀함이 순식간에 사라짐(5-9절). 둘째, 모은 재물이 도로 없어짐(10절). 셋째, 건강한 몸이 갑자기 죽을 몸이 됨(11절). 소발의 말을 계속 들어보자.

"한때 악인을 보았던 사람들이 다시는 그자를 볼 수 없을 것이고, 그자가 살던 곳도 다시는 그자의 존재를 알 수 없을 걸세. 그자의 자녀들은 가난한 자들에게 싹싹 빌면서 용서를 구하고, 악한 조상이 그들에게서 빼앗은 재물을 몽땅 되돌려주어야 할 걸세. 한때 그자의 뼈마디를 가득 채웠던 젊고 활기찬 기운은 그자와 함께 흙먼지 속에 눕게 될 걸세."

소발이 말하고 있는 이런 악인의 경우는 현재 모든 재산과 건강을 한순간에 다 잃고 혹독한 고난을 겪고 있는 욥에게 그대로 적용된다. 따라서 소발은 지금 욥을 악인 또는 위선자로 상정하고 자기 논리를 펼치고 있는 것이다. 소발은 순식간에 폭삭 망해버린 욥을 염두에 두고서 자신의 악인관을 계속 펼쳐나간다.

"악인의 입에는 악이 너무나 달아서 그자는 그 악을 자기 혀 밑에 감추고 그냥 꿀꺽 삼키기에는 그 악이 너무나 아까워 자기 입 속에 계속 머금고 있을지라도, 결국엔 그 악이 목구멍으로 넘어가 그자의 뱃속으로 들어가서 쓰디쓴 맛으로 변하고 말 걸세. 독사의 쓸개즙으로 변해버릴 것이란 말일세."

고대인들은 독사의 독(毒)이 인간에게 가장 해롭다고 생각했는데, 그 독은 독사의 쓸개에서 분비되는 즙이라고 여겼다. 악을 자기 혀 밑에 감추고 있는 악인이 사람들에게 그렇게 치명적인 해악을 끼치는 해로운 존재라는 이야기이고, 욥이 바로 그런 존재일 수 있다는 말이다.

"또한 악인은 자신이 집어삼킨 불의한 재물도 결국 도로 토해낼 수밖에 없을 걸세. 하나님께서 그것들을 그자의 뱃속에서 도로 끄집어내실 것이기 때문이라네. 그자는 독사의 독을 빠는 신세가 될 것이고, 그러다가 결국 독사의 이빨에 물려죽게 되는 비참한 꼴을 당할 걸세. 악인은 결코 흐르는 강물 곧 젖과 꿀이 흐르는 강물을 보지 못할 걸세. 그토록 애써 얻은 것도 자신이 마음대로 먹지 못하고 되돌려 보내야 할 것이고, 장사를 해서 남은 이익도 자신이 마음대로 누리지 못할 걸세. 왜 그런 줄 아는가? 그자가 가난한 자들을 짓누르고 못살게 굴었기 때문이지. 자기가 짓지도 않은 집을 강제로 빼앗았기 때문이라네."

'젖과 꿀이 흐르는 강물'이란 '풍요로운 삶'을 비유하는 시적인 표현이다(시 36:8). 이런 의미에서 일찍이 이스라엘 백성들에게 약속된 가나안 땅은 '젖과 꿀이 흐르는 땅'으로 소개되었다(출 13:5).

소발은 악인에게는 풍요로운 삶은 물론이고, 자신이 수고한 대가까지도 마음대로 누리지 못하고 전부 뺏기게 될 것이라고 주장한다. 하지만 이런 소발의 주장은 현실과 동떨어진 공허한 주장이다. 현실을 보면, 악인들이 망하는 경우도 없지 않지만, 악인들이 도리어 번창하고 더욱 많은 것들을 누리면서 떵떵거리며 살아가는 경우가 많기 때문이다.

"악인은 아무리 갖고 또 가져도 도무지 만족할 줄을 모르지. 탐욕이 끝도 없다네. 무엇이든지 남기지 않고 닥치는 대로 집어삼키니 악인의 번영이 오래갈 리가 없지 않은가. 그래서 악인이 '참 좋구나!' 하면서 흥청망청 좋은 세월을 누리고 있을 바로 그때에, 재앙이 순식간에 그자를 덮칠 것이고 온갖 불행이 해일처럼 그자에게 밀어닥칠 걸세."

소발은 욥이 겪고 있는 끔찍한 고통과 재난을 보면서, 그것은 하나님께서 욥의 죄악을 계산하여 징벌하셨기 때문이라고 생각한다. 물론 이런 소발의 생각은 틀렸다. 욥의 경우는 아니지만, 어떤 경우에 하나님은

"욥, 악인에게는 온갖 불행이 해일처럼 밀어닥칠걸세."

악인들의 죄악을 그자의 당대에 계산하여 징벌하신다. 그자가 뿌린 대로 땅 위에서 거두게 하시는 것이다(갈 6:7).

하지만 그런 원리가 모든 악인에게 적용되는 것은 아니다. 어떤 악인들은 무덤에 들어가는 순간까지도 하나님께 주먹을 흔들고 가난한 자들을 압제하면서 부귀영화를 누리기도 한다(욥 21:7-14). 따라서 궁극적으로 모든 악인에 대해 그자가 지은 악의 계산이 이루어지는 때는 죽음 이후의 최후 심판의 때다(마 25:46). 최후 심판대에서 하나님의 공의와 정의의 저울은 비로소 한 치의 오차 없이 완벽하게 균형을 잡게 될 것이다.

"악인이 자기 배를 채우려고 밥을 먹고 있을 때, 하나님께서는 그자에게 맹렬한 분노를 발하셔서 온갖 재앙을 폭풍우처럼 거침없이 쏟아부으실 걸세. 그자가 철 무기를 피하여 어디론가 도망치면, 어디선가 청동화살이 날아와 그자를 꿰뚫어버릴 걸세. 그러면 악인은 자기 몸을 뚫고 나온 화살을 빼내겠지만, 그자의 쓸개를 관통해버린 번쩍거리는 화살촉 때문에 겁에 질려 쩔쩔맬 걸세."

소발의 말 곳곳에는 욥을 찌르는 예리한 가시가 숨어 있다. '악인이 자기 배를 채우려고 밥을 먹고 있을 때' 하나님의 재앙이 폭풍우처럼 그자들 위에 쏟아진다는 말은 욥의 자녀들을 의식한 말일 수 있다. 욥의 열 자녀들이 생일잔치 때에 다 함께 모여 음식을 먹고 있을 때에 광야의 폭풍이 거세게 불어와 장막의 네 모퉁이 기둥을 쓰러뜨리는 바람에 전부 그 아래 깔려죽고 말았기 때문이다(욥 1:18-19).

소발은 이 같은 상황을 염두에 두면서, 그런 상황이 일어난 까닭을 비유적으로 설명했는데, 곧 하나님께서 욥을 향해 청동화살을 쏘아 그의 쓸개(죄악)를 관통해버린 일로 비유했다. 소발의 악인관은 이어진다.

> "악인이 평생 모은 재물은 칠흑 같은 어둠에 휩싸여 도대체 어디에 있는지조차 모르게 될 것이고, 사람이 피우지 않은 불이 그자를 한 입에 삼킬 것이며, 또한 그 불길이 계속 타올라 그자의 장막 안에 남아있는 모든 것들을 모조리 태워버릴 걸세. 그때에 하늘이 그자의 죄를 밝히 드러낼 것이고 땅이 그자를 거슬러 들고 일어날 걸세. 하나님께서 악인에게 분노하시는 날, 그자가 가진 모든 재산은 거센 바람에 산산이 흩어질 것이고 홍수에 쓸려가듯 전부 떠내려가 버릴 걸세."

'사람이 피우지 않은 불'은 우렁찬 천둥소리가 울린 후에 하늘로부터 일시에 내리치는 무시무시한 '번갯불'을 가리킨다. 고대 세계에서 이것은 신의 두려운 형벌로 간주되었다. 그런데 욥의 재산 역시 어느 날 갑자기 하늘에서 떨어진 '하나님의 불' 곧 번갯불에 의해 다 소실되고 말았다(욥 1:16). 이렇게 욥을 의식하며 악인에 대한 하나님의 두려운 징벌을 구구절절 언급하던 소발은 마침내 결론을 맺는다.

> "보게나, 욥! 바로 이 모든 재난들이 악한 자가 하나님께 마땅히 받을 몫이고, 하나님께서 악한 자에게 반드시 물려줄 유산이라네."

여기서 '몫'(분깃)이나 '유산'(기업, 유업)은 조상이나 윗사람에 의해 물려받는 재산을 가리키는 말이다. 소발은, 악인에게 임하는 온갖 불행한 일들과 재난들은 그들이 받기로 할당된 몫이나 유산처럼 피할 수 없이 반드시 받게 될 하나님의 마땅한 징벌이라고 결론 내린 것이다.

21

소발에 대한 욥의 2차 답변

악인은 전능자도 모르는 채로
걱정 없이 살 만큼 살다가
고통 없이 조용히 죽는데
자네들은 그 사실을 왜 모르나

[제3막 제3장의 계속, 무대는 우스 땅 욥의 무너진 집터. 소발의 두 번째 변론(20장)에 대해 욥이 답변하는 장면이다. 다른 두 친구처럼 소발 역시 악인에게는 하나님의 두려운 징벌이 필히 임하여 졸지에 파멸하고 만다는 사실을 거듭 강조하면서 욥의 회개를 촉구했다. 이런 논리에 대해, 욥은 세상에서 악인들도 형통하고 번영하는 경우가 왕왕 존재하는 현실을 지적하면서 친구들의 논리가 허황된 것임을 드러낸다. 하나님의 신묘막측한 섭리와 경륜을 편협한 경험과 지식의 잣대로 마음껏 측량하고 평가해서는 안 된다고 항변한 것이다.]

소발의 두 번째 변론에 대한 욥의 답변 (21:1-34)

[내레이션] 소발의 말이 끝나자, 욥이 그의 말을 받아 대답한다.

(욥, 자신을 악인에 빗대어 하나님의 마땅한 징벌을 받고 있다는 소발의 말에 깊은 마음의 상처를 받는다. 육신의 고통도 견디기 어려운 판국에 심령의 아픔까지 더해져 욥은 거의 자포자기 상태다. 그래도 겨우 힘을 내어 친구들의 말에 항변하면서

자신을 변호한다.) "친구들, 제발 내 말을 건성으로 듣지 말고 내가 하는 말에 귀를 좀 기울여주게나. 자네들이 내 말을 잘 들어주는 것이 내게는 큰 위로가 된다네. 내 말이 듣기에 좀 거북하더라도 제발 참고 들어주게. 비웃더라도 내 말을 다 듣고 나서 그렇게 하게나."

욥은 친구들이 자신에게 위로의 말을 한답시고 도리어 마음에 상처를 주기보다는 차라리 자신의 말을 가만히 잘 들어주는 것이 훨씬 위로가 된다고 말한다. 사실, 욥의 세 친구는 욥의 재난 소식을 전해 듣고 위로자로서 욥을 방문했다.

그렇게 방문하여 처음 일주일 동안은 욥의 재난에 함께 슬퍼하면서 말없이 욥의 곁에 있어주었다(욥 2:13). 그때는 욥이 큰 위로를 받았을 것이다. 하지만 일주일 후에 그들은 논쟁자로 변해서 욥의 죄악 때문에 하나님께서 욥에게 벌을 주셨다고 주장하기 시작했다. 그러더니 논쟁을 거듭할수록 그들은 자신들의 주장을 관철시키기 위해 욥을 '악인'에다 빗대는 등 점차 더욱 깊은 상처를 욥에게 안겨주었다.

"내가 불평을 늘어놓는 것이 어디 사람더러 들으라고 하는 소리이던가. 아닐세. 하나님께 내 억울함을 토로하고 있으니 어찌 내가 초조하고 답답하지 않겠는가. 자, 내 몰골을 쳐다보게. 너무나 놀라고 기막혀 자네들 손으로 입을 막을 수밖에 없을 걸세. 지금껏 내게 일어난 일을 생각만 해도 내 온몸이 벌벌 떨리고 소름이 끼쳐 도무지 주체할 수 없을 지경이라네."

욥은 자신의 불평과 항변이 단지 친구들의 주장에 대한 논박이 아니라 어디까지나 초조하고 답답한 심령으로 하나님 앞에서 자신의 억울함을 하소연하는 일종의 탄원 행위라는 사실을 상기시킴으로써 친구들의 너그러운 배려를 바란다. 그러면서 누구나 손으로 입을 가릴 수밖에 없는 자신의 초췌한 몰골을 봐서라도 비난과 정죄의 행위를 그만 멈추어 달라고 호소한다.

그렇다! 악성 피부병이 생겨 온몸에 부스럼이 덕지덕지 들러붙고, 그런 부스럼들이 벗겨진 자리에는 진물이 줄줄 흘러내리는 모습, 치골이 녹아내려 이빨이 없는 바람에 잇몸으로 겨우 버티는 상황, 게다가 병세의 악화로 신체의 어떤 부분은 코끼리 피부처럼 부풀어 올랐고, 어떤 부위는 뼈와 살이 맞닿을 정도로 바짝 야윈 모습, 그런 모습은 흡사 『반지의 제왕』(J.R.R. 톨킨의 판타지 소설)에 등장하는 골룸(Gollum) 같았을 것이다. 그러니 그런 몰골을 보고 누군들 놀라고 기막혀 손으로 입을 가리지 않겠는가! 그런 욥을 향해 비난과 정죄보다는 동정과 긍휼의 마음부터 품어야 마땅하지 않겠는가! 욥의 호소는 이어진다.

> "자, 자네들 주변을 둘러보게나. 어째서 악인들이 잘들 살아가는가. 그런 모습을 보면 참으로 기가 막힌다네. 악인들이 늙도록 살면서 갈수록 권세를 더 누리니 정녕 알 수 없는 노릇 아닌가. 보게나, 악인들이 아들딸 잘 낳고 손자손녀의 재롱까지 보면서 그 자손들이 커가는 모습을 흐뭇한 눈으로 바라보며 살아가고 있지 않은가. 게다가 그들의 가정에는 도무지 걱정거리 하나도 보이지 않더군. 그렇다면 어째서 하나님께서는 그런 악한 자들의 집안에 재앙을 내리시지 않는단 말인가."

대부분의 사람들이 갖고 있는 고정관념 중 하나는 권선징악의 개념이다. 선한 자는 복을 받고 악인은 망한다는 생각이다.

그러나 우리의 현실이 종종 그렇지 못할 때 의심을 품곤 한다. 욥의 세 친구도 예외가 아니었다. 그들은 어쨌든 욥이 큰 재난을 당했기 때문에 죄의 대가로 하나님께 징벌을 받은 것이 분명하다고 생각했다. 하지만 주변을 둘러볼 때 우리는 실제로 악인이 잘 먹고 잘 살고 선한 사람이 고통받는 경우도 많이 본다. 무엇이 잘못된 건가?

선과 악에 대한 '계산의 때'가 문제일 뿐이다. 그런 계산이 현세에서가 아니라 내세에서, 다시 말해 최후심판의 때에 최종적으로 이뤄지기 때문이다. 욥의 친구들은 이런 사실을 간과했다. 그래서 욥은 친구들의 판단과는 달리 악인이 현세에서 번창하는 경우를 계속해서 언급한다.

"그런 악한 자들의 황소는 얼마나 튼튼한지 늘 암소를 새끼 배게 하고, 암소도 때가 되면 어김없이 새끼를 쑥쑥 낳더군. 유산하는 꼴은 찾아볼 수가 없네. 또한 그자들의 어린것들은 어린 양 떼같이 춤추면서 즐겁게 뛰어놀고, 탬버린과 하프 연주에 맞추어 노래를 부르고 피리 소리에 마냥 즐거워한다네. 그렇게 그자들은 일평생 아무 걱정 근심 없이 살다가 죽을 때도 고통 없이 조용히 무덤으로 내려간다네."

"어린 암소들은 하프 연주에 맞추어 노래 부르고"

욥의 말은 사실이다. 이 세상에서는 의로운 자들보다 악한 자들이 성공하고 번창하는 경우가 많다. 악한 자들은 출세하는 데 필요하다고 생각되면 옳지 않아도 약삭빠르게 행동하고, 자신의 성공을 위해서라면 다른 사람들을 얼마든지 이용한다. 다른 사람을 짓밟는 냉혹한 결정을 내리기도 한다.

하지만 악인들의 성공과 번창은 어디까지나 일시적이다. 오래 가야 현세에 국한된다. 하나님의 심판대 앞에서는 모래성처럼 허무하게 무너진다. 따라서 최종 승자는 언제나 의인들의 몫이다. 욥의 말은 이어진다.

"그런데도 악한 자들은 하나님께 말하기를 '우리를 떠나가세요! 당신의 뜻이 무엇인지는 알고 싶지도 않소! 전능자가 대체 누구이기에 우리가 그를 섬겨야 한단 말이오! 그에게 기도한다고 해서 대체 우리가 얻을 것이 무엇이란 말이오!'라고 한다네. 하지만 그자들이 누리는 복과 번영은 결코 그들 스스로의 손으로 일군 것이 아니라네. 그러므로 나는 악한 자들의 계획을 받아들일 수가 없다네."

'악한 자들의 계획'이란 자신들이 누리는 행복이 오로지 자신들의 손으로 일군 줄 알고 교만한 생각에 빠져 자기 인생에서 더는 하나님을 필요로 하지 않는 '악인들의 인생관'을 가리킨다. 욥은 이런 악한 자들의 인생관을 자신으로서는 전혀 받아들일 수 없다고 밝히 말한 것이다. 이처럼 욥이 자신의 입장을 분명히 밝힌 것은, 친구들이 생각하고 있는 바와는 달리 욥 자신은 전혀 악인이 아니라는 사실을 나타내기 위함이다.

"하지만 친구들, 말해보게나, 악한 자들의 등불이 꺼지는 일이 얼마나 자주 있었던가. 그자들에게 재앙이 닥치는 것을 몇 번이나 보았던가. 하나님께서 그자들에게 분노하셔서 그자들을 곤경에 빠뜨리신 것을 몇 번이나 보았던가. 그자들이 바람에 날려가는 지푸라기같이, 폭풍에 휼날리는 겨와 같이 된 적이 과연 얼마나 있었던가."

앞서 빌닷은 악인의 빛은 꺼지고 그의 불꽃은 이내 사그라질 것이라고 말한 바가 있다(욥 18:5). 그러나 이제 욥은 친구들에게 그처럼 악한 자들의 등불이 꺼지는 일이 얼마나 자주 있었는지를 묻고 있다. 여기서 '등불이 꺼지는 것'은 쇠락하고 파멸한다는 의미다. '바람에 날려가는 지푸라기'나 '폭풍에 휼날리는 겨'도 비슷한 의미다.

세상을 살펴보고 주변을 둘러보면, 악한 자들이 하루아침에 폭삭 망하는 경우가 더러 있긴 하지만 생각보다는 자주 없고, 도리어 오래 살면서 죽을 때까지 잘 먹고 잘 사는 경우가 더 많다. 그래서 욥은 친구들에게 반문하고 있는 것이다. "그렇다면 친구들이여, 이런 사실을 어떻게 해석해야 한단 말인가?" 이어서 욥은 친구들의 답변을 기다리지 않고 스스로 자문자답한다.

"자네들은 말하길 '하나님께서 악인들의 죄악을 쌓아두셨다가 그자들의 자손들에게 벌을 내리신다.'라고 하겠지만, 그런 말 하지 말게. 그자 자신이 직접 벌을 받아야만 자기 죄악을 깨달을 것이 아닌가. 악을 저지른 그자 스스로가 자신이 망하는 꼴을 제 눈으로 똑똑히 보아야 할 것이 아닌가. 전능하신 분이 내리시는 진노의 잔을 그자 자신이 받아 마셔야만 마땅하지 않겠는가 말일세. 그자가 형통하게 살 만큼 다 살고 죽게 되면, 그 후에 자기 집안이 어떻게 돌아가든 대체 그게 그자와 무슨 상관이란 말인가."

맞는 말이다! 악한 자가 지은 죄는 그 사람 스스로가 죄의 대가를 치러야지, 왜 그의 식구들이나 후손들이 대신 치른단 말인가! 그 악인이 죽어 무덤(스올)으로 내려간 후에는 그와 그의 식구들 및 후손들과는 단절되므로 땅 위에 남은 자들이 재난을 당하든 고통을 당하든 무덤 속에 있는 그 악인에게는 하등 영향을 미치지 못하는 게 아닌가!

이처럼 욥은 "악인은 벌을 받고, 의인은 복을 받는다."는 고대 세계의 인과응보 및 권선징악의 편협한 틀에 사로잡힌 친구들에게 세상에는 반드시 그렇지 않고 모순투성이처럼 느껴지는 사례들이 비일비재하다는 사실을 일깨워준다. 결국 욥은 지금 자신에게 임한 혹독한 재난도 그런 고정관념의 틀에서 해석하지 말아 달라는 부탁을 하고 있는 것이다.

"하나님께서는 아무리 높은 위치에 있는 사람이라도 심판하시는 분이시거늘, 사람이 어찌 감히 그분께 지식을 가르칠 수 있겠는가. 어떤 사람은 죽는 그 순간까지도 기운이 팔팔하다가 죽을 때에도 행복하고 편안하게 삶을 마감한다네. 그 사람의 뱃가죽에는 기름기가 번지르르 돌고 그의 뼛속에는 미끈거리는 골수가 가득 차 있다네. 그런가 하면,

어떤 사람은 일평생 도무지 행복이란 걸 맛보지 못한 채 고통스럽게 살다가 죽을 때에도 고통 가운데 삶을 마감한다네. 이러거나 저러거나 결국엔 둘 다 죽어 흙 속에 눕게 될 것이고, 그러면 하나같이 구더기가 그들의 몸을 뒤덮고 말겠지."

욥은 세상에 두 가지 종류의 사람이 있다고 말한다. 마음껏 행복을 누리며 잘 먹고 잘 살다가 잘 죽는 사람과 행복이란 두 글자는 맛도 보지 못한 채 못 먹고 못 살다가 고통 가운데 생을 마감하는 사람, 그런데 이런 두 종류의 사람도 마침내 죽음 앞에선 비로소 평등해진다. 무덤(스올)에 내려가면, 둘 다 썩어 단지 구더기의 밥이 되고 만다는 논리를 편 것이다.

과연 죽음은 모든 사람을 평등하게 만든다. 행복하든 불행하든, 모든 사람은 결국엔 죽는다. 악한 자든 의로운 자든, 모든 사람은 마침내 무덤 속으로 들어간다. 하지만 무덤 속의 평등은 육체적인 평등이다. 죽음은 단지 모든 사람의 육체적인 운명을 평등하게 만들 뿐, 죽음 이후의 영적인 세계에선 똑같지 않다. 하나님의 최후 심판대 위에서 악인은 영원한 징벌을 받아 지옥으로 떨어지고, 의인은 영원한 상급을 받아 천국에서 영생을 누린다.

"나는 자네들이 무슨 생각을 하는지 잘 알고 있다네. 나를 해치려는 자네들의 속셈을 빤히 알고 있단 말일세. 그러면 자네들은 말하기를 '그런 세도가의 집이 어디에 있느냐? 그런 악한 자들의 집이 어디에 있느냐?' 할 터인데, 자네들은 세상을 두루 여행하는 사람들에게 물어보지도 않았는가. 그들이 전해주는 이야기를 듣지도 않았는가. 그들이 이렇게 말하지 않던가. 곧 '하나님께서 진노하셔서 재앙을 내리시는 날에도 언제나 마지막까지 살아남는 사람은 악한 자들이다.'라고 말하지 않던가. 또한 '그런 악한 자들을 그들의 면전에서 꾸짖는 이도 없고, 그런 악한 자들이 행한 대로 갚아줄 이도 없다.'라고 말하지 않던가 말일세."

욥은 친구들이 자신을 해치려는 속셈을 갖고 있다고 말하는데, 이는 욥이 지금 겪고 있는 고난은 그가 지은 죄의 대가라는 논리로 욥을 악인시하는 친구들의 악한 변론을 가리키는 말이다. 욥은 그런 친구들의 변론을 깨뜨리기 위해 세상에서 도리어 악한 자들이 누리는 행복과 번영에 대해 길게 진술했고, "그런 자들이 어디 있느냐?" 하고 따질 친구들의 질문을 예상하고는 '길 가는 사람들'(여기저기 세상을 두루 돌아다니며 여행하는 사람들)에게 물어보면 알게 될 것이라고 말한다.

그렇게 세상을 두루 살펴보면, 과연 악한 자들이 하나님의 진노의 날에도 파멸당하지 않고 끝까지 살아남을 뿐만 아니라, 누구에게서도 직접적으로 자신의 악행에 대해 꾸지람을 받지 않은 채, 또한 누구에게서도 보복을 당하지 않은 채 편안히 죽음을 맞이하는 경우를 찾아볼 수 있다고 말한 것이다. 실제로 그러하다! 욥이 말한 대로, 지난 역사를 훑어보면 그런 경우를 얼마든지 찾을 수 있다.

"그렇다네. 그 악한 자가 죽어 무덤으로 들어갈 때에도, 그 무덤을 잘 보살펴줄 관리인이 있는 화려한 무덤으로 내려갈 때에도, 그 악한 자의 장례 행렬에는 수많은 조객들이 행렬을 지어 그자의 관을 뒤따라가고, 심지어 골짜기의 흙마저도 그자의 몸을 부드럽게 덮어준다네. 그런데도 자네들은 '모든 악인의 번영은 잠깐뿐이고 그들은 생각하지도 못하고 알지도 못하는 사이에 갑자기 멸망한다.' 하면서, 그렇게 말도 안 되는 헛된 말로 나를 위로하려 드는군. 그러니 자네들이 내게 하는 말은 온통 거짓말뿐이라네."

욥의 친구들은 욥과 변론하면서 시종일관 권선징악 및 인과응보 사상에 근거하여 "악인은 반드시 하나님께 징벌을 받아 멸망한다."는

수많은 조객들이 뒤따르는 성대한 장례 행렬

논리를 펼쳤다. 그러면서 그런 논리를 욥의 고난에 그대로 적용시켰다. 이에 반발하여 욥은 실제로는 그렇지 않은 경우가 더욱 많다는 논리로 항변한다. 그래서 욥은 악한 자가 세상을 떠나는 마지막 순간까지 아무런 고통이나 재난 없이 평화롭게 무덤으로 내려가는 현상을 지적한다.

실제로 그런 경우가 종종 있다. 악한 자가 세상에서 행복과 성공과 번영을 한껏 누리며 살았을 뿐만 아니라, 무덤에 묻히는 순간에도 많은 조문객들의 위로를 받으며 거창하게 상여 행렬을 이루고, 게다가 무덤의 흙마저도 그 악한 자의 몸을 부드럽게 덮어주는 현상을 적잖게 볼 수 있다. 이런 현상을 어떻게 설명할 수 있을까?

"모든 악인의 번영은 잠깐뿐이고, 그들은 생각하지도 못하고 알지도 못하는 사이에 갑자기 멸망한다."라고 하면서, 고난 가운데 있는 욥을 향해 회개를 촉구한 친구들의 말이 욥에게 어떤 위로가 될 수 있겠는가? 욥에게 위로가 되기는커녕 거짓말로만 들리지 않겠는가! 어떤 말이 누군가에게 위로가 되고 힘이 되려면 무엇보다 그 말이 진실에 기초해야 하지 않겠는가! 진실에서 벗어난 허황된 말이 어찌 위로가 되겠는가! 욥은 이런 점을 지적한 것이다.

22
엘리바스의 3차 변론

욥, 자네가 정말 경건하게 살아왔다면
하나님이 왜 벌하시겠나
이웃의 재산을 빼앗았는지
가난한 자를 핍박했는지 곰곰 생각해 보게

제 4 막 : 사건의 전개 ❸ (제3차 논쟁, 22-31장)

욥기의 제4막은 이어지는 사건의 전개 부분으로, 욥과 그의 세 친구들 간에 주고받는 '제3차 논쟁'으로 구성되었다. 그런데 제1차 논쟁(3-14장) 및 제2차 논쟁(15-21장)과는 달리, 엘리바스와 욥(22-24장) 그리고 빌닷과 욥(25-27장)의 논쟁이 있은 후에 세 번째 친구인 소발과 욥의 논쟁은 없고, 그 대신에 욥의 독백 장면이 길게 나온다(28-31장). 많은 논쟁에도 불구하고 욥의 생각이 전혀 바뀌지 않자 소발이 자신의 변론을 포기했기 때문이고, 반면에 욥은 가슴에 맺힌 응어리와 원통함이 많아 그것을 토로하지 않을 수 없었기 때문이다.

[제4막 제1장, 무대는 우스 땅 욥의 무너진 집터. 욥기의 제4막 제1장은 엘리바스의 세 번째 변론(22장)에 대해 욥이 답변하는 장면이다(23-24장). 나이 순서에 따라

엘리바스, 빌닷, 소발로 이어지는 욥의 세 친구들이 욥의 고난의 문제를 두고 제1차 변론과 제2차 변론에 이어 마지막 제3차 변론에 돌입하게 되는데, 먼젓번처럼 제3차 변론도 가장 연장자인 엘리바스가 먼저 시작한다. 엘리바스는 자신의 마지막 변론에서도 앞선 자기 변론들(4-5장, 15장)과 대동소이하게 욥의 고난이 그의 죄악 때문임을 지적하며 다시금 욥의 회개를 촉구한다. 이 같은 엘리바스의 행위는 친구의 고통쯤은 아랑곳하지 않고 어떡하든 자신의 주장만을 관철시키려는 완악함이 엿보인다.]

욥의 고난에 대한 엘리바스의 세 번째 변론 (22:1-30)

[내레이션] 욥의 말이 끝나자, 데만 사람 엘리바스가 또 다시 입을 열어 욥에게 말한다.

(엘리바스, 욥이 그토록 자신의 결백을 주장하고 자신의 고통을 호소했는데도 전혀 아랑곳하지 않고 자기주장만 계속 되풀이한다. 다른 친구들처럼 욥을 악인으로 상정하고는 그를 훈계하고 꾸짖고 정죄하면서 속히 회개할 것을 거듭 촉구한다. 따라서 그의 말은 거칠고 매정하다.) "욥, 내 말을 들어보게. 사람이 하나님께 무슨 유익을 줄 수 있겠는가. 제 아무리 슬기로운 사람이라도 도대체 하나님께 무슨 도움을 줄 수 있겠느냐 말일세. 설령 자네가 의롭다 할지라도, 전능하신 그분께 무슨 기쁨이 되겠는가. 설령 자네가 흠 없는 삶을 산다 한들, 그분께서 자네에게 얻을 것이 무엇이겠는가. 하나님께서 자네를 꾸짖으시고 또 이렇게 자네를 고난 가운데 빠뜨리신 것이 자네가 경건하게 살았기 때문이라는 말인가. 말도 안 되는 소리라네. 도리어 자네의 죄가 너무나 크기 때문이 아닌가. 자네의 악이 극에 달했기 때문이 아니겠는가 말일세."

엘리바스는 사람의 슬기로움(지혜), 의로움, 온전함 등이 전능하신 하나님께는 어떤 영향도 끼칠 수 없다고 주장한다. 의인의 경건함이 하나님과는 아무런 상관이 없다고 주장한다. 어떤 면에서는 맞는 말이다. 선하든 악하든 미약한 피조물의 어떤 요소들이 전능하신 창조자에게 그 효력을 미치지 못하는 것은 사실이다.

그렇지만 또 다른 면에서는 틀린 말이다. 하나님께서는 의로운 자의 경건함과 선한 행실을 무척 기쁘게 여기신다. 특히 자기 백성의 일거수일투족을 살피신다. 그래서 하나님은 아버지가 자식의 잘남을 자랑하듯 욥의 온전함과 의로움과 정직함과 경건함을 사탄에게 자랑하기까지 하셨다(욥 1:8; 2:3). 이처럼 욥의 친구들이 욥을 향하여 펼친 변론들은 일부는 맞고 일부는 틀린 말이 대부분으로, 전체적으로 평가하면 영양가 없는 빈말이라 할 수 있다. 그래서 하나님은 욥의 친구들을 나중에 '우매하다'고 평가하셨다(욥 42:8).

한편, 엘리바스는 욥이 경건하게 살았는데도 하나님께서 그를 고난 가운데 빠뜨리실 수는 없다고 주장하면서 욥의 크나큰 죄악 때문에 그를 고난 가운데 빠뜨리신 것이 분명하다고 주장한다. 그러면서 욥의 죄악을 구체적으로 추측하기까지 한다. 가시가 박힌 예리한 말로 욥의 아픈 상처를 쿡쿡 찌르는 가혹한 행위다.

> "욥, 잘 생각해보게. 혹 자네는 아무런 이유도 없이 형제의 재산을 빼앗고 그들의 옷을 빼앗아 그들을 벌거벗게 하지 않았는가. 혹 목마른 사람에게 물 한 모금 주지 않았고 굶주린 사람에게 빵 한 조각조차 나눠준 적이 없지 않았는가. 혹 권세를 이용하여 땅을 차지하고 존귀한 자인 양 거들먹거리면서 살아오지 않았는가. 혹 가련한 과부들이 찾아와도 그들을 빈손으로 돌려보내고 불쌍한 고아들의 팔을 비틀어 꺾지는 않았는가."

엘리바스는 욥이 저질렀을 것으로 추측되는 죄악들 곧 약탈, 학대, 탐욕, 교만, 이기심, 착취 등을 열거한다. 특히 과부나 고아는 고대 중근동 사회에서 가난하고 연약하며 소외된 자들을 대표하는 계층이다. 따라서 이들을 압제하고 착취하는 행위는 그들을 지으신 하나님을 멸시하는 행위로 간주되어 더욱 가중적인 징벌을 받았다(잠 14:31).

그러나 엘리바스가 열거한 욥의 죄악들은 전혀 사실이 아니다. 엘리바스는 마치 마녀사냥 식으로 있지도 않은 욥의 죄악들을 억지로 끄집어낸 것이다. 지금 겪고 있는 욥의 혹독한 고난이 그런 죄악들에 대한 하나님의 징벌이라는 자신의 논리를 관철시키기 위해 무리수를 동원한 것이다.

엘리바스가 욥에게 그런 죄악들이 있는지 날카롭게 묻는다는 것은, 말만 친구일 뿐 욥을 몰라도 너무나 모르고 있다는 것을 입증하고 있는 셈이다. 그런데 여기에 한술 더 떠서 엘리바스는 분명 욥이 그런 죄악을 저질렀을 것이라고 아예 단정하기까지 한다. 지금 엘리바스는 자신도 모르는 사이에 사탄의 도구로 이용되고 있다. 그렇게 사탄은 친구들을 통해 욥을 극한의 궁지 가운데 몰아넣음으로써 욥이 하나님을 저주하고 떠나가기를 노린 것이다.

> "분명 그러했을 것이네. 그러했기에 지금 자네가 올무 가운데 빠져들고, 자네에게 갑작스런 재앙의 공포가 덮쳤다고 볼 수밖에 없네. 정녕 그러했기에 자네가 앞을 볼 수 없을 정도로 큰 어둠이 자네를 덮치고, 거대한 홍수가 밀어닥쳐 자네를 완전히 뒤덮어버린 걸세."

지금 욥을 에워싼 채 그를 고통스럽게 만들고 있는 올무, 공포, 어둠, 홍수 등이 모두 욥이 지은 죄악의 대가라는 말이다. 하나님의 징벌로 마땅한 죗값을 치르고 있다는 말이다. 극심한 고통 가운데 있는 욥에게 위로와 격려의 손길을 내밀기는커녕, 그런 욥을 더욱 깊은 고통의 구덩이 속으로 밀어 넣는 잔인한 말이다. 그런 잔인한 말이 하나님을 빙자하여 그칠 줄 모르고 터져 나온다. 영글지 못한 어설픈 신앙의 독선이 그 얼마나 친구의 가슴에 대못을 쾅쾅 박는 일인지 잘 보여주고 있다. 엘리바스의 변론은 이어진다.

"저 하늘 높은 곳에는 하나님께서 계시지 않는가. 아득히 높은 곳에 떠 있는 저 별들도 하나님께서 다 내려다보고 계시지 않는가? 그런데도 자네는 말하기를 '하나님께서 어떻게 아신단 말인가? 하나님께서는 흑암 가운데 계시면서 어떻게 우리를 심판하신단 말인가? 그분께서는 빽빽하고 짙은 구름에 둘러싸여 이 땅 위에 있는 우리를 보실 수 없고, 다만 저 높은 하늘에서만 여기저기 두루 돌아다니실 뿐이겠지.' 하는구나."

엘리바스가 말한 대로 욥이 정확하게 그런 말을 한 적이 없다. 욥은 때로는 사람에게 임하는 고난이 죄의 결과가 아니라 하나님의 오묘하신 섭리에서 비롯될 때가 있다고 말한 적은 있다. 아마도 엘리바스는 이를 오해하여 욥이 하나님의 주권과 전능하심을 부인하는 것으로 받아들인 듯하다. 그래서 그는 욥에게 하나님의 전능하심과 무소불위하심을 강조하고 있다.

"자네는 아직도 악한 자들이 걸었던 해묵은 옛길을 계속 고집할 셈인가. 악인들은 때가 이르기도 전에 모두 그 목숨이 끊어졌고 그들의 터전은 홍수에 모조리 휩쓸려가고 말았네. 그들은 하나님께 이렇게 말했지. '우리를 그냥 내버려두시오! 전능하신 분이 우리에게 무얼 해주실 수 있단 말이오?' 세상의 온갖 좋은 것들로 그들의 집을 가득 채워주신 분이 바로 하나님이신데도 악한 자들이 그런 말을 지껄이다니, 나로서는 그자들을 도무지 이해할 수가 없네."

엘리바스는 바로 앞에서 욥이 악인들의 특성을 가리켜 한 말(욥 21:14-16)을 그대로 다시 인용함으로써 악인들에게 적용되는 이 말이 단지 악인들에게뿐만 아니라 욥 자신에게도 그대로 해당된다는 사실을 암시하고 있다. 말하자면 지금 엘리바스는 욥을 하나님을 부정하는 악인과 동급으로 취급하고 있는 것이다.

그러므로 세상에서 그 누구보다도 하나님을 가장 신실하게 경외하는 욥으로서는 이 순간에 자기 정체성이 근본적으로 부인당하는 큰 아픔을 느꼈을 것이다. 그것도 가장 친하다는 친구들에 의해 그런 악인 취급을 당하고 있으니, 그 마음의 상처가 얼마가 깊었을까? 그런 욥의 아픔과 상처를 아는지 모르는지 엘리바스의 매정한 변론은 계속 이어진다.

> "그런 악한 자들이 징벌을 당할 때, 의로운 자들은 그들의 멸망을 보고 기뻐하고 죄 없는 사람들은 그들을 비웃으며 말하기를 '과연 우리의 원수들이 여지없이 고꾸라졌고, 그자들의 재산이 모두 불타서 사라졌구나.' 할 것이네. 그러니 욥, 얼른 자네의 죄를 회개하고 하나님과 화해하도록 하게나. 하나님을 원수로 여기지 말고 하나님과 잘 좀 지내보게. 그러면 자네에게 다시 복이 찾아올 걸세."

악한 자들이 그 악행의 대가로 하나님의 징벌을 받게 되면, 일반적으로 의로운 자들과 죄 없는 자들은 그런 징벌을 통해 기쁨을 얻고 위안을 받게 된다(잠 11:10). 엘리바스는 이 같은 사실에 입각하여 욥을 정죄한다. 말하자면 현재 혹독한 고난 가운데 있는 욥은 하나님의 징벌을

"욥, 고집 피우지 말고 얼른 회개해서 하나님과 화해하게나."

받고 있는 중이고, 따라서 욥은 악인이며, 그런 욥의 고난은 의로운 자들과 죄 없는 자들에게 기쁨과 위안이 된다는 논리다. '고난은 곧 하나님의 징벌'이라는 인과응보적 편협한 논리에서 벗어나지 못한 엘리바스의 우매함을 엿볼 수 있다.

하지만 엘리바스는 자신의 우매함은 전혀 자각하지 못하고, 자신의 편협한 논리에 입각하여 욥에게 회개할 것을 촉구하고 있다. 회개하고 하나님과 화해하면 다시 복을 누릴 수 있다는 논리를 편다. 이 같은 논리 역시 '고난은 곧 하나님의 징벌'이란 논리에 맞닿아 있는 것으로 '화해는 곧 하나님의 복'이란 논리다. 하나님을 잘 섬기면 물질적인 복을 받는다는 이 논리가 전혀 틀린 말은 아니지만 온전한 진리도 아니다.

하나님의 복은 궁극적으로 물질적인 것이 아니라 영적인 것이다. 구약시대에는 물질적인 복까지도 종종 주어졌지만, 신약시대에 이르러서는 영적인 복이 더욱 강조되었다. 그리하여 예수님과 사도들은 성도들의 신앙과 순종에 대한 상급으로 세상의 물질적인 복이 아니라 천국의 영적인 복을 약속하셨다(요 14:3; 벧전 1:3-4).

> "제발 부탁하건대, 하나님께서 친히 말씀해주신 가르침을 잘 받아들이고 그분의 말씀을 자네 마음속에 깊이 새기도록 하게나. 자네가 자네 집안에서 악을 멀리 몰아내고 겸손히 하나님께로 돌이키면 모든 것이 다시 회복될 걸세. 자네 금괴를 먼지 구덩이 속에 아낌없이 다 던져버리고, 오빌의 황금 또한 계곡의 자갈들 위에 미련 없이 다 던져버리게."

엘리바스는 욥이 많은 재산을 축적하는 과정에서 하나님의 말씀을 어긴 채 힘없는 자들을 압제하고 소외된 자들을 착취한 것으로 생각했다. 그래서 욥이 그동안 부정한 방법으로 곳간에 모아놓은 재산(금괴, 오빌의 황금 등)을 미련 없이 먼지 구덩이 속에 혹은 계곡의 자갈들 위에 전부 던져버리라고 충고한 것이다.

오빌(Ophir)은 아프리카 남동쪽 연안의 어느 도시로 추정되는데, 솔로몬 당시에 최상의 품질을 지닌 값진 황금이 다량으로 산출되는 곳으로 널리 알려진 곳이다. 솔로몬은 상단(商團)의 배를 통하여 오빌의 금을 실어왔다(왕상 9:27-28).

> "그리하면 전능하신 분이 자네의 값진 보물이 되어줄 것이고 자네에게 소중한 은이 되어줄 걸세. 그제야 비로소 자네는 전능하신 분 안에서 기쁨을 찾을 수 있을 것이고, 하나님을 향해 자네 얼굴을 들 수 있을 것이네. 또 자네가 기도하면 하나님께서 귀 기울여 들어주실 것이고, 자네가 하나님께 서원한 것도 다 지킬 수 있을 것이네."

지금 엘리바스가 욥에게 주는 충고, 곧 세상의 재물을 의지하지 말고 하나님을 보물 삼아 그분 안에서 기쁨을 찾고 그분께 서원한 것을 다 지키는 삶을 살아가라는 충고는 인생의 일반적인 삶의 자세로서는 아주 좋은 충고다. 그렇지만 작금의 욥에 관한 한 적절하지 못하다. 번지수가 틀린 것이다.

사실 욥은 세상의 누구보다도 하나님과 화목하고 그분 안에서 참된 기쁨을 찾았지만, 욥에게 임한 것은 복이 아니라 재난이었다. 그러므로 엘리바스는 인생의 일반적인 원칙은 잘 알고 있었지만 하나님의 오묘하신 주권적 섭리와 경륜에 대해선 무지했다. 그런 줄도 모르고 욥을 향한 엘리바스의 충고는 이어진다.

> "뿐이던가! 자네가 하는 일마다 모두 잘 될 것이고 자네 앞길에 환한 빛이 비칠 것이네. 비록 지금은 자네가 낮아져서 굴욕을 당하고 있을지라도 자네를 다시 높여줄 분이 있다는 사실을 기억하게. 하나님께서는 겸손한 자를 반드시 구원하신다네. 그러니 자네가 겸손한 자세로 회개하

고 깨끗하게 되면, 하나님께서는 자네는 물론이고 자네를 통해 다른 죄인들까지도 구원해주실 것이네."

세 번에 걸친 엘리바스의 변론을 최종 마무리 짓는 말이다. 그의 마지막 말을 요약하면 이러하다. 지금 욥이 혹독한 고난 가운데 처하게 된 까닭은 하나님을 떠나 교만한 마음으로 온갖 악행을 저지른 데 있으므로, 겸손한 자세로 속히 회개하고 모든 죄악에서 돌이키면 고난 중에서 구원받을 뿐만 아니라 만사가 형통하게 될 것이라는 말이다.

이 같은 엘리바스의 변론은 일반적인 경우에는 적절한 충고일 수 있지만, 욥의 특수한 경우에는 전혀 맞지 않는 말이다. 지금 욥이 혹독한 고난 가운데 처한 까닭은 하나님께서 사탄에게 자랑할 정도로 욥이 남다르게 너무나 경건하고 정직하며 의로웠기 때문이었다. 이처럼 '욥의 고난' 문제에 대해 진단 자체가 틀렸으니 처방 역시 맞을 리가 없다. 친구들의 비슷비슷한 충고를 귀에 딱지가 생길 정도로 지겹게 듣는 욥의 마음은 참으로 답답하고 억울할 수밖에 없었다.

23

엘리바스에 대한 욥의 3차 답변

불평을 늘어놓자니 서글프네
내 사정을 아뢸 수만 있다면
하나님은 다 들어주시며
분명히 흠 없다고 하실 것이네

[제4막 제1장의 계속, 무대는 우스 땅 욥의 무너진 집터. 엘리바스의 세 번째 변론(22장)에 대해 욥이 답변하는 장면이다(23장). 욥의 답변은 다음 장(24장)까지 이어진다. 지금껏 욥은 세 친구들의 주장이 잘못되었음을 여러 말로 설명하였지만, 엘리바스의 고집스러운 세 번째 변론을 듣고서는 지금까지 행했던 자기변호의 노력이 모두 헛된 일임을 알고 마침내 변론의 무익함을 깨닫게 된다. 그래서 욥은 오직 하나님 앞에 자기 고난의 문제를 아뢰겠다고 작정한다. 그런 과정에서 욥은 자신에게 임한 고난이 자신을 연단시켜 정금같이 소중하게 만드시려는 하나님의 은혜로운 계획의 일환임을 확신하고는 하나님 앞에서 거룩한 두려움에 휩싸이게 된다.]

엘리바스의 세 번째 변론에 대한 욥의 답변 (23:1-17)

[내레이션] 엘리바스의 말이 끝나자, 욥이 입을 열어 대답한다.
(욥, 자신의 처지를 전혀 알지 못하고 그럴듯한 충고만 늘어놓는 친구들에

대한 서운함과 자신에게 까닭 모를 고난을 가하시는 하나님의 뜻을 알지 못하는 안타까움이 뒤섞인 목소리로) "나는 오늘도 이렇게 처절하게 탄식하며 쓰디쓴 불평을 늘어놓을 수밖에 없네. 나의 괴로운 신음소리에도 아랑곳없이 하나님께서는 여전히 나를 짓누르시고 계신다네. 아, 어디로 가야 그분을 찾을 수 있을는지 알 수만 있다면! 하나님 계시는 거처로 지금 당장이라도 찾아갈 수만 있다면! 제발 그럴 수만 있다면, 나는 그분 앞에서 내 억울한 사정을 낱낱이 아뢸 수 있을 텐데. 내가 옳다는 것을 빠짐없이 말씀드릴 수 있을 텐데."

욥은 자신이 무슨 까닭으로 이토록 혹독한 고난을 겪고 있는지는 알 수 없었지만, 그런 고난의 짐을 자신의 어깨 위에 지워 자신을 짓누르고 계시는 분은 다른 누구도 아닌 바로 '하나님'이란 사실을 분명히 알고 있었다. 그래서 욥은 당장이라도 하나님 계신 곳으로 찾아가 그분께 자신의 사정을 낱낱이 아뢰고 싶은 마음뿐이었다.

하지만 현실은 하나님 계신 곳으로 찾아갈 수 없으니 욥은 그저 고통 가운데서 답답한 심정으로 처절한 탄식과 쓰디쓴 불평만 늘어놓을 뿐이다. 오늘날 우리는 이 같은 욥의 경우를 통해 한 가지 깨달을 수 있는 분명한 진리가 있다. 그것은, 우리는 우리가 도무지 알 수 없는 어떤 이유로, 즉 하나님만이 갖고 계시는 그분의 오묘한 섭리와 경륜으로 우리의 삶 속에서 혹독한 재난을 겪고 끔찍한 고통을 당할 수 있다는 사실이다.

"내가 하나님 계신 곳으로 찾아갈 수만 있다면, 나는 그분께서 내게 대답하시는 말씀을 듣고 그 말씀을 깨달을 수 있을 텐데. 그토록 엄청난 권능을 지니고 계신 분이 설마 나와 다투실까? 아니야, 그렇지 않을 거야. 분명 그분께서는 내가 하는 말을 자세히 들어주실 거야. 그때에 나는 하나님 앞에서 내 억울한 사정을 떳떳하게 말씀드릴 수 있을 것이고,

그러면 하나님께서는 나에게 아무런 잘못이 없다고 인정해주실 텐데."

지금 욥은 자신의 무죄를 주장하고 있는 것이 아니다. 욥은 단지 자신의 결백과 정직함을 주장하고 있을 뿐이다. 사실 욥은 정직했고(욥 1:1), 하나님께서도 그 점을 충분히 인정하셨다(욥 1:8). 그래서 욥은 신앙 양심상 자신의 결백과 정직함에 대해 자신하고는, 자신이 만일 하나님 앞에서 자신의 사정을 자초지종 변론할 기회를 가질 수만 있다면, 자신을 향하고 있는 모든 오해와 비난과 정죄로부터 벗어날 수 있을 것이라고 확신했던 것이다. 그러나 그런 기회조차 가질 수 없는 현실이 너무 안타까워 욥은 다시금 절망한다.

"아, 그러나 하나님을 도무지 찾을 수가 없구나. 앞으로 가도 그분이 보이지 않고, 뒤로 가도 그분을 찾을 수가 없구나. 그분께서 내 왼편에서 일하고 계실 때에도 나는 그분을 찾을 수 없고, 그분께서 내 오른편으로 돌이키실 때에도 나는 그분을 찾을 수 없구나."

이때 욥은 하나님께서 스스로를 숨기시고 계시는 걸로 생각했다. 자신이 아무리 하나님께 하소연해도 어떤 작은 반응조차 없었기 때문이다. 이때의 욥처럼, 때로 우리는 하나님께서 자신에게서 멀리 떠나 숨어 있는 것처럼 느낄 수 있다. 특히 재난을 당하고 고통을 겪을 때, 우리는 하나님의 뜻은 물론이고 그분의 존재조차 인식하지 못할 수 있다.

그렇지만 하나님은 언제 어디서나 우리와 함께 계신다. 모든 때와 모든 장소에서 언제나 우리와 함께 계신다. 그분은 어떠한 경우에도 자기 백성에게서 숨으시는 분이 결코 아니다. 그럴지라도 당시의 욥으로서는 처절하게 부르짖는 자신의 하소연에 어떤 미세한 응답조차도 없으신 하나님이 야속하기만 할 따름이다.

"비록 내가 하나님을 찾을 수 없을지라도, 정녕 그분께서는 내가 가는 길을 다 아실 터이니, 그분께서 나를 한번 시험해보시면 내가 정금같이 흠 없다는 것을 아실 수 있으련만! 내 발걸음은 지금껏 그분의 발걸음을 똑바로 따랐고, 옆길로 새거나 좌우로 헤매는 일 없이 언제나 그분의 길을 오롯이 따랐건만! 나는 지금껏 그분의 입술에서 나오는 계명을 어긴 일이 없고, 그분의 입에서 나오는 말씀을 내 매일의 양식보다 더 귀하게 여겼건만!"

"난 하나님의 계명을 어긴 적이 없다네."

앞서 엘리바스는 욥을 향해 "하나님의 입술에서 나오는 교훈을 따르고, 하나님의 입에서 나오는 말씀을 마음에 두라."(욥 22:22)고 충고했다. 이에 대한 대답으로 욥은 이미 자신은 이전부터 줄곧 하나님의 입에서 나오는 계명과 말씀을 하나도 어긴 적 없이 오롯이 따랐으며, 그것들을 매일의 양식보다 더 귀하게 여겼다고 고백한다.

이 같은 욥의 고백은 사실이다(욥 1:1). 친구들이 듣기에는 위선자의 교만한 말처럼 들렸을지 몰라도 한 치의 틀림없는 사실이다. 그러했기에 하나님께서는 사탄 앞에서 욥을 자랑스러워하셨다(욥 1:8; 2:3). 그럼에도 불구하고 욥이 혹독한 재난과 고통 가운데 처한 작금의 현실도 사실이었으므로, 욥으로서는 그 내막을 알 길 없어 그저 답답하고 두려울 뿐이었다. 하나님께서는 대체 나에게 왜 이러시는 것일까?

"하지만 하나님은 절대자시니, 그분께서 한번 뜻을 정하시면 누가 감히 그분께 대적할 수 있으랴! 그분께서 하고자 계획하신 일을 누군들 감히 막을 수 있으랴! 그러므로 그분께서는 내게 하려고 마음먹으신 일도 꼭 해내시고야 말 것인데, 아직도 그분께는 나를 두고 세우신 계획이 산더미처럼 많을 걸세."

욥은 하나님의 전능하심과 절대주권을 믿었다. 하나님께서는 원하시고 계획하시는 바를 무엇이든 능히 하실 수 있고, 아무도 그분을 저지할 수 없다고 확신했다. 그래서 하나님께서 욥 자신의 삶에 재난과 고통을 허락하셨다면 그것들을 오롯이 겪을 수밖에 없다는 사실도 잘 알았다.

그렇지만 욥은 궁금했다. 왜 하필 그 대상이 자신이며, 또한 그 이유가 무엇이란 말인가? 그래서 욥은 하나님 앞에서 이런저런 많은 말들을 토로했는데, 나중에 하나님의 절대주권에 진짜로 눈을 떴을 때 비로소 자신의 말 많음을 회개했다(욥 42:1-6). 하나님의 절대주권 앞에서 인간의 말 많음 그 자체도 죄인 것을 깨달은 것이다.

그러므로 그분의 절대주권 앞에서 인간이 보여야 할 유일한 올바른 반응은 찬양과 감사, 그리고 그분께 영광 돌리는 일이어야 한다. 그러나 당시 욥은 그런 단계에까지 이르지 못했다. 그래서 전능자 하나님께서 하시는 일의 이유와 목적을 알지 못해 욥은 벌벌 떨면서 하나님을 두려워했다. 이제 그 심경을 토로한다.

"그래서 내가 이토록 아프고 괴롭다네. 그걸 생각하면, 내 마음이 덜덜 떨리고 하나님 앞에서 정말 두렵다네. 그분께서 이렇듯 숨 막히게 나를 몰아치셨고, 전능하신 그분께서 나를 겁주어 덜덜 떨게 하셨기 때문이라네. 그럴지라도 어찌된 일인지 그분께서는 내 목숨을 끊어 어둠의 세계인 무덤으로 끌고 가지 않고, 또한 내 얼굴을 그런 흑암으로 덮지 않고 계신다네."

욥이 혹독한 고난과 고통 가운데서도 어둠의 세계인 무덤(스올)로 내려가지 않고 그 목숨을 계속 유지할 수 있었던 이유는, 하나님께서 사탄에게 욥의 다른 것들은 전부 치더라도 욥의 목숨(생명)에는 일절 손대지 말라고 엄히 명하셨기 때문이다(욥 2:6). 오늘날 우리는 욥 사건의 발단 부분(욥 1-2장)을 읽었기에 이런 사실을 안다. 그러나 당시의 욥은 그런 상황을 전혀 모르는 상태다. 그랬기에 욥은 자신에게 이미 일어난 일의 원인과 또한 앞으로 일어날 일의 전개 방향을 전혀 몰라 하나님 앞에서 벌벌 떨었던 것이다.

그러나 믿는 자들은 우리를 향한 하나님의 계획을 두려워해선 안 된다. 비록 당시의 욥은 혹독한 고통의 잿더미 위에서 하나님의 위대한 섭리 및 오묘한 경륜의 손길을 알 수 없어 두려워했지만, 오늘날 우리는 하나님의 특별계시인 66권의 성경을 통해 보다 분명한 진리를 깨달을 수 있다.

즉, 하나님께서 우리에 대해 어떤 일을 행하실지라도 결국엔 언제나 우리에게 최선의 것을 가져다주시는 분임을 알 수 있다(시 127장; 렘 29:11). 나중에 욥도 하나님의 그런 선하심을 풍성하게 체험했다(욥 42:10-17). 그러므로 믿는 자들은 우리를 향한 하나님의 모든 계획과 모든 행하심을 조금도 두려워할 필요가 없다. 지금은 고통의 시간일지라도 언젠가는 행복의 시간으로 바뀐다. 눈물을 웃음으로, 슬픔을 기쁨으로 바꾸신다(시 116:8; 사 35:10).

24
주께서는 다 아신다

주께서는 이 모든 걸 다 아시네
그들은 잠시 잘사는 듯해도
때가 되면 주께서 심판하리니
내 말을 어찌 거짓이라 하느냐

[제4막 제1장의 계속, 무대는 우스 땅 욥의 무너진 집터. 엘리바스의 세 번째 변론(22장)에 대해 욥이 앞장(23장)에 이어 계속해서 답변하는 장면이다. 욥은 세상에서 흔히 목격되는 온갖 불법과 죄악상에 대해 말하고, 또한 그런 와중에도 잘 나가는 악인이 적지 않다는 것에 관해 언급한다. 그럼에도 결국엔 세상의 모든 것이 공의로운 심판자이신 하나님의 손에 놓여 있음을 고백한다.]

엘리바스의 세 번째 변론에 대해 욥의 이어지는 답변 (24:1-25)

(욥, 초반에는 세상의 부조리함과 악인의 번영에 대해 비감 어린 어조로 한탄하고, 후반에는 하나님의 공의로운 심판을 기대하고 확신하는 어조로 자기 신앙을 고백한다). "아, 어찌하여 전능자께서는 심판의 때를 정해두지 않으셨을까. 어찌하여 그분을 아는 자들이 그분의 심판 날을 보지 못하는 것인가."

욥은 악인이 형통하고 의인이 고난당하는 세상을 바라보면서, 그런 부조리한 상황이 전능자(하나님)의 개입으로 악인에게는 심판을, 의인에게는 복을 베푸시는 그런 공의로운 심판의 날을 보지 못하는 현실을 안타까운 심정으로 하나님께 토로하고 있다.

오늘날 우리 역시 저녁 뉴스 시간이면 욥과 같은 심정을 느낄 수 있다. 하지만 하나님의 눈은 항상 악인의 길을 살피신다(23절). 그리하여 때가 이르면, 하나님께서는 반드시 악인을 심판하시고 그들을 낮고 천한 파멸의 구덩이 속에 떨어뜨릴 것이다(24절). 자, 그렇다면 당시에 욥이 자신의 주변에서 보이는바 불의와 불공평, 부정부패와 무자비함 등의 구체적인 현실에 대해 어떻게 한탄하며 부르짖고 있는지 살펴보자.

"땅의 경계를 표시하는 돌을 몰래 옮겨다 놓는 자들도 있고, 훔친 가축을 자기 것인 양 기르는 자들도 있구나. 고아의 나귀를 강제로 빼앗아 가는 자들이 있는가 하면, 빚을 갚지 않는다고 과부의 소를 끌고 가는 자들도 있구나. 힘없고 가난한 자들을 길거리로 몰아내니, 없이 사는 궁핍한 자들이 숨을 데를 찾아 이리저리 헤매는구나."

'땅의 경계를 표시하는 돌'은 토지의 소유권을 나타내기 위해 땅의 경계에 세워 놓는 경계석(지계석, 표지석)을 가리킨다(신 19:14; 잠 23:10). 이것을 자기에게 유리하도록 몰래 옮겨놓는 행위는 다른 사람의 토지를 빼앗는 도적질이었다.

경계석(지계석): 땅의 경계를 표시하는 돌

그리고 '고아'나 '과부'는 가부장적인 고대사회에서 의지할 데 없는 가장 힘없고 가난하고 비천한 자들을 대표하는 계층이다. 이런 자들의 나귀를 빼앗고 소를 끌고 가는 행위는 그 이유가 무엇이든 그들의 목숨줄을 끊는 잔인한 행동이었다. 그래서 하나님의 율법은 특별히 고아 및 과부와 함께 나그네(객)들을 학대하고 수탈하는 행위를 엄히 금했다(출 22:22). 부조리하고 불공평하며 무자비하고 냉혹한 세상 현실에 대한 욥의 고뇌와 한탄은 이어진다.

> "가난한 자들이 광야를 헤매는 들나귀처럼 먹을 것을 얻으려고 애타게 일거리를 찾아 돌아다니지만 자기 자식들에게조차 제대로 먹일 수가 없구나. 그러니 가난한 자들은 남의 밭에 떨어진 이삭이나 겨우 줍고, 악한 자들의 포도밭에서 그들이 따고 남은 찌꺼기나 기껏 긁어모을 뿐이구나. 추운 밤에도 덮을 이불 하나 없고, 추위에 바들바들 떨면서도 걸칠 옷 한 벌조차 없구나. 산에서 쏟아지는 소낙비에 온몸이 흠씬 젖어도 몸을 쉴 데가 없어 그저 바위틈에 쪼그리고 있을 뿐이로구나."

가난한 자들의 비참한 현실이 나타나 있다. 권세자들과 부자들과 악한 자들의 약탈과 착취로 가난하고 힘없는 자들은 추수 때에 남의 밭에 떨어진 이삭이나 그들의 포도밭에 떨어진 찌꺼기 등으로 겨우 허기를 면할 뿐이었다(다행스럽게도 고대 중근동 지역에서는 추수 후에 밭에 떨어진 이삭이나 찌꺼기 등을 그대로 남겨두어 누구나 취할 수 있게 하는 사회적 관습이 있었다).

또한 가난한 자들은 밤의 추위를 견딜 겉옷조차 없이 얇은 속옷만 입은 채 바들바들 떨어야 했는데, 고대 중근동 사회에서 온몸을 덮을 수 있는 '겉옷'은 가난한 자들에겐 귀중한 재산이었다. 그래서 하나님의 율법은 이런 점을 충분히 고려하여 누군가가 가난한 자의 겉옷을 저당 잡았다면 그날 해가 떨어지기 전에 그 의복을 반드시 돌려주어야 한다고 규정했다(신 24:12-13). 부조리한 세상과 불공평한 현실에 대한 욥의 한탄과 고뇌는 계속된다.

“어떤 자들은 아비 없는 어린것들을 그 어미의 품에서 빼앗아가고, 빚을 갚지 못한다고 가난한 자들의 자식을 종으로 삼아 끌고 가는구나. 가난한 자들은 입을 옷이 없어 헐벗고 지내고, 곡식단을 어깨에 지고 나르면서도 굶주린 배를 움켜쥐고 있구나. 올리브기름을 짜내고 포도를 밟아 포도주를 만들어내면서도 여전히 목이 말라 고통스러워하는구나. 성읍 안에서는 죽어가는 자들의 신음소리가 높아가고 아픈 사람들이 도처에서 도와달라고 소리쳐 울부짖는데도, 어찌된 일인지 하나님께서는 그들의 간구를 못 들으신 것마냥 잠잠히 계시는구나.”

가난하고 힘없고 아픈 자들의 애환과 참상이 토로되고 있다. 고대사회에서는 빌린 돈을 갚지 못하면 노동으로 대신해야 했다. 그래서 채무자 자신이나 그의 자녀들이 채권자 집안의 종으로 팔려 갔다. 또한 가난한 자들은 부자들에게 날품팔이로 고용되어 그들의 기름진 추수 밭에서 무거운 곡식단을 어깨에 지고 나르면서도 비인간적인 노동 착취를 당해 굶주린 배를 움켜쥐어야 했다.

같은 맥락에서, 가난한 자들은 부자들의 올리브기름과 포도즙을 힘써 짜낼지라도 자신들의 갈증을 해소할 음료 한 잔조차 제대로 얻어먹지 못하는 열악한 노동환경에 시달려야 했다. 따라서 그런 자들의 아파하고 죽어가는 신음소리가 성읍에 가득한데도, 또한 그런 자들이 제발 좀 도와달라고 도처에서 부르짖는데도, 마치 하나님께서 아무 소리도 듣지 못하시는 것처럼 아무런 상황 변화가 일어나지 않는 현실에 욥은 고뇌하며 한탄하고 있는 것이다. 그런 한탄이 이어진다.

“빛을 거역하고 배반하는 자들이 있으니, 그들은 빛의 길을 알려고도 하지 않고 또 그 길로 가려고 하지도 않는구나. 해질녘이면 살인자들이 일어나 가난하고 궁핍한 자들을 죽이고 밤에는 도둑질을 자행하는구나. 간음을 행하는 자들도 어두워질 때를 기다리면서 ‘아무도 날 알아보지 못하겠지.' 하면서 자기들의 얼굴을 가리는구나. 도둑들은 어둠을 틈타 남의 집 벽을 뚫고 들어가 마음껏 도둑질을 하지만, 낮에는 문을 걸어 잠그고 들어앉아서 아예 빛을 보려고 하지 않는구나. 왜냐하면 그자들에게는 깊은 밤이 아침이라서 어둠의 공포를 도리어 친숙하게 여기는구나."

악을 행하는 자들(살인자들, 강도들, 간음하는 자들, 도둑들 등)은 낮의 광명(빛)을 싫어하고 낯설어하는 반면 밤의 어둠(흑암)은 좋아하고 친숙하게 여긴다는 말이다. 사물을 제대로 구분할 수 없는 밤의 어둠이 자신들의 얼굴을 숨겨주고 자신들의 악행을 덮어준다고 생각하기 때문이다. 이런 맥락에서 성경의 일반적인 용례상 '낮의 빛'은 하나님의 일과 관련된 모든 선(善)을, '밤의 어둠'은 사탄의 일과 관련된 온갖 악(惡)을 상징한다.

한편, '도둑들이 남의 집 벽을 뚫는다'는 표현은 고대 중근동 지역의 가옥 형태를 반영한 말이다. 당시에 집의 대부분이 흙벽으로 되어 있었기에 도둑들은 흔히 벽을 뚫고 방으로 침입하기 일쑤였다.

지금껏 세상의 부조리함과 악인들의 형통을 한탄했던 욥은 이제 자신이 믿는바 '하나님 신앙'에 근거하여 악인의 궁극적 파멸에 관해 언급한다.

"악한 자들은 물 위에 떠내려가는 거품과도 같고"

"하지만 악한 자들은 물 위에 빨리 떠내려가는 거품과도 같고, 그자들의 땅은 저주를 받을 것이니 더 이상 포도원으로 나갈 일이 없을 것이로구나. 더위와 가뭄에 눈이 어느새 스르르 녹아내리듯 범죄

자들도 그렇게 무덤 속으로 감쪽같이 사라지고 말 것이로구나. 그러면 그자들을 낳은 어미조차도 그들을 까맣게 잊을 것이고, 다만 땅 밑의 구더기들만이 그들의 살점을 맛있게 뜯어먹을 것이로구나. 그처럼 악인들은 결국 나무처럼 잘려 나가 아무도 기억하지 않게 될 것이로구나. 그자들은 아이 낳지 못하는 여자들을 학대하고 과부들을 동정하기는커녕 등쳐먹고 살았으니, 어찌 이 같은 심판을 피할 수 있으랴!"

하나님 신앙을 흔들림 없이 간직하고 있었던 욥은 세상의 부조리와 악인의 창성에도 불구하고 확신했던 것이 있었다. 악인들이 한때는 세상에서 형통하고 번성할지라도 물 위에 빨리 떠내려가는 거품처럼, 더위와 가뭄에 눈이 스스로 녹아내리듯, 숲에서 잘려 나간 나무처럼, 어느 순간에 갑자기 땅 위에서 없어져 무덤(스올) 속으로 감쪽같이 사라지게 된다는 것, 그리하여 그들을 낳은 어미들조차도 그 악인들의 흔적조차 찾지 못한 채 까맣게 잊게 된다는 것을 확고하게 믿었다. 악인의 궁극적 파멸을 믿은 것이다.

얼핏 보면, 욥의 이 같은 말은 지금껏 주장했던 친구들의 견해와 똑같아 보인다. 욥의 친구들도 악인의 파멸에 관하여 역설했기 때문이다. 하지만 둘 사이에는 분명히 다른 점이 있다. 욥의 친구들은 그 악인을 '욥'에게 적용시킨 반면, 욥은 정말로 '세상의 악인들'에 관해서 한 말이기 때문이다.

한편, 욥기에 자주 등장하는 '무덤'(히, 스올)의 개념에 관해 살펴볼 필요가 있다. 그곳은 죽은 자들이 예외 없이 모두 들어가는 땅 밑의 세계로서 캄캄하고 말 없는 침묵의 장소를 가리킨다. 고대 히브리인들은 우주를 하늘, 땅, 땅 밑의 3층 구조로 이해했다. 그중에서 땅 밑 곧 스올은 죽은 자들의 몸 곧 시신이 예외 없이 모두 들어가는 그들의 사후 거처로 인식되었다. 이처럼 구약시대에 스올은 단지 무덤으로 간주되어 악인에 대한 형벌의 장소라는 개념이 없었다. 하지만 신약시대에 이르러 그곳은 '게헨나' 곧 지옥의 개념으로 발전되어 악인들이 형벌을 받는 고통과 저주의 장소로 간주되었다(눅 16:23). 악인의 궁극적 파멸에 관한 욥의 신앙고백은 계속 이어진다.

> "정녕 하나님께서는 강한 권능으로써 이 세상의 악한 세력가들을 다 쓸어버리실 것이니, 그분께서 한번 일어나시면 누군들 자기 목숨을 건질 수 있으랴! 우리가 보기에, 하나님께서 악한 자들에게 안전과 번영을 보장해주시는 것 같아도, 그분의 불꽃 같은 눈길은 그자들이 하는 일들을 하나도 빠짐없이 낱낱이 살피고 계시는구나. 잠시 동안은 악한 자들이 잘 살고 번영하는 것처럼 보이지만, 결국엔 이내 스러질 것이로구나. 머잖아 순식간에 비천하게 되고 곡식 이삭처럼 싹싹 베어지게 될 것이로구나. 자, 그렇지 않다고 부인할 사람이 있겠는가. 내 말이 거짓이라고 지적할 사람이 있겠는가. 누가 내 말이 틀렸다고 반박하겠는가."

욥의 말대로, 온갖 악행에도 불구하고 세상에서 잘 나가고 하는 일마다 형통한 악인들의 풍요로운 삶을 보노라면, 하나님께서 그들의 안전과 재산과 번영과 건강을 보살펴주고 보장해주는 것처럼 보일 수 있다. 그래서 훗날 시편의 시인도 악인의 그런 형통함을 보고 실족할 뻔하였다고 고백하기도 했다(시 73장).

하지만 욥은 곧바로 진실을 깨달았다. 하나님께서 악한 자들을 보살펴주시는 게 결코 아니고, 심판의 날을 위해 불꽃 같은 눈길로 그들의 모든 행위를 낱낱이 살피고 계신다는 사실을. 그리하여 하나님께서 마침내 심판하시는 날, 악인들은 곡식 이삭처럼 일순간에 베어져 흔적조차 없이 사라지게 된다는 사실을 한 치의 의심 없이 굳게 믿었다. 그런 믿음이 있었기에 욥은 결코 악인처럼 살지 않았고 악인의 형통을 조금도 부러워하지 않았다. 그런데도 욥의 친구들은 시종일관 욥을 악인인 양 다루고 있으니, 욥의 마음이 그 얼마나 괴롭고 답답했을까!

25

빌닷의 3차 변론

욥, 자네는 어찌 주께 머리 들고 말하는가
주 앞에서는 달도 별도 어두운데
벌레와 구더기 같은 인간들을
자랑할 자 그 어디 있는가

[제4막 제2장, 무대는 우스 땅 욥의 무너진 집터. 욥기의 제4막 제2장은 빌닷의 세 번째 변론(25장)에 대해 욥이 답변하는 장면이다(26-27장). 나이 순서에 따라 엘리바스 다음으로 빌닷이 마지막 제3차 변론에 임하게 되는데, 제3차 변론에서도 빌닷은 이전의 자기주장을 되풀이한다. 특별히 여기서 빌닷은 하나님의 크신 주권과 위대하심에 비추어 볼 때 구더기 같고 벌레 같은 미천한 인간이 어찌 감히 자기 의로움을 내세울 수 있느냐며 욥의 회개를 촉구한다. 일반적인 관점에서는 맞는 말이지만, 욥의 특수한 상황에서는 전혀 들어맞지 않는 변론으로, 빌닷은 다시금 자기 독선의 논리를 펼친 것이다. 그나마 다행스러운 것은 이번에는 아주 짧게 이야기했다는 것이다. 이로써 빌닷의 변론도 최종 마무리된다.]

욥의 고난에 대한 빌닷의 세 번째 변론 (25:1-6)

[내레이션] 욥의 말이 끝나자, 수아 사람 빌닷이 입을 열어 욥에게 말한다.

(빌닷, 자신들의 충고를 받아들이지 않고 욥이 계속해서 이런저런 말들을 많이 하자 짜증이 났다. 그래서 말이 곱지 못하고 거칠다. 욥 네까짓 게 감히 뭐라고 하나님과 친구들 앞에서 그리도 말을 많이 하느냐 식의 경멸적인 어투다.) "이보게 욥, 주권과 위엄이 하나님께 모두 있으니 그분께서는 지극히 높은 곳에서 평화를 이룩하신다네. 그분의 군대가 얼마나 되는지 그 수효를 헤아릴 자가 누가 있겠느냐. 그분의 빛이 비추지 아니한 곳이 세상에 어딘들 있겠느냐 말일세."

다른 친구들처럼 빌닷 역시 온 인류에 대한 하나님의 주권과 위엄과 통치, 그리고 온 세상의 모든 피조물에 대한 그분의 은혜와 보살핌을 강조했다. 여기서 '하나님의 군대'는 직접적으로는 하늘나라의 수많은 천사들로 구성된 '하늘 군대'를 가리키지만, 보다 넓게는 하나님에 의해 지음 받은 온 세상의 모든 피조물을 가리킨다고 볼 수 있다. 그리고 '하나님의 빛'은 세상 모든 피조물에 대한 하나님의 은혜와 보살핌을 가리킨다.

이처럼 욥의 세 친구들은 하나님에 관한 일반적인 지식은 크게 흠잡을 데 없이 나름대로 갖추고 있었다. 하지만 그런 하나님의 깊고 오묘한 섭리와 경륜의 손길에 대해서는 무지했다. 그래서 욥에게 임한 고난의 의미를 올바로 깨닫지 못하고, 욥의 죄악에 대한 하나님의 징벌이라는 아주 잘못된 판단을 내렸다.

"그러니 욥, 어느 누가 감히 하나님 앞에서 의롭다고 주장할 수 있겠느냐. 여자의 몸에서 태어난 사람이 어찌 그분 앞에서 깨끗하다고 말할 수 있겠느냐. 하나님께서 보시기에는 저 하늘의 달이라도 밝다고 할 수 없고 저 공중의 별이라도 맑다고 할 수 없을 터인데, 하물며 구더기 같은 사람, 벌레 같은 인간이야 더 말할 나위가 있겠느냐!"

빌닷은 사람을 '구더기'와 '벌레'에 비유했다. 이것들은 세상의 모든 피조물 가운데 가장 보잘것없고 가치 없고 멸시받는 존재를 대표한다. 이처럼 빌닷이 여자에게서 태어난 사람을 한낱 구더기와 벌레에 비유한 것은 그 자신이 인생의 보잘것없음과 미약함에 대해 철저하게 인식한 어떤 깨달음에서 비롯된 것이 아니라, 하나님 앞에서 자신의 무죄를 계속 주장하는 욥의 행태를 비난하기 위해서였을 뿐이다.

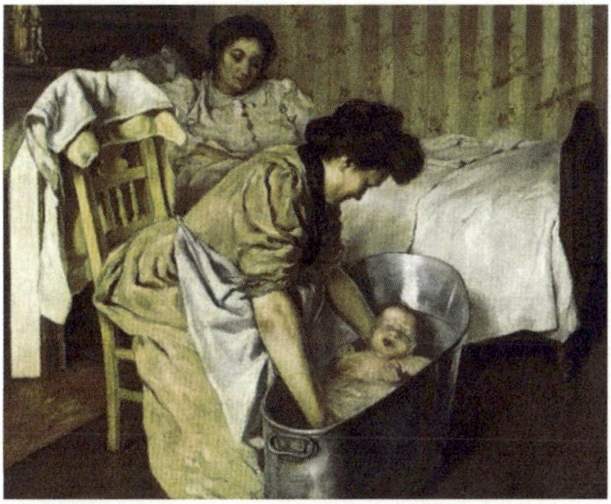

"여자의 몸에서 태어난 사람이 어찌 의로우랴!"

물론, 하나님의 절대적인 거룩하심과 위대하심에 비교해볼 때 사람이 그처럼 구더기와 벌레처럼 하찮게 보이는 것은 사실이다. 하지만 그러한 사람의 비천함과 하나님께 대한 사람의 가치를 혼동하지 말아야 한다. 하나님께서는 처음부터 사람을 자신의 형상과 모양에 따라 만물의 영장으로 지으셨고(창 1:26-28), 후일에 택한 백성에게는 자녀 됨의 존귀와 영광을 부여해주셨다.

그러했기에 하나님께서는 자기 백성을 죄악의 구렁텅이에서 구원해내기 위해 자신의 독생자인 예수 그리스도를 기꺼이 십자가에 내어주셨다. 그런 측면에서 살피자면, 인간의 가치는 온 세상의 모든 것을 다 주고서도 그의 목숨 하나와 맞바꿀 수 없을 만큼 아주 크다(마 16:26).

26
빌닷에 대한 욥의 3차 답변

구름에 물을 가득 채워도
그 무게로 구름은 터지지 않네
주께서는 물 위에 수평선을 그어 놓고
빛과 어둠 사이를 정하시네

[제4막 제2장의 계속, 무대는 우스 땅 욥의 무너진 집터. 빌닷의 세 번째 변론(25장)에 대해 욥이 답변하는 장면이다(26장). 욥의 답변은 다음 장(27장)까지 이어진다. 구태의연한 논리로 자신을 정죄하는 빌닷의 세 번째 변론에 대해, 욥은 반어법적인 표현으로 그의 주장을 일축한 뒤 자신의 신앙을 기초로 하나님의 크신 위엄과 초월적인 권능에 관해 설명한다. 욥의 친구들은 욥을 비난하고 정죄하기 위해 하나님의 크신 위엄과 권능을 주장한 데 비해, 욥은 자신의 이해력을 초월하는 그런 하나님의 신묘막측한 위엄과 권능이야말로 자신의 안타까운 현실을 해결할 수 있는 유일한 열쇠임을 고백했다. 욥의 친구들은 자신의 변론을 정당화시키기 위한 방편으로 하나님을 내세운 반면, 욥은 자기 구원의 유일한 대상으로 하나님을 소망한 것이다. 그래서 욥의 친구들의 말은 엉겅퀴 가시처럼 날카롭고 사막의 모래처럼 건조하지만, 욥의 말은 엄마 잃은 아이처럼 가련하고 한밤중의 애잔한 거문고 선율처럼 처연하다.]

빌닷의 세 번째 변론에 대한 욥의 답변 (26:1-14)

[내레이션] 빌닷의 말이 끝나자, 욥이 입을 열어 대답한다.

(욥, 더는 친구들의 위로와 격려를 기대하지 않는 담담한 표정과 어투로. 하지만 친구들의 어떤 비난과 정죄에도 초지일관 흔들림 없이 자신의 신앙을 주장하는 당당한 어투로.) "자네는 나처럼 힘없는 사람을 잘도 도와주는군! 기력이 다 빠져버린 사람을 잘도 붙들어주는군. 자네는 지혜 없는 나에게 정말 멋진 충고를 해주어 자네의 대단한 통찰력을 잘 나타내 보여주었군. 그런데 자네는 도대체 누구 들으라고 그런 말을 하는 것인가. 도대체 누구에게 영감을 받아서 그런 말을 하는 것인가 말일세."

하나님의 크신 위엄과 권능을 내세워 욥을 신랄하게 공박한 빌닷의 변론(25장)에 대해 욥이 냉소적인 반어법으로 일축하는 장면이다. 하나님의 신묘막측한 섭리와 경륜을 도외시한 채 하나님에 대한 구태의연한 지식으로 욥을 깨우치려 한 빌닷의 충고가 욥에게 어떤 감동도 주지 않았고, 따라서 고난 가운데 있는 욥에게 전혀 도움도 되지 않았음을 보여준다.

그래서 욥은 빌닷의 그런 지식과 통찰력은 도대체 누구에게 영감을 받은 것이냐고 되묻고 있는 것이다. 만일 욥을 향한 빌닷의 변론과 충고가 하나님의 영 곧 성령에게 받은 신적 영감에서 비롯된 것이라면, 이처럼 욥에게 무익한 것이 되지 않았을 것이고 허공에 뜨는 빈말이 되지 않았을 것이기 때문이다. 사실 빌닷의 변론을 살펴보면, 그는 주로 예로부터 전해져오는 조상들의 지혜나 사상에 그 기초를 두고 있음을 알 수 있다. 여하튼, 이제 욥은 하나님께 대한 친구들의 구태의연한 지식보다 훨씬 차원 높은 신적 지식을 진술한다.

"죽은 자들의 영들이 물 밑의 깊은 땅속에서 모두 두려워 벌벌 떨고 있다네. 하나님 앞에서는 아무것도 가리어진 것이 없으니, 스올도 벌거벗은 몸인 양 훤히 다 드러나고 멸망의 구덩이도 스스로를 숨길 수 없다네. 그분께서는 북쪽 하늘을 허공에 펼쳐 놓으시고, 이 땅덩이를 아무것도

"하나님은 땅덩이를 허공에 매달아 놓으신다네."

없는 빈 곳에 매달아 놓으신다네. 두터운 구름 속에 물을 가득 채워 놓으시지만, 그럴지라도 그 무게 때문에 구름이 찢어져 터지는 일이 없게 하신다네. 또 그분께서는 자신의 보좌를 펼치신 뒤 구름으로 가리시고, 물 위에 수평선을 그어 빛과 어둠의 경계로 삼으신다네. 그분께서 꾸짖으시면 하늘을 떠받치고 있는 기둥들이 크게 놀라 벌벌 떨며 흔들린다네."

욥의 이 같은 말을 이해하려면 고대 히브리인들 및 중근동 사람들의 우주관 및 세계관을 알아야 한다. 그들의 우주관에 따르면, 세계는 '땅'과 '하늘' 그리고 '땅 밑'이라는 세 구조로 형성되어 있는데, 땅에는 사람들과 동식물이 기거하며 서식하는 곳이고, 땅 밑은 죽은 자들이 들어가는 곳이다.

하늘은 전부 3층천으로 이루어져 있는데, 1층은 눈에 보이는 대기권의 하늘로서 새들이 날아다니고 비, 눈, 이슬 등이 내려오는 장소이고,

2층은 해와 달과 별들이 매달려 있는 궁창과 그 궁창 위에 거대한 물(하늘 위의 물)을 저장해놓고 있는 광대한 우주 공간이다(그래서 땅에 내리는 비는 궁창의 창문이 열려 궁창 위의 물이 아래로 떨어지는 것이다). 그리고 이 궁창은 땅의 기둥들(높은 산들)에 의해 떠받쳐지고 있다. 3층은 하늘 위에 있는 또 다른 하늘로서, 이곳은 하나님과 천사들이 거처하는 장소이다. 후일에 사도 바울도 자신의 신앙 간증에서 이곳을 '셋째 하늘'이라고 표현했다(고후 12:2). 또한 땅 밑에는 많은 물들을 보관하고 있는 깊음의 샘들이 있고(노아시대의 대홍수 때 이 깊음의 샘들이 터졌다고 기록되어 있다. 창 7:11), 그 아래에는 죽은 자들이 하나도 예외 없이 모두 들어가 거처하는 흑암과 침묵의 장소인 스올(음부)이 있다.

이 같은 사실을 염두에 두고서 욥의 말을 들어보면 그 의미를 이해할 수 있을 것이다. 즉, 죽은 자들의 영들이 물 밑의 깊은 땅속에서 두려워 떨고 있다는 표현, 하나님 앞에서는 땅 밑 깊숙한 데 있는 스올도 벌거벗은 몸인 양 훤히 다 드러난다는 표현, 그리고 하나님께서 북극성과 북두칠성 등의 별자리가 있는 북쪽 하늘을 허공에 펼쳐 놓으셨다는 표현, 하나님의 꾸짖음에 하늘을 떠받치고 있는 기둥들(높은 산들)이 흔들린다는 표현 등이 그러하다.

특히 주전 2천 년경에 욥이 진술한바, 사람이 발을 딛고 살고 있는 땅덩이를 하나님께서 아무것도 없는 빈 곳에 매달아 놓으셨다는 표현, 곧 지구가 우주 공간에 떠 있다는 표현은 당시의 고대인들로서는 머릿속에 상상조차도 하기 힘든 생각인데, 놀랍게도 오늘날 현대과학과 일치하는 정확한 표현이다. 따라서 친구들의 변론과는 달리 욥의 변론은 신적 영감에 기초한 것이라고 볼 수 있다.

"하나님께서는 또한 권능으로 바다를 제압하여 잠잠케 하시고, 지혜로

라합을 쳐부수어 산산조각 내신다네. 그분께서 숨을 한번 쉬면 하늘이 맑게 개고 달아나는 날랜 뱀도 그분의 손놀림 앞에서는 꼼짝도 못한다네. 그러나 이런 모든 일들조차도 그분께서 하시는 일들 가운데 극히 작은 일부에 지나지 않고, 그분에 대해 우리가 듣는 것도 가냘픈 속삭임에 불과할 뿐이라네. 그러니 과연 누가 감히 천둥소리 같은 그분의 크신 권능을 헤아릴 수 있으랴!"

하늘과 바다, 그리고 그 안의 모든 것들을 능히 지배하시는 마치 천둥소리 같은 하나님의 크신 권능을 드러내는 표현이다. 예로부터 고대인들은 '천둥소리'를 신의 목소리라고 생각했고, 인간이 감히 범접할 수 없는 신의 권능이라고 보았다.

한편, 고대 중근동 신화에서 '라합'은 바다에 사는 큰 괴물을, '날랜 뱀' 곧 리워야단은 하늘에 사는 큰 괴물을 가리킨다. 하지만 성경에서 이 괴물들은 시적(詩的)으로 사용되어 자연의 질서를 파괴하는 악한 세력들을 상징했다(사 27:1). 여기서 욥은 라합(바다 괴물)과 리워야단(하늘 괴물)처럼 자연 질서를 해치고 어지럽히는 거칠고 악한 세력들도 하나님의 크고 장엄한 능력 앞에서는 아주 보잘것없는 존재에 불과하다는 사실을 강조한 것이다.

27

욥의 진실과 결백

못된 짓을 하면 무슨 벌을 받나
무례한 자가 받아야 할 벌은
그들의 아들딸 아무리 많아도
칼 맞아 죽고 전염병에 걸리네

[제4막 제2장의 계속; 무대는 우스 땅 욥의 무너진 집터. 빌닷의 세 번째 변론(25장)에 대해 욥이 앞장(26장)에 이어 계속해서 답변하는 장면이다. 하지만 답변 대상이 빌닷에게 한정되지 않고 세 친구 모두에게 해당된다. 이 같은 욥의 답변을 끝으로 욥과 그의 세 친구들 사이의 치열한 변론은 종결된다. 여기서 욥은 구태의연한 논리로 자신을 비난하고 정죄하는 친구들의 변론에 대해 지금까지의 일관된 주장처럼 그들의 변론이 올바르지 않고 전부 허탄한 것임을 지적하면서 자신의 결백을 다시금 주장한다. 그러면서 악인에게는 반드시 하나님의 심판이 임한다는 사실도 강조한다. 결국 욥은 악인에 대한 하나님의 공의로운 심판에 대해서는 친구들과 입장을 같이하지만, 자신에게 닥친 고난이 악인에게 임한 하나님의 징벌이라는 사실에 대해서는 완전히 입장을 달리함으로써 자신의 무죄를 끝까지 주장한 것이다.]

세 친구에 대한 욥의 결론적인 답변 (27:1-23)

[내레이션] 욥이 계속해서 비유를 들어 친구들에게 말한다.

(욥, 온몸의 악성 종기로 인해 육체적인 몰골은 아주 볼품없지만 그의 심령 상태는 모든 것을 해탈한 듯 아주 맑고 초연하다. 그래서 욥의 말에는 힘이 있다. 그것은 욥 스스로가 자신의 고난이 자기 죄악에 대한 하나님의 징벌이 아니라는 뚜렷한 확신을 가졌기 때문이다). "나의 정당함을 물리쳐 내게 공정한 판결을 허락하지 않으시는 하나님, 곧 내 인생을 이렇듯 고통스럽게 하신 전능자 하나님께서 살아계시는 한, 나에게 아직 호흡이 남아있고 하나님의 숨결이 내 코에 남아있는 한, 내 입술은 악한 말을 하지 않을 것이고 내 혀는 거짓된 말을 하지 않을 것이네. 여보게들, 난 아무래도 자네들의 주장이 옳다고 말할 수 없네. 죽을 때까지 나는 나의 결백함을 부정하지 않을 것이네. 나는 내가 결백하다는 내 주장을 굽히지 않을 것인데, 이 점에 대해서 내가 살아있는 동안 내 양심에 아무런 거리낌이 없을 것이네."

욥은 자신이 무죄하고 결백하다는 사실을 양심에 아무 거리낌 없이 주장한다. 이는 사람의 원죄를 부정하는 말이 아니라, 단지 친구들이 생각하고 있는 것처럼 지금 겪고 있는 혹독한 고난이 욥 자신의 죄악에 대한 하나님의 징벌이 아니라는 사실을 강조한 것이다. 그런 맥락에서 욥은 하나님께서 자신의 정당함을 물리쳐 자신이 공정한 판결을 받지 않았다고 주장한 것이다. 욥이 그렇게 생각한 것은, 자기 친구들 앞에서 자신의 결백함을 밝혀주시기를 필사적으로 간구했지만, 하나님께서 계속 침묵하셨기 때문이다.

이때 욥이 느낀 것처럼, 하나님께서는 때로 의인의 정당한 간구에 대하여 계속 침묵함으로써 그것을 물리치는 것처럼 보이기도 한다. 하지만 하나님은 끝내 침묵하는 분이 아니시다. 다만 하나님께서 '정하신 때'까지 기다리실 뿐이다. 욥은 믿음 가운데 인내로써 그때를 기다려야 했다. 마침내 하나님의 때가 이르렀을 때, 욥의 정당함은 하나님께 받아들여졌고, 그의 모든 것들이 갑절로 회복되었다(욥 42:7-17).

"그러므로 나의 대적들은 악한 자들처럼 되고, 나를 거슬러 적대시하는 자들은 불의한 자들같이 되기를 원하네. 경건치 않은 자가 비록 이익을 얻었다고 해도 하나님께서 그의 생명을 앗아가시면 그에게 무슨 소망이 있겠느냐. 그에게 재난이 덮친다고 한들, 하나님께서 과연 그의 부르짖음을 들으시기나 하시겠느냐. 그가 전능하신 분을 기뻐할 수 있겠느냐. 그가 항상 하나님을 찾기라도 하겠느냐. 이제 내가 자네들에게 하나님의 권능의 손길에 대해 일러주겠네. 전능하신 분이 과연 어떤 분이신지 내가 자네들에게 설명해주겠네. 자네들의 눈으로 그 모든 것들을 다 보았거늘 자네들은 어찌하여 그렇게 말도 안 되는 헛소리를 하고 있는가."

신앙양심에 비추어 자신의 결백과 무죄를 확신하고 있었던 욥은 자신을 악한 자로 간주하여 비난하고 적대시하는 대적들이 도리어 악한 자들로 판결이 내려지기를 소원한다. 그러면서 하나님을 기뻐하지도 않고 찾지도 않는 악인들에게는 아무런 소망이 없고, 하나님의 권능의 손길로 말미암아 온갖 재난과 징벌을 당할 뿐이라는 사실을 강조한다. 그리하여 욥은 이제부터 악인을 다루시는 하나님의 권능의 손길에 관해 길게 언급한다(13-23절).

"악한 짓을 일삼는 자들이 하나님께 받을 몫, 폭력을 휘두르는 억압자들이 전능하신 분께 받을 징벌은 이것이라네. 그자들이 설령 많은 자식들을 두더라도 그 자식들은 칼 앞에 쓰러질 운명이요, 그자들의 후손들은 항상 먹을 것이 모자라 결코 배불리 먹을 수 없을 것이네. 비록 살아남은 그자들의 자식들이 있을지라도 그들은 전염병으로 죽게 될 것이고, 그 과부들은 기가 막혀 울음조차 나오지 않을 것이네. 그자들이 은을 산더미처럼 많이 쌓아놓고 좋은 옷들을 흙더미처럼 많이 모아놓았다고 할지라도, 그자들이 모아놓은 좋은 옷들은 의로운 자들이 입게 될 것이고, 그자들이 쌓아놓은 많은 은들은 죄 없는 정직한 자들이 나눠가지게 될 것이네."

악인들의 후손이 마땅히 당할 여러 재난들이 언급되었다. 비록 악인들의 후손이 번성할지라도, 그들은 결국 칼(전쟁)과 기근과 전염병 등으로 쇠락하게 될 것이고, 또한 악인들이 쌓아놓은 많은 재물은 결국 의로운 자들과 정직한 자들을 위해 준비된 것이라고 말한다.

여기서 욥은 단지 하나님의 정의가 마침내 실현되는 인생의 일반적인 원칙을 묘사했을 뿐이다. 실제로 그렇다. 종종 악인들의 후손은 갈수록 쇠락하고 그들의 많은 재물은 새벽안개처럼 홀연히 사라지는 반면, 의인들과 정직한 자들은 잠시 고난을 겪더라고 마침내 회복되는 경향이 있다. 욥은 계속해서 악인을 다루시는 하나님의 권능의 손길에 관해 진술한다.

> "악인들이 지은 집은 거미줄같이 쉽게 끊어질 것이고 파수꾼이 잠시 쉬려고 지어놓은 초막 같을 것이네. 그자들이 잠자리에 들 때에는 부자였을지라도, 아침에 눈을 뜰 때에는 그 많던 재산이 어디론가 모두 사라져 처량한 거지 신세가 될 걸세. 두려움이 홍수처럼 그자들을 일시에 덮칠 것이고, 폭풍이 밤사이에 그자들을 멀리 날려버릴 걸세. 동풍이 세차게 불어와 그자들이 살던 집을 순식간에 휩쓸어가 버릴 걸세. 그자들이 휩쓸리지 않으려고 죽을힘을 다해 온갖 몸부림을 치겠지만, 어림도 없는 일! 강력한 폭풍이 사정없이 계속 불어 그자들을 낙엽처럼 죄다 날려버릴 걸세. 그때에 사람들이 그자들의 그런 모습을 보고서 손뼉을 치고 비웃으며 그자들을 그들의 처소에서 모조리 쫓아낼 것이네."

악인들이 이룩해놓은 모든 것들(집, 재물, 명성 등)이 마치 뿌리 없는 나무처럼, 새벽안개와 허공에 뜬 구름처럼 일시적이고 거짓되며 허탄한 것임을 보여준다. 악인들에게 속한 그 모든 것들이 뜨거운 동풍이

"악한 자들이 지은 집은 거미줄 같고 초막 같아서 쉽게 끊어지고 무너진다네."

나 강력한 폭풍에 여지없이 휩쓸려 날아가는 낙엽들처럼, 하루아침에 온데간데없이 죄다 무너지고 사라지며 없어지고 마는 것이다.

특히 악인들에게 그런 재난이 임할 때, 그들은 사람들의 동정과 위로를 받기는커녕 도리어 냉소적인 비웃음을 당할 뿐이다. 그런 비참한 몰락이 악인들이 받을 궁극적인 몫이요 운명인 것이다. 여기 언급된 '동풍'(21절)은 아라비아 사막에서 강력하게 불어오는 뜨겁고 건조한 바람인 '시로코'(sirocco)를 가리킨다. 이 사막의 열풍은 아주 거칠고 해로운 바람으로, 모든 식물을 바싹 마르게 하고 심지어는 가옥을 부수어 마을을 황폐하게 만들기도 한다.

28
지혜의 노래

사람들은 어둠 속에서 열심히 찾네
흙 속에는 금덩이가 묻혀 있네
은, 철, 구리, 사파이어도 있네
땅속에서는 용암이 펄펄 끓네

[제4막 제3장, 무대는 우스 땅 욥의 무너진 집터. 지금까지의 변론 순서로 보자면, 이제는 나아마 사람 소발이 나서서 욥을 향해 3차 변론을 할 차례다. 그런데 아무리 비판하고 충고해도 욥이 전혀 흔들림 없이 굳건하게 자신의 결백과 무죄를 주장하는 것을 보고, 소발은 더 이상의 변론은 무의미하다고 판단하여 3차 변론을 포기한다. 그러자 자신의 고난에 억울함이 많았던 터라 가슴속에 맺힌 한이 많았던 욥은 세 친구를 향하여 마치 독백하듯 아주 길게 자기 처지와 심경을 토로한다(28-31장).

이런 이유로 본서는 그 내용상 전반부(1-27장)와 후반부(28-42장)로 나눌 수 있다. 전반부는 고난 중에 있는 욥을 위로하고자 방문한 그의 세 친구들 사이에 벌어진 치열한 변론을 다룬 장면이고, 후반부는 욥의 독백과 제3의 인물인 엘리후의 권면 및 하나님의 등장으로 욥의 문제가 마침내 해결되는 장면이다. 이렇게 볼 때 본장(28장)은 전반부에서 후반부로 넘어가는 전환을 자연스럽게 이끄는 부분이다.]

욥의 독백: 지혜를 찾아서 (28:1-28)

(욥, 세 친구들과의 치열한 논쟁을 통해 더는 사람을 의지하는 것이 아무 소용없다

는 사실을 깨닫는다. 그래서 욥은 마치 독백하듯 하나님을 향해 호소한다. 고난을 통해 정련된 욥의 심령은 어둠 가운데서 빛을 갈구하듯 무지 가운데서 지혜를 갈구한다. 사람이 지혜를 얻는 일이 광석을 채취하고 제련하는 일처럼 매우 어려운 일임을 언급하고, 바로 그런 이유에서 지혜는 그 무엇에도 비견할 수 없는 무한한 가치를 지녔음을 노래한다. 그리하여 욥은 결국 하나님을 경외함이 지혜의 근본이라는 사실을 강조한다. 지혜를 갈구하는 욥의 노래는 오페라의 아리아처럼 고상하고 고고하다.) "은은 그것을 캐내는 광산이 있고, 금은 그것을 정련하는 제련소가 있다네. 철은 땅속에서 캐내고, 구리는 광석을 녹여서 얻는다네. 사람들은 칠흑처럼 캄캄한 땅속의 아주 깊은 곳까지 구석구석 찾아가서 광석을 캐낸다네. 사람들이 사는 마을에서 멀리 떨어진 곳, 사람들의 발길이 닿지 않는 인적 드문 곳에서 갱도를 파고는 줄을 타고 내려가 그 줄에 매달려 흔들거리며 외롭게 일을 한다네."

욥이 광산과 광석 및 갱도 등의 비유를 통해 말하고자 하는 핵심은 이것이다. 즉, 광산에서 철이나 구리 같은 광석을 캐내는 일은 아주 어려운 작업이다. 그렇다고 할지라도 사람들은 어떤 방식으로든 그것들을 캐낼 수 있다. 하지만 그런 일보다 더욱 힘들고 어려운 일이 있는데 그것은 곧 지혜나 명철을 캐내는 일이고(12절), 그 일은 오직 하나님만이 하실 수 있다는 것이다(23절).

결국 욥은 친구들과의 오랜 변론을 통해 사람이 명철과 지혜를 얻어 지혜롭게 되는 일이 얼마나 어려운 일인지를 생생하게 체득했고, 그래서 지혜와 명철은 오직 하나님과 함께할 때 그분 안에서 발견할 수 있다는 사실을 강조한 것이다.

"땅 위에서는 각양 먹을거리가 생산되지만, 같은 땅인데도 땅속에서는 뜨거운 용암만이 부글부글 끓고 있다네. 그래도 땅속 바위에서 사파이어가 나오고, 그 돌가루 속에는 금이 섞여 있다네. 참으로 그런 보물이

바위에 굴을 뚫어서라도 온갖 보석을 찾아내는 사람들

숨어 있는 길은 솔개도 알지 못하고, 매의 날카로운 눈도 그 길을 보지 못한다네. 사나운 맹수들도 그 길을 밟은 적이 없고, 겁 없는 사자도 그 길에는 가본 적이 없다네. 그러나 사람들은 단단한 바위를 깨부수고 산을 그 밑뿌리까지 파고 들어가 기어코 그 길을 찾아낸다네. 심지어 바위에 굴을 뚫어서라도 온갖 보석들을 찾아내고 만다네. 그뿐이던가! 흐르는 강물조차도 둑으로 가로막고서는 그 속에 숨겨진 보물들을 죄다 찾아내고 만다네."

땅속 깊숙이 숨겨진 온갖 보물들을 다 찾아내는 사람의 기술과 노력이 언급되었다. 광석은 깊은 땅 밑이나 큰 산과 바위 속에 꼭꼭 숨겨져 있기 때문에, 날짐승들 중에서 그 시력이 아주 탁월한 솔개와 매도 그것들을 보지 못하고, 들짐승 중에서 가장 용맹하다는 사자도 그것들이 있는 데를 밟은 적조차 없다.

그러나 사람들은 바위를 부수고, 산을 파고, 강물을 막아서라도 그것들을 다 찾아내어 발굴해낸다. 이처럼 광석을 탐지하여 캐내는 사람들의 기술과 열정은 놀랍도록 아주 대단하다. 이런 기술과 열정이면 지혜도 충분히 찾아내어 발굴해낼 수 있을 것인가? 이에 대해 욥은 대답한다.

> "아, 그러나 지혜는 대체 어디에서 찾아낼 수 있을까? 어디로 가야 명철을 얻을 수 있단 말인가? 사람들이 그 가치를 알지 못하니, 사람 사는 땅에서는 지혜며 명철을 찾아볼 수가 없구나. 깊은 물은 말하길 '그것은 내 안에 없다!' 하고, 넓은 바다도 말하길 '그것은 내가 가지고 있지 않다!'라고 하는구나."

광석과 보물은 아무리 깊숙한 데 꼭꼭 숨겨져 있어도 사람들이 다 찾아내어 발굴해낸다. 그만큼 사람들의 기술과 열정은 놀랍도록 대단하다. 그런 기술과 열정이라면 사람들은 지혜와 명철도 충분히 찾아내어 발굴해낼 수 있지 않을까?

하지만 그렇지 않다! 어리석게도 사람들은 지혜와 명철의 값어치조차 모를뿐더러 그것들이 있는 데도 알지 못한다. 그러니 사람들은 지혜와 명철을 발견하지도, 캐내지도 못한다. 그 결과, 사람들은 각종 보석으로 주렁주렁 치장할지라도 정작 지혜와 명철이 없어 어리석고 허탄한 삶을 살아갈 뿐이다. 그래서 욥은 지혜와 명철이 얼마나 값진 것인지를 진술한다.

> "아, 지혜란 얼마나 값진 것인지! 지혜는 황금을 주어도 구할 수 없고, 은으로도 그 가치를 치를 수 없네. 지혜는 오빌의 금을 주어도 구할 길이 없고, 값비싼 루비나 사파이어라도 그 값어치에 견줄 수 없네. 황금이나 크리스털도 그것과는 견줄 수 없고, 순금으로 장식한 보석이라도 그것과는 비교할 수 없네. 산호나 수정도 그것과는 값을 비길 수 없으니, 정녕 지혜의 가치는 진주보다 값지다네. 구스의 황옥으로도 지혜의 값을 매길 수 없고, 순금으로도 그 값을 다 헤아릴 수 없다네."

세상에서 값나가는 모든 보석들(황금, 은, 루비, 사파이어, 크리스털, 순금, 산호, 수정, 진주, 황옥 등)도 지혜의 높고 큰 가치와는 견줄 수 없다는 표현이다. 특히 당대에 '오빌의 금'과 '구스의 황옥'은 아주 유명했다. 고대 사람들에게 있어 오빌(Ophir, 아프리카 남동쪽 연안의 어느 도시로 추정됨)은 가장 순수하고 값진 금이 생산되는 곳으로 널리 알려져 있었고, 구스(에티오피아)에서 생산되는 황옥(토파즈 혹은 귀감람석)도 그러했다.

"그렇다면 그토록 값진 지혜는 대체 어디에서 오는 것일까? 명철은 어디에서 찾을 수 있을까? 그것은 모든 생물의 눈에 숨겨져 있고, 공중의 새들에게도 감추어져 있다네. 멸망과 사망조차도 말하길 '우리는 그런 것이 있다는 것을 단지 우리의 귀로 소문만 들었을 뿐이다.'라고 하는구나."

세상의 그 어떤 값진 광석들보다도 더욱 값진 지혜는 세상의 그 무엇이나 누구도 찾을 수 없고 세상의 그 어디에서도 발견할 수 없다는 사실이 강조되었다. 그렇다면 지혜는 정녕 찾을 수도 캐낼 수도 없는 상상 속의 물건인가? 사막의 신기루처럼 단지 허상에 불과한 것일까? 그렇지 않다! 이제 욥은 지혜를 발견하고 캐낼 수 있는 길을 알려준다. 지혜가 숨겨져 있는 데를 알려준다. 어디란 말인가?

"오직 하나님께서 거기에 이르는 길을 아신다네. 오직 그분만이 지혜와 명철이 어디에 있는지 아신다네. 그분께서는 땅끝까지도 한눈에 전부 바라보시고, 하늘 아래 있는 모든 것들을 빠짐없이 두루 살펴보시기 때문이라네. 그리하여 그분께서 바람을 얼마나 세게 불게 하실지, 바다의 물을 얼마나 많게 하실지 정하시던 그때에, 때를 따라 땅 위에 비가 내리도록 규칙을 정하시고 또 천둥이 지나다니는 길을 정하시던 그때에,

바로 그때에 하나님께서는 지혜를 보시고 지혜를 선포하셨으며 지혜를 굳게 세우시고 지혜를 샅샅이 살피신 뒤에 사람에게 말씀하시기를 '주를 경외하는 것이 지혜요, 악에서 떠나는 것이 명철이니라.' 하셨다네."

욥은 오직 하나님만이 지혜와 명철이 있는 데를 아신다고 말했다. 그 까닭은, 오직 하나님만이 만물의 창조주이시기 때문이다. 우주 만물을 지으신 하나님은 모든 것들의 거처를 속속들이 알고 계신다. 하늘 끝과 바다 밑, 그리고 사람의 마음속 깊은 곳이라 할지라도 하나님의 눈길에서 벗어날 수 없다. 하나님은 모든 사물의 위치뿐 아니라 그것들의 기원과 본질 및 궁극적인 목적까지도 다 알고 계신다. 따라서 지혜와 명철이 있는 데도 잘 알고 계신다. 그러므로 사람은 오직 하나님을 통해서만이 지혜와 명철을 얻을 수 있다.

그리하여 마침내 얻게 된 지혜와 명철의 본질은 이것이다. 바로 하나님을 경외하는 것이 '지혜'이고, 악에서 떠나는 것이 '명철'인 것이다. 왜 그런가? 하나님을 경외한다는 것은 단지 하나님의 크신 능력을 무서워한다는 뜻이 아니라, 거룩하신 하나님께 합당한 존경과 영광을 돌리면서 경건하게 살아간다는 뜻이다. 우리가 거룩하고 능력 있는 하나님 앞에서 그런 마음자세를 가진다면, 마땅히 죄악의 길에서 멀리 떠나게 될 것이고, 바로 그런 삶이 지혜롭고 명철하게 사는 길이 되는 것이다.

29

욥의 회상

나의 가정에 복을 내려주시던
그 시절 그때로 돌아갈 수만 있다면!
성문 앞 내 자리에 앉아 있으면
남녀노소 모두가 나에게 인사했지

[제4막 제3장의 계속, 무대는 우스 땅 욥의 무너진 집터. 욥이 앞장(28장)에 이어 계속해서 세 친구들과 하나님 앞에서 마치 독백하듯 자기의 처지와 심경을 토로하는 장면이다. 지금껏 격정의 시간이 지나고, 이제 욥은 차분하게 자신의 삶을 돌이켜보면서 현재 겪고 있는 고난의 면면들과 비교한다. 그러면서 욥은 어쨌든 지난날에 전능자 하나님께서 자신과 항상 함께하셨고, 그래서 자신이 선행을 행하며 형통할 수 있었노라고 피력한다.]

욥의 독백: 지난날을 회상함 (29:1-25)

[내레이션] 욥이 계속해서 비유를 들어 말한다.

(욥, 눈을 지그시 감고 지난날을 회상한다. 지난날에 하나님께서 자신과 함께해 주셨고, 그래서 모든 것이 형통했던 날들을 행복하게 되돌아본다. 그러면서 그분 하나님께서 지금은 무슨 까닭으로 자신의 고난에 대해 계속 침묵하고 계시는지 그 까닭을 알 수 없다는 사실에 괴로워한다. 이처럼 행복과 괴로움이 교차하는

모든 것이 풍요로웠던 시절의 욥

복잡하고 미묘한 감정으로 욥은 입을 열어 지난날을 읊조린다.) "아, 내가 흘러가버린 지난 세월로 되돌아갈 수만 있다면 좋으련만! 하나님께서 나를 돌봐주시던 그 시절로 되돌아갈 수만 있다면 좋으련만! 그때에는 그분의 등불이 내 앞길을 환하게 비추어주었고, 그분의 빛으로 인해 내가 어둠 속을 마음껏 걸어 다닐 수 있었는데! 오, 좋았던 그 시절에는 하나님과 친밀한 사귐이 있어 그분께서 내 가정을 축복해주셨지. 그때에는 전능하신 분께서 항상 나와 함께 계셨고, 내 자식들이 나를 빙 둘러 에워싸고 있었지. 양 떼와 젖소 떼는 어찌나 젖을 그토록 많이 내던지, 내가 그 젖으로 발을 씻을 정도였지. 그리고 자갈투성이 밭에서 자란 올리브나무에서도 어찌나 기름이 많이 나왔던지!"

욥은 지난날 영육(靈肉) 간에 풍성하고 형통했던 시절을 회상한다. 먼저, 영적으로는 하나님께서 자신과 항상 함께하셔서 그분과 친밀하게 교제하는 가운데 등불과 빛 되신 그분의 보호하심과 인도하심으로 어둠 가운데서도 마음껏 걸어 다닌 사실을 회상한다. 다음으로, 육적으로도 하나님의 복 주심으로 인해 가족이 화목했고 가축 떼가 번성했으며 농사일이 풍성했음을 떠올린다. 그야말로 재난당하기 이전의 욥은 영육 간에 아무런 부족함과 모자람이 없었던 지극히 형통하고 행복했던 시절이었다. 그렇지만 지난날의 행복은 역설적으로 현재의 불행을 더욱 돋보이게 만드는 뼈아픈 추억임을 반증한다. 지난날의 추억을 되돌아보는 욥의 회상은 이어진다.

> "아, 그 시절에는 내가 성문 앞에 나아가 광장에 있는 내 자리에 앉아 있으면, 젊은이들은 나를 보고 옆으로 비켜서고 노인네들도 나를 보고 일어나 인사를 했지. 성읍 지도자들도 내 앞에서는 말을 삼가고 하고 싶은 말이 있어도 손으로 자기 입을 스스로 막았지. 귀족들도 내 앞에서는 감히 말을 쉽게 꺼내지 못하고 주눅이 들어 혀가 입천장에 들러붙었지. 누구든지 내 소문을 들은 이들은 한결같이 나를 칭송하고, 누구든지 나를 직접 본 사람들은 두말없이 나를 인정하였지."

욥은 지난날에 성읍의 유력한 인물로서 위엄과 품위가 있고 존경과 칭송을 받았던 때를 회상한다. 이때 욥은 지난날에 자신이 성문 앞 광장에 있는 자기 자리에 앉았다고 말했는데, 이는 당시의 상황을 반영한 말이다. 고대 중근동 사회에서 성문 앞 광장은 항상 많은 사람들이 드나들며 붐비는 곳으로서 매매나 재판이나 각종 회합이 이루어지던 공적인 장소였다. 따라서 그곳에 자리 잡고 앉았다는 것은 그 성읍에서 매우 영향력 있는 인물이었음을 뜻한다.

이제 욥은 그처럼 존경과 칭송을 받았던 성읍의 유지요 지도자로서 자신이 행한 선행들과 공의로운 일들에 대해 회고한다.

> "가난한 사람들이 내게 도움을 청하면 나는 언제든지 그들에게 도움을 베풀어주었고, 오갈 데 없는 고아들도 내가 자비롭게 거두어주었지. 그래서 죽어가던 이들도 내게 복을 빌어 주었고, 과부들조차 나로 인해

즐겁게 노래를 부르곤 했지. 올바른 일을 행하는 것이 나에게는 마치 옷을 입는 것처럼 당연했고, 정의를 행하는 것은 도포를 입고 두건을 쓰는 것과 같았지. 앞을 못 보는 이들에게는 눈이 되어 주었고, 발을 절름거리는 이들에게는 발이 되어 주었지. 궁핍한 이들에게는 아버지 같은 존재가 되어 주었고, 낯선 이들의 하소연까지 듣고서 그들의 문제를 잘 처리해주었지. 또한 남을 등쳐먹는 악한 자들의 턱을 깨뜨린 후 그들의 이빨 사이에 끼어 있는 것들을 도로 찾아 피해자들에게 돌려주었지."

지난날 욥은 성읍의 지도자로서 위세를 부리거나 거만을 떨지 않고 도리어 가난하고 소외되고 힘없고 몸이 불편한 자들을 위해서는 많은 도움과 선행을 베풀고, 남을 등쳐먹는 악한 자들에 대해서는 공의를 집행한 사실을 회상한다.

여기서 오해하지 말아야 할 것은, 욥의 이 같은 회상은 욥이 자기자랑을 하고 있는 것이 절대로 아니라는 사실이다. 다만 욥은 왜 자신이 성읍 사람들에게서 많은 존경과 칭송을 받는 지도자로 인정받았는지를 설명하고 있을 뿐이다. 나아가 그것은 왜 자신이 친구들의 주장처럼 죄 때문에 하나님께 징벌을 받고 있는 것이 아님을 변론하는 것이기도 하다. 이처럼 자기양심에 비추어 한 점 부끄러움 없이 욥은 지난날 자신의 재력과 영향력을 가난하고 소외된 자들을 돕는 데, 그리고 사회 정의를 올곧게 세우는 데 사용했음을 떳떳하게 밝히고 있다. 그리고 그것은 하나님께서도 인정하신 사실이었다(욥 1:8; 2:3).

"내가 그렇게 살았기에, 그 시절에 나는 생각하기를 '내가 죽을 때는 내 집에서 편안히 죽을 것이고, 내게는 아직도 살아갈 날들이 모래알처럼 많이 남아있구나. 내 삶의 뿌리는 물가에 심어진 나무처럼 왕성하게 뻗어 있고, 내 가지들에는 밤사이에 내린 이슬이 언제나 촉촉하게 젖어 있구나. 내 영광은 날마다 생생해지고, 활을 쥔 내 손은 지칠 줄 모르고

품위 있고 영광스러웠던 시절의 욥

힘이 솟아나는구나.' 하였지."

고대인들은 물론이고 오늘날의 현대인들조차 대부분 그렇게 생각하듯, 당시의 욥도 인과응보와 권선징악의 사상을 믿고 있었다. 그래서 많은 선행을 베풀며 살아온 욥은 자신의 인생이 형통하고 자신의 말년이 평안하며 활력 있는 건강과 장수(長壽)의 삶을 살아갈 줄로 생각했다. 그런 영광스러운 삶이 날마다 새롭게 생생해질 줄로 생각했다.

과연 재난당하기 직전까지만 해도 경건하고 의로웠던 욥은 개인적으로, 사회적으로 그런 영광을 한껏 누리며 살았다. 하지만 욥은 알지 못할 무슨 까닭으로 하루아침에 모든 영광을 상실한 채 지금 가장 비참한 지경에 처하게 되었다. 욥의 친구들은 그 까닭으로 욥의 숨겨진 죄악을 거듭 지적했지만, 자신에게 떳떳했던 욥은 친구들의 그런 지적을 단연코 거부하면서 스스로도 그 까닭이 무엇인지 알고 싶어 하나님 앞에서 변론하기를 강력히 원했던 것이다. 이제 와서 보니, 인생의 고난을 해석하는 데 권선징악이 전부는 아니었다. 욥의 회상은 이어진다.

"아, 그 시절에는 사람들마다 내가 하는 충고의 말을 항상 귀 담아 들었지. 내가 말을 다 끝마치고 나면, 그들은 더 이상 아무런 뒷말도 하지 않았지. 내 말이 마치 이슬방울처럼 그들의 귀에 스며들었으니까. 사람들은 농사꾼이 봄비를 기다리듯 나를 기다렸고, 가뭄에 단비를 만난 듯 내 말을 기쁘게 받아 마셨지. 내가 그들에게 미소를 지어주면 그들은 너무나 고마워했고, 내 얼굴빛이 환하면 그들은 나를 보고 새로운 용기를 얻었지. 그들에게 문제가 생길 때마다, 나는 그들의 지도자가 되어 행할 바를 일러주었지. 마치 왕이 군대를 지휘하듯 그렇게 나아갈 길을 지시해주었지. 뿐만 아니라 절망에 빠져 애곡하는 사람들에게는 내가 더할 나위 없이 좋은 위로자가 되어주었지."

지난날에 욥은 성읍의 모든 사람에게서 큰 존경과 신망을 한 몸에 받는 지체 높은 지도자였다. 힘이나 지위로 사람들 위에 군림하는 지도자가 아니라 사랑과 격려로 사람들을 위로하는 너그럽고 자상한 지도자였다. 문제가 생길 때마다 좋은 충고와 적절한 상담을 통해 사람들에게 올바른 길을 제시해주었고, 따스한 미소와 자상한 배려의 손길로 사람들에게 용기를 북돋워주는 신실하고 인품 있는 지도자였다.

그런 인품으로 특별히 욥은 절망에 빠져 슬퍼하고 애곡하는 사람들에게 더할 나위 없이 좋은 위로자가 되어주었다. 이런 사실은 욥의 친구들이 욥에게 보인 태도와는 예리하게 비교된다. 욥의 재난 소식을 듣고 욥을 방문한 친구들은 처음에는 욥에게 위로자가 되려 했지만, 시간이 흐를수록 비난자와 정죄자로 변하고 말았다. 친구를 향한 동정과 긍휼보다는 자신의 신념과 주장을 더 내세웠기 때문이다. 만일 입장이 바뀌어 친구들 중 누군가가 졸지에 큰 재난을 당했고 욥이 방문자의 처지였다면, 욥은 분명 그 친구에게 따스한 위로자가 되어주었을 것이다.

30

욥의 비참한 처지

주께서 주의 힘으로 나를 내치시니
겨우 움막에서 지내거나
고향에서 쫓겨나 살던 이들이
내 얼굴에 침을 뱉네

[제4막 제3장의 계속, 무대는 우스 땅 욥의 무너진 집터. 욥이 앞장(29장)에 이어 세 친구들과 하나님 앞에서 마치 독백하듯 자신의 처지와 심경을 토로하는 장면이다. 지난날 하나님과 함께했던 지극히 풍요롭고 형통했던 시절을 행복한 미소로 회상했던 욥은 그런 지난날의 행복과는 극명하게 대조되는 고통스럽고 처절한 현실을 눈물로 읊조린다. 욥이 육체적인 고통보다 더욱 고통스러워한 것은 이웃과 사회로부터 소외되는 단절의 고통이었다. 하지만 그 모든 고통보다도 하나님과의 단절을 가장 고통스러워했다. 그리하여 욥은 그런 고통에서 빠져나오기 위해 하나님을 간절히 찾지만, 아무런 대답 없는 침묵 가운데서 자기연민에 휩싸여 탄식하고 절규한다.]

욥의 독백: 현재의 고난을 탄식함 (30:1-31)

(욥, 지난날이 지극히 행복했던 만큼 현재의 고통은 더욱 크게 다가왔다. 지난날의 품격이 한껏 고상했던 만큼 현재의 소외와 냉대는 더욱 초라하게 느껴졌다. 그런 비참하고 처절한 심경으로 욥은 현재 자신의 무력하고

볼품없는 처지를 탄식한다.) "아, 그러나 이제는 나보다 어린 것들조차 나를 우습게 여기는구나. 예전에는 그 어린 것들의 애비들이 내 양떼를 지키는 개나 붙들고 있었는데. 하기야 그 애비들은 이미 기력이 쇠하여졌으니 내게 무슨 힘인들 되어 주겠는가. 지금 나를 우습게 여기는 자들이 어떤 자들이던가. 그자들은 굶주림과 허기에 지쳐 피골이 상접한 채 풀뿌리로 연명하던 자들이 아니었던가. 그것도 밤중에 황량한 빈 들판을 두루 헤매면서 말일세. 덤불 속에서 자라는 쓴 나물이나 캐먹고 싸리나무 뿌리로 끼니를 삼았던 자들이었지."

고상하고 품격 있던 욥이 하루아침에 큰 재난을 당해 모든 것을 잃고 초라한 몰골로 잿더미 위에 앉아 있자, 가장 먼저 성읍의 젊은 부랑자들이 욥을 아주 우습게 여겨 마음껏 조롱하고 모욕했다. 이전 같으면 멀리서도 욥을 감히 쳐다볼 수도 없었던 자들이 이제는 아주 가까이 다가와서 욥의 얼굴에 침까지 뱉으면서 마구 놀리고 있었다.

이전에는 그런 자들의 아비들이 욥의 양떼를 지키는 개나 붙들고 있는 처지였는데, 이제는 그런 아비들의 자식들, 곧 끼니를 때울 게 없어 밤중에 황량한 빈 들판을 두루 헤매면서 풀뿌리로 연명하는 삐쩍 마른 어린것들이 욥을 비웃으며 놀려대는 어처구니없는 상황이 연출되고 있었다. 이처럼 성읍의 부랑자들조차 한껏 욥을 조롱하고 모욕하는 상황이 욥을 더욱 치욕스럽고 고통스럽게 만들었다. 욥은 자신을 조롱하고 모욕하는 자들이 얼마나 한심하고 보잘것없는 자들인지를 계속 언급한다.

"그자들은 사람 축에도 끼지 못하여 마을에서 쫓겨나고, 사람들은 그자들을 보면 도둑을 내쫓듯 크게 소리를 질러 멀리 쫓아내곤 했었지. 그래서 그자들은 음침한 골짜기나 땅굴이나 바위틈 같은 데서 살아야만 했던 가련한 신세였지. 가시덤불 속에서 짐승처럼 울부짖었고 쐐기풀 아래에 고단한 몸을 뉘었던 자들이었지. 그래, 정말 그랬어. 그자들은 미련한 자들의 자식들이고 이름도 없는 비천한 자들의 자식들이었어. 심지어 제 고향에서도 쫓겨난 그런 자들이 아니었던가!"

욥이 재난을 겪고 곤궁에 처하자, 가장 먼저 적극적으로 욥을 조롱하고 모욕한 자들은 사회 공동체에서조차 인정받지 못하고 쫓겨난 부랑자들이었다. 그들은 정상적으로 사회에 적응하지 못하고 도둑처럼 쫓겨나 음침한 골짜기나 땅굴, 바위틈 같은 동떨어진 광야나 야산 지역에 은밀히 모여 사는 자들이었다. 그래서 그런 자들의 아비들은 이름도 없는 비천한 자들이었다. 고대 사회에서 '이름'은 가문의 혈통과 명예를 나타내는 것으로 아주 중요한 가치를 지녔다. 따라서 '이름이 없다'는 말은 근본이 없는 극히 비천한 부류의 사람임을 가리킨다.

"그런데 이제 그런 자들이 내게로 와서 나를 우습게 여기고 마구 비웃다니! 내가 저들의 웃음거리가 되다니! 그들은 나를 싫어하고 꺼려하면서 멀찍이 떨어져서 내 얼굴에 서슴지 않고 침까지 마구 뱉어대는구나. 하나님께서 내 활시위를 느슨하게 풀어버리셔서 나를 이토록 무기력하게 만드시고 곤경 가운데 빠뜨리셨으니, 그자들이 마치 고삐 풀린 망아지처럼 마구잡이로 내 앞에서 날뛰는구나."

욥은 사회의 부랑자들이 자신을 우습게 여겨 마구 비웃을 뿐만 아니라 심지어 자신의 얼굴을 향해 침까지 뱉어대는 이 어처구니없는 상황에 이른 것은 전적으로 하나님께서 자신의 활시위를 느슨하게 풀어버리셨기 때문이라고 말한다. 욥의 시대에 '활'은 강력한 전쟁 및 사냥 도구였다. 그래서 활은 '힘'을 상징했다. 그렇지만 활시위가 늘어진 활은 아무 소용이 없었다.

비유컨대, 한때 욥의 활시위는 팽팽하여 강력한 힘이 있었으나(욥

29:20), 이제 모든 것을 잃고 몸까지 병든 욥은 활시위가 축 늘어진 그런 활과 같았다. 욥은 그런 무기력한 상황에 처한 자신의 가련한 신세를 계속 한탄한다.

“저 비천한 것들이 나를 거슬러 일어나 내게 정면으로 달려들어 내 발을 밀어뜨리면서 나를 멸망의 구덩이 속으로 떨어뜨리려 하는구나. 이처럼 저들이 내 길을 가로막은 채 나를 파멸시키려고 마구 덤벼드는데, 사방을 둘러보아도 나를 도와 그들을 막을 자가 아무도 없구나. 마치 뚫린 성벽으로 거칠 것 없이 밀어닥치는 적군들처럼 무서운 기세로 내게 달려들고 있구나. 아, 공포가 물밀듯 나를 덮쳐오는구나. 저들이 내 영광을 바람같이 날려버리니 번영을 구가하던 내 행복도 한낱 구름처럼 사라지고 마는구나.”

욥을 비웃고 모욕하는 젊은 부랑자들이 마치 전쟁을 방불케 하는 열심과 노력으로 욥을 적극적으로 괴롭히는 모습이 생생하게 묘사되었다. 욥을 밀어 떨어뜨리고, 욥을 향해 덤벼들고 달려드는 기세가 마치 뚫린 성벽으로 마구 밀어닥치는 적군의 모습 같았다. 그 결과, 지난날에 욥이 지녔던 그토록 고상한 품위와 영광은 한낱 바람처럼, 구름처럼 사라지고 말았다. 욥은 그렇게 처량하게 된 신세를 계속해서 한탄한다.

“이제 내 기력은 거의 다 쇠하였는데 나를 붙들고 있는 것이라곤 고통의 나날들뿐이로구나. 밤마다 뼈 마디마디가 쑤시고 마치 뼈를 깎아내는 듯 내 온몸이 아프지 않은 곳이 한 군데도 없구나. 하나님께서 그토록 강한 팔로써 내 옷을 세게 잡아당기셔서 나를 옷깃처럼 휘감으시니, 내가 밤새도록 잠들지 못하고 이리 뒹굴 저리 뒹굴 엎치락뒤치락하는구나. 그분께서 나를 진창 가운데 내팽개치시니 내 신세가 티끌 같고 재 같구나.”

"아, 이제 나에겐 고통의 나날들뿐이로구나."

욥은 누가 뭐라 해도 자신이 그처럼 혹독한 고통의 나날을 겪고 있는 것은 하나님께서 자신을 그런 비천한 처지에 놓아두었기 때문이라고 확신한다. 하나님께서 강한 팔로써 자신을 온통 휘감으셔서 진창 가운데 내팽개치셨기 때문이라고 굳게 믿었다. 그렇다면 욥을 진창 가운데 내팽개친 자는 정녕 사탄인가, 하나님인가?

사실을 논하자면, 하나님의 주권적인 허용하에 사탄이 욥을 공격하여 그를 진창 곧 재난 가운데 내던졌다(욥 1:12; 2:6). 사탄이 욥을 들어 진창 가운데 내던질 때는 그를 파괴하고 멸망케 할 악한 목적으로 그렇게 한 것이지만, 하나님께서 사탄으로 하여금 그렇게 하도록 허용하신 목적은 그와 정반대다. 욥을 누구보다 사랑하셔서 욥에게 더욱 깊고 오묘한 하나님의 주권에 대해 일깨워주기 위함이었다.

> "주여! 내가 주님께 부르짖을지라도 주님께서는 대답조차 하지 않으시고, 내가 주님께 기도를 올려도 주님께서는 들은 체도 하지 않으십니다. 주님께서 강한 손으로 온 힘을 다해 나를 내려치시니 참으로 주님께서는 유독 내게 너무나 잔인하십니다. 또 나를 들어 올리셔서 강한 바람에 날려가게 하시고 격렬한 폭풍으로 나를 휩쓸어 흔적조차 없이 사라지게 하십니다. 주여, 나는 이제 압니다. 주님께서는 나를 끝내 죽게 하시어 살아있는 모든 자들이 반드시 들어가야 하는 집 곧 사망의 집으로 나를 끌고 가시려는 것이 아닙니까."

욥은 자신에게 임한 고난이 전적으로 하나님께로부터 온 것이라는 사실에 대해서는 조금도 의심하지 않았다. 하나님은 모든 인생의 길흉화복을 홀로 주관하시는 분임을 굳게 믿었기 때문이다. 그러나 욥이 도무지 알지 못했던 것은 그처럼 혹독한 고난이 자신에게 임한 '이유'였다. 이유조차 알지 못하고 그저 속수무책으로 당하는 고난이 너무나도 괴로웠다. 그래서 욥은 하나님께 열심히 부르짖고 기도했지만 아무런 응답을 받지 못했다. 그렇게 되자 자포자기의 상태가 된 욥은 모든 것을 체념하면서, 하나님께서 그저 자신을 죽게 만들어 땅 밑에 있는 집 곧 스올(무덤)로 끌고 가는 것이 그분의 목적이라고 생각하기에 이르렀다. 그렇지 않고서야 지금의 고난을 도무지 설명할 길이 없었다.

하지만 그게 아니었다! 하나님께서는 곤고한 자들의 부르짖음을 결코 무시하지 않으신다(시 9:12). 욥이 나중에 깨달은 것처럼, 하나님의 응답은 "기다려라!"였다. 왜냐하면 하나님께서 일하시는 때와 우리가 원하는 때는 자주 다르기 때문이다. 따라서 기도 응답에 대해 우리가 종종 "아니다(no)"라고 느끼는 순간에도, 하나님의 진짜 응답은 "지금은 아니다(not yet)"일 수 있다. 과연 욥은 믿음의 사람이었다. 자포자기와 체념의 상태에서도 하나님께 도움의 손길을 계속 내민다. 하나님을 향해 부르짖기를 멈추지 않는다.

"그러나, 주여! 사람이 망해갈 때 어찌 주님께 손을 내밀지 않을 수 있겠습니까. 사람이 재앙을 당할 때 어찌 주님께 도와달라고 울부짖지 않을 수 있겠습니까. 내가 고난당하는 사람들을 위해 슬피 울어주지 않았던가요. 내가 가난한 자들을 위해 근심하고 안타까워하지 않았던가요. 그럼에도 불구하고 복이 오기를 바란 나에게 고통만이 밀어닥쳤고, 빛이 임하기를 바란 나에게 어둠만이 덮쳤을 뿐입니다."

욥은 자신이 지난날에 고난당하는 사람들과 가난한 자들을 위해

도움을 베풀고 긍휼을 보였던 그 사실에 근거하여, 자신에게도 그런 도움과 긍휼을 베풀어달라고 하나님께 호소한다. 욥은 자신이 베푼 선행들이 자신에게 마땅히 복을 가져다줄 줄 알았는데 도리어 화가 임했고, 마땅히 빛(모든 좋은 것들)이 임할 줄 알았는데 도리어 어둠(모든 악한 것들)이 덮친 사실을 토로한다. 이 같은 결과는 당시 욥의 신앙으로서는 도무지 이해하기 힘들었다. 그래서 욥은 계속 부르짖는다.

> "그러므로 내 창자가 들끓어 내 가슴이 갈기갈기 찢어졌고, 날이면 날마다 지긋지긋한 고통 때문에 차마 견딜 수가 없습니다. 이 몸은 빛 한 줄기 비추지 않는 어둠 속으로만 울며 돌아다니다가, 사람들이 모여 있는 곳에 이르면 '제발 나를 도와 달라!' 하면서 애걸하고 울부짖는 신세가 되었습니다. 그러니 내 신세가 하도 처량하여 자칼이 내 형제가 되었고 타조가 내 동무가 되었습니다. 오, 주여, 나를 살펴보소서. 내 살갗은 검게 타서 껍질이 벗겨졌고, 내 뼈는 뜨거운 불에 타는 듯 지독히도 아픕니다. 내 수금 소리는 울부짖는 통곡으로 바뀌었고, 내 피리 소리는 슬피 우는 애곡으로 변했습니다."

온몸에 퍼진 악성 피부병으로 인해 육체적 고통을 혹독하게 겪고 있는 욥이 처량한 자기 신세를 한탄하는 내용이다. 그토록 고통스러운 처지에 놓였지만 누구에게서도 도움을 받지 못하고 홀로 외롭게 지내는 욥은 자신의 처지를 광야의 자칼과 사막의 타조에 비유했다.

특히 욥은 자기 살갗이 검게 탔다고 말했는데, 이는 강렬한 열기를 동반한 극심한 질병의 후유증으로, 욥의 정상적인 살갗이 거무튀튀한 색깔로 변했다는 것을 알 수 있다. 혹은 욥의 헐고 짓무른 상처로부터 온몸의 여기저기에 딱지가 생기면서 그렇게 검은 피부로 보였을 수도 있다. 욥의 몰골이 눈 뜨고는 볼 수 없는 상태에 이르렀음을 알 수 있다.

31

욥, 자신의 결백을 주장하다

정직한 저울에 달아 보면
주께서는 내 결백을 아시리라
내 마음은 유혹을 이기고
그릇된 짓을 하지 않았네

[제4막 제3장의 계속, 무대는 우스 땅 욥의 무너진 집터. 욥이 앞장(30장)에 이어 계속해서 세 친구들과 하나님 앞에서 마치 독백하듯 자기 처지와 심경을 토로하는 장면이다. 욥의 모든 변론이 마무리되는 본장에서 욥은 "내가 언제 그렇게 하였던가!"라는 가정법적인 표현을 자주 사용하여 다시금 자신의 결백과 무죄를 주장한다. 그렇게 함으로써 욥은 자신이 혹독한 고난을 겪는 이유가 정녕 무엇 때문인지 모르겠다는 강한 회의를 표출하고, 동시에 하나님을 향하여 제발 그 이유 좀 알려달라고 은근히 항변한다. 욥의 허물은 바로 여기에 있었다. 모든 것을 그 기쁘신 뜻대로 행하실 수 있는 절대주권자이신 하나님 앞에서 감히 입을 벌려 항변한 것 자체가 그의 허물이었던 것이다. 이 책의 결말 부분에 이르러 욥은 비로소 이 사실을 깨닫고 하나님 앞에 회개하기에 이른다.]

욥의 독백: 자신의 결백을 거듭 주장함 (31:1-40)

(욥, 아무리 생각하고 또 생각해도 자신이 이토록 혹독한 고난을 겪을 만한

어떤 죄악이나 잘못을 행하지 않았음을 굳게 확신하는 어조로 당당하게 말한다. 그러면서 구절구절 억울하다는 표정이 역력하다.) "아, 내가 나의 두 눈과 성결 언약을 굳게 맺었는데, 내가 어찌 젊은 여인을 정욕의 눈으로 바라보았겠는가. 만일 내가 그 맹세를 어긴다면, 저 위에 계시는 하나님께 무슨 몫을 받을 수 있겠으며, 저 높은 곳에 계시는 전능하신 분께 무슨 유산을 받을 수 있겠는가. 불의한 자들이 받을 몫은 파멸뿐이요, 악한 자들이 받을 유산은 재앙밖에 더 있겠는가. 하나님께서는 내가 하는 일을 하나도 빠짐없이 낱낱이 바라보고 계시고, 나의 발걸음 하나하나를 다 헤아리고 계시지 않은가."

욥은 자신의 일거수일투족이 낱낱이 하나님 앞에 드러나고 있음을 믿었기에 일찍이 자신의 눈과 성결 언약을 맺었다고 고백한다. 말하자면 욥은 자신의 삶에서 자기 눈을 음욕(淫慾)의 도구로 사용하지 않겠노라고 하나님께 엄숙히 맹세한 것이다. 눈은 마음의 생각 및 손발의 행위와 밀접히 연관된 것이기에, 눈과의 약속은 모든 이생의 유혹을 물리치겠다는 강력한 의지를 나타내는 것이다.

"맹세하건대, 나는 지금껏 잘못된 길을 걷지 않았고 남을 속이는 삶을 살지 않았네. 하나님께서 정직과 공정의 저울에 날 올려놓고 달아보신다 해도 정말이지 난 자신이 있네. 차라리 그렇게 될 수만 있다면, 하나님께서 나의 결백을 정녕 아실 텐데. 만일 내 발걸음이 올바른 길에서 벗어났다면, 내 마음이 눈의 유혹에 이끌린 적이 있었다면, 내 손이 더러운 짓을 저질렀다면, 만일 그러했다면 다른 사람들이 내 손으로 뿌린 곡식을 다 먹어치워도 상관하지 않겠고, 내가 거둔 모든 것들이 뿌리째 뽑혀 다 날아가도 군소리하지 않겠네."

여기서 욥은 담대하게도 하나님의 심판을 요구하고 있다. 자신을 정직과 공정의 저울에 올려놓고 달아보기를 요청하고 있다. 욥은 당시의 사람들이 취할 수 있는 가장 엄숙한 맹세를 선언한다. 그것은, 만일 자신이 거짓이나 사기나 도적질 같은 악한 일을 행하였다면, 하

"맹세하건대, 나는 지금껏 잘못된 길을 걷지 않았다네."

나님께서 아무런 긍휼 없이 가혹한 심판을 베풀어 자신에게 어떤 끔찍한 결과가 일어나도 군소리 없이 흔쾌히 받아들이겠다는 것이다.

그래서 "만일 ~했다면, 그때는 ~하기를 바라노라."는 형식을 취해 하나님께 맹세한다. 욥은 이렇게 스스로 하나님의 심판을 요청하기까지 함으로써 하나님 앞에 자신의 결백과 무죄를 입증하고자 필사적으로 애쓴다.

> "만일 내 마음이 정욕의 유혹을 못 이겨 이웃집 여자에게 눈독이라도 들였다면, 내 아내가 다른 사람의 맷돌을 돌리고 그자들과 잠자리를 같이한다고 해도 나는 아무 할 말이 없을 것이네. 만일 내가 그런 사악한 짓거리를 저질렀다면, 응당 재판에 회부되어 재판관들에게 벌을 받아야 마땅할 것이네. 참으로 그런 짓은 파멸에 이르는 불이므로, 나의 모든 소출과 재산을 뿌리째 뽑아낸다 해도 아무 할 말이 없지 않겠는가!"

'다른 사람의 맷돌을 돌린다.'는 말은 다른 사람의 종이 되어 비천하고 고된 종살이를 한다는 뜻이다. 고대 중근동 사회에서 맷돌을 돌리는 일은 노비 중에서도 가장 미천한 여자 노예의 일이었다. 또한 여종은 주인의 소유물에 불과했으므로 주인이 원하면 언제든지 잠자리도 같이

해야 하는 신세였다.

한편, 남편의 범죄에 대하여 그 아내가 죄의 대가를 치르는 현상은 고대 사회의 가부장적인 풍습을 반영한 것이다. 고대 사회에서 아내는 남편에게 딸린 소유물로 취급되었기에 남편의 행동 여하에 따라 아내의 운명이 결정되었다. 또한, 아내가 겪는 모든 수치와 모욕은 그대로 남편에 대한 수치와 모욕으로 연결되었다.

아내뿐만 아니라, 딸이나 여동생이 겪는 수치와 모욕도 그러했다. 그것은 개인에 대한 수치와 모욕에 그치지 않고, 그녀가 속한 가족과 가문에 대한 수치와 모욕으로 간주되었다. 일례로, 야곱의 딸 디나가 세겜 성읍의 추장에게 성폭행을 당했을 때, 야곱의 아들들이 크게 격분하여 세겜 성읍의 모든 주민을 학살한 사건은 이 같은 시대 상황이 반영된 것이다(창 34장).

> "내 집에 있는 남종이나 여종이 내게 무슨 탄원을 할 때마다 나는 언제나 그들의 말을 귀 기울여 듣고서 올바르게 처리하여 주었네. 그렇게 하지 않았다면, 내가 무슨 낯으로 하나님을 뵈올 수 있겠으며 또한 그분께서 심판하실 때 내가 무슨 말로 변명할 수 있겠는가. 나를 모태에서 지으신 하나님께서 그들 또한 모태에서 지으신 분이 아니던가. 바로 그분께서 우리 모두를 어머니 뱃속에서 지으시지 않으셨던가."

유력한 유지이고 대부호인 욥은 다른 귀족들이나 지도자들과는 달리 자신의 집안에 딸린 남녀 종들에게 위세를 부리거나 도도하게 굴지 않았다. 보잘것없는 그들의 인격도 결코 무시하지 않고 그들의 억울한 사정을 하나하나 귀 담아 듣고 올바르게 처리해주었다.

욥이 이렇게 행동한 배경에는 모든 사람을 공평하게 지으신 창조주 하나님께 대한 믿음이 있었기 때문이다. 욥은 가난하고 미천한 자들도 자신처럼 부요하고 지체 높은 자들과 마찬가지로 하나님에 의해 똑같이 지음 받았다는 사실을 믿고, 그런 자들을 돌보지 않는 것은 그들을 지으신 하나님을 경멸하는 행위라는 강한 믿음을 갖고 있었다(잠 14:31).

"내가 언제 가난한 이가 도와달라고 내게 손을 내밀었을 때 거절한 적이 있었던가. 내가 언제 어렵게 사는 과부를 실망시켰던 적이 있었던가. 내가 언제 의지할 데 없는 고아들이 굶고 있는데 나만 홀로 배불리 밥 먹은 적이 있었던가. 사실 나는 젊은 시절부터 오갈 데 없는 고아를 친자식처럼 길렀고, 어머니 뱃속에서 나온 뒤부터 일평생 과부를 돌보아 주었다네. 옷 하나 제대로 걸치지 못한 채 얼어서 죽어가는 가난한 사람이나 덮을 것조차 변변히 없는 궁핍한 사람을 보고서도, 내가 언제 그들에게 내 따뜻한 양털 이불로 덮어주지 않았던 적이 있었던가. 그랬기에 그들이 진심으로 나에게 복을 빌어주지 않았던가. 재판이 열려도 내가 이길 것이라고 생각하고는, 내가 언제 의지할 데 없는 고아를 내리친 적이 있었던가. 만약 그랬다면, 내 팔이 떨어져 나가도 할 말이 없고 내 팔의 관절이 부러져도 마땅하지. 진실로 나는 하나님의 심판이 두렵고 또한 그분의 위엄이 무서워서라도 그런 짓을 할 수가 없다네."

유력한 유지요 대부호인 욥은 자신의 안녕과 가족의 행복을 위해서만 살지 않았다. 위세를 부리거나 교만을 떨지도 않았다. 힘 있고 가진 자답게 성심껏 책임을 다하며 살았다. 그래서 사회에서 소외된 자들(가난한 이들, 고아들, 과부들, 노숙자들 등)에 대해 긍휼의 마음을 품고서 그들을 위해 많은 자선과 선행을 베풀며 살았다. 힘없고 비천하고 가진 게 없다고 해서 그들을 무시하거나 그들에 대해 어떤 악이나 폭력도 행사하지 않았다. 하나님의 심판과 위엄이 두렵고 무서워서라도 그렇게 행할 수 없었노라고 욥은 고백한다.

욥의 모든 행위가 그러했기에 욥에게서 이런저런 은혜를 입은 자들은 우러나오는 감사의 마음으로 욥에게 기꺼이 복을 빌어 주었다. 누가 뭐라 해도 한 점 틀림없이 사실이 이러했기에, 욥에게 어떤 숨겨진 죄악이 있을 것이라고 추론하면서 계속해서 회개를 독촉하는 친구들의 충고와 설득에 욥은 하등 공감을 느낄 수 없었던 것이다. 욥은 계속해서 자신의 결백과 무죄를 항변한다.

> "그렇다고 해서 내가 언제 황금을 믿은 적이 있었던가. 내가 가진 순금을 믿고 그것을 의뢰한 적이 있었던가. 내가 언제 재산이 많다고 우쭐대기라도 한 적이 있었던가. 내 손으로 얻은 재물이 많다고 기뻐한 적이 있었던가. 내가 언제 환하게 빛을 발하는 태양을 바라보고, 혹은 밝고 아름답게 빛나는 달을 바라보고, 그것들에게 은근히 마음이 끌려 그것들을 섬긴다는 표시로 내 손에 입을 맞춘 적이 있었던가. 만일 내가 그랬다면, 그런 짓은 저 높은 곳에 계시는 하나님을 부인하는 일이므로 마땅히 큰 벌을 받아야 할 걸세."

여기서 욥은 자신의 재물과 일월(日月)에 관해 언급하고 있다. 그 이유는, 재물을 자랑하고 의지하는 물신주의(物神主義)에 빠져들지 않았고, 또한 하늘의 해와 달을 섬기는 우상숭배에 젖어들지 않았음을 나타내기 위함이다. 욥의 시대에 해와 달을 섬기는 우상숭배자들은 해와 달에 대한 존경과 경배의 표시로 자기 손에 입을 맞추는 행위를 했다. 즉, 해와 달이 멀리 떨어져 있기 때문에 그것들에게 직접 경배의 입맞춤을 할 수 없으므로 자기 손에다 대신 했던 것이다.

욥이 살던 주전(B.C.) 2천 년경의 고대 세계에서는 부족이나 나라마다 일월성신(日月星辰)의 숭배가 널리 유행하고 있었다. 하지만 욥은 그러한 데 결코 유혹당하거나 조금도 동요되지 않았음을 고백한다. 그러했기에 사건의 발단 부분에서 보듯(욥 1-2장), 하나님께서는 사탄 앞에서 욥을 크게 자랑했던 것이다(욥 1:8; 2:3). 자신의 무죄와 결백을 주장하는 욥의 간증은 계속 이어진다.

"내가 또 언제 내 원수가 망하는 것을 보고 기뻐한 적이 있었던가. 그들이 곤란한 지경에 빠졌다고 해서 내가 언제 흐뭇해한 적이 있었던가. 참으로 나는 내 원수더러 죽으라고 저주함으로써 내 입으로 죄를 지은 적이 없다네. 자네들은 혹 내 집에서 일하는 사람들의 말을 들어본 적이 없는가. 그들은 말하기를 '길 가던 나그네치고 우리 주인이 주는 고기로 배불리 먹어보지 않은 사람이 없다.' 한다네. 나는 지금껏 나그네가 거리에서 밤을 새우도록 그냥 내버려둔 적이 한 번도 없었다네. 진실로 나는 나그네를 위해 내 집 대문을 언제나 활짝 열어 놓았다네."

지금까지의 여러 선행들에 더하여 욥은 두 가지 사실을 또한 언급한다. 하나는, 원수들에 대하여 어떤 저주의 말도 내뱉은 적이 없고, 그들의 멸망이나 환난을 조금도 기뻐한 적이 없다는 것이다. 말하자면 원수들조차 내치지 않고 사랑의 가슴으로 품었다는 말이다. 욥의 인품이 얼마나 탁월했는지 가히 짐작할 수 있다.

다른 하나는, 나그네를 못 본 체하지 않고 성심껏 거두어주고 돌봐주었다는 것이다. 고대 사회에서 3대 약자는 고아, 과부, 그리고 나그네였다. 그래서 후일의 모세 율법은 이들에 대해 특별히 배려하고 보살펴줄 것을 규정했다. 욥은 그런 율법 규정이 기록되기 훨씬 이전부터 사회에서 소외된 그런 약자들에 대해 성심성의껏 보살펴주었던 것이다. 그러므로 어느 면으로 보든 욥에게서 윤리적인 허물이나 도덕적인 잘못을 찾을 수 없었다. 욥 자신도 이처럼 윤리적, 도덕적으로 아무런 부끄러움 없이 떳떳했기에 계속해서 자기 결백과 무죄를 주장해나갈 수 있었다.

"사람들은 죄를 짓고 나면 다들 숨기려고 애쓰게 마련이지만, 나는 다른 사람들처럼 내 가슴속에 죄를 묻어둔 적이 결코 없다네. 그러니 사람들이 수군대는 것을 내가 무서워할 필요가 전혀 없었지. 남에게 비웃음을 당할까봐 집안에만 틀어박혀 입 다물고 숨어 있을 이유가 하나도 없었다네."

자신의 양심에 비추어 스스로 생각할 때에도 아무런 잘못과 허물이 없었고, 그래서 남몰래 숨겨야 할 그 어떤 죄악도 없었기에, 욥은 다른 사람들의 수군거림이나 비웃음 등에 전혀 개의할 필요가 없었고 조금도 위축되지 않았다. 꺼림칙한 게 하나도 없었기에 언제 어디서든 당당하게 사람들 앞에 나설 수 있었다.

그래서 과연 지난날에 뭇 사람들은 욥을 보면 겉과 속이 한결같은 그 고매한 인품에 너나 할 것 없이 칭송하였고, 누구든지 그런 욥 앞에서 함부로 입을 열어 말하지 못했다. 또한 매사에 모범 되는 삶을 살았으므로 욥의 충고에 남녀노소와 빈부귀천을 막론하고 잠잠하였고, 욥의 지도에 아무런 군말 없이 누구나 잘 따랐다(욥 29장). 사실이 이러했기에, 욥은 자신이 당하는 고난의 이유를 도무지 알 수 없어 다시금 크게 한탄한다.

"아, 누군가 귀 기울여 내 말 좀 들어주었으면. 맹세코 나는 사실대로 말하였고 어떤 거짓말도 하지 않았건만. 그러므로 바라기는 이제 전능하신 분께서 내게 대답해주시기를! 또 바라기는 차라리 내 원수가 나를 고발하면서 내 죄과를 기록한 고소장이라도 있어 내가 그것을 읽어볼 수 있도록 내게 들이밀기를! 차라리 그랬더라면 속이라도 후련하겠건만. 정말이지 그런 것이라도 있다면, 난 그것을 내 어깨 위에다 자랑스럽게 걸치고 내 머리에 왕관처럼 쓰고는 왕자처럼 당당하게 하나님께로 가까이 걸어가서 내가 행한 모든 일을 낱낱이 그분께 아뢸 수 있을 텐데."

성읍의 유지이고 지도자인 욥은 성읍 사람들 사이에 무슨 문제가 생기면 성문 앞의 광장에 법정을 개설한 뒤 고발자의 고소장을 읽고 또한 피의자의 변론을 들은 후에 시시비비를 가려 유무죄를 판결하는 재판 행위에 익숙했다. 모든 시비 사건에 대해 반드시 그런 재판 절차를 거쳐야만 억울한 사람 없이 공정하게 사건을 처리할 수 있었다.

"차라리 내 죄과를 기록한 고소장이라도 있었더라면!"

그런데 욥은 자신의 경우에 그런 재판 절차가 전혀 주어지지 않은 점에 대해 항변하고 있다. 욥 자신의 어떤 잘못과 죄악을 고발하는 고발자의 고소장이 있어 그 내용이라도 한번 들여다보면 속이라도 후련하고, 만일 자신조차 알지 못했던 그 어떤 죄악이 그 고소장에 쓰여 있다면 자신이 겪고 있는 모든 고난을 충분히 수긍하고 아무런 불평 없이 기꺼이 감당할 텐데, 도대체가 그런 고소장조차 하나 없고 아무런 재판 절차도 없이 무조건 혹독한 고난을 겪고 있으니, 욥으로서는 정말이지 억울해 죽을 지경이었다.

오죽했으면 욥은 자신을 고발하는 그런 고발장이라도 하나 있으면 그것을 자기 어깨 위에 자랑스럽게 걸치고 자기 머리에 왕관처럼 쓰겠노라고 했을까. 그런 고발장이 있다는 것은 법정이 열리는 것을 의미하고, 그렇게 법정이 열린다면 욥은 자기 결백과 무죄를 확신하기에 왕자처럼 당당하게 하나님께로 가까이 걸어가서 자신이 행한 모든 일을 낱낱이 아뢰면서 자신을 충분히 변호할 수 있을 것이기 때문이다.

그렇지만 지금 욥은 고발장 하나 없이, 아무런 재판 절차 없이 그저 고난을 겪고 있고, 친구들은 그 고난이 오롯이 욥의 죄악 때문이라고 신랄하게 비난하며 정죄하고 있을 뿐이다. 참으로 답답하여 복장이 터질 노릇이다. 그래서 욥은 다시금 자기 결백과 무죄를 부르짖으며 모든 말을 맺는다.

> "내 땅이 나를 향해 한 번도 원망한 적이 없고, 내 밭고랑도 나를 향해 한 번도 불평한 적이 없다네. 내가 언제 값을 치르지 않고 땅의 소출을 먹은 적이 있었던가. 내가 언제 소작인들의 수확을 빼앗아 그들을 굶긴 적이 있었던가. 만약 내가 그런 적이 단 한 번이라도 있었다면, 내 땅에서 밀 대신 찔레가 나오고 보리 대신 잡초가 무성하게 자라더라도 아무런 할 말이 없겠네."

욥은 자신의 재산이 결코 다른 사람들을 해쳐서 탈취한 것이 아님을 강조한다. 욥은 재물을 모으는 데 있어서 깨끗하고 정직했던 것이다. 부당이익이 전혀 없는 청렴한 재산이었다. 오늘날에도 그런 경우가 더러 있지만, 특히 종이나 노동자의 인권이 크게 무시된 고대 세계에서는 많은 땅을 가진 지주가 고용한 일꾼들의 품삯을 제대로 지불하지 않거나 소작인의 몫을 정당하게 분배하지 않고 밭의 소출을 독점적으로 거두어 먹는 경우가 자주 있었다. 큰 부자였던 욥은 결코 그런 착취나 인색한 짓은 하지 않고 정당하게 지불하고 넉넉하게 베풀면서도 하나님의 복 주심으로 인해 많은 재물을 모을 수 있었다.

> [내레이션] 욥은 이렇게 자기 말을 모두 마쳤다.

이로써 모두 3차에 걸친 욥과 그의 세 친구들(엘리바스, 빌닷, 소발) 간의 주고받았던 변론은 최종 마무리되고, 사건의 전개 부분(제2막~제4막, 욥 3-31장)도 종결된다. 이후로는 지금껏 등장하지 않고 내내 침묵을 지키고 있었던 젊은 친구 '엘리후'가 전면에 등장하여 변론함으로써 사건의 전환 부분이 펼쳐진다(욥 32-37장).

32
젊은 엘리후의 등장

하는 수 없이 제가 이렇게 입을 연 것은
가슴속이 포도주 끓듯 하고
포도주 자루도 터지려 하고
할 말이 너무 많아 그렇습니다

제 5 막 : 사건의 전환 (엘리후의 중재 변론, 32-37장)

욥기의 제5막은 사건의 전환 부분으로 엘리후의 긴 중재 변론으로 구성된다(32-37장). 지금껏 욥과 그의 세 친구들 간에 세 차례에 걸쳐 치열한 변론이 있었고(3-27장), 세 친구들이 마침내 입을 닫자 욥이 독백처럼 자기 심경과 처지를 토로하는 장면이 전개되었다(28-31장). 하지만 욥의 고난에 대한 문제는 아무런 해결점을 찾지 못한 채 욥의 친구들은 그저 답답해했고, 욥은 억울해했다. 어색하고 무거운 기운만이 감돌았다.

바로 이런 때에 제3의 인물인 젊은 친구 엘리후가 중재자를 자처하고 등장한다. 그는 지금껏 단 한 번도 소개된 적이 없었지만, 사실은 처음부터 욥과 세 친구 간에 이루어진 변론 자리에 쭉 함께하고 있었다. 그가 어떤 방식으로 그 자리에 합류했는지는 알 수 없지만, 여하튼 모든 변론을 처음부터 끝까지 묵묵히 다 듣고 있었다.

그러던 중 세 친구가 먼저 입을 닫고 욥마저 자기 할 말을 다 마치자, 비로소 엘리후가 앞으로 나서서 자기 할 말을 피력한 것이다. 이처럼 엘리후가 내내 침묵하다가 맨 나중에 나선 까닭은, 그는 참가자들 중 가장 나이가 어렸으므로 당시 연장자를 존대하는 사회적 윤리와 관습에 따라 어르신들의 대화에 불쑥 끼어들 수 없었기 때문이다. 하지만 이제는 어르신들 모두가 할 말을 다 마친 상태였으므로 엘리후가 지금부터는 자신의 말을 마음껏 피력하게 된다.

[제5막 제1장, 무대는 우스 땅 욥의 무너진 집터. 지금까지 전혀 소개가 없었던 젊은 친구 엘리후의 갑작스런 등장으로 욥기 사건 전체의 구조와 내용이 큰 전환을 맞게 된다. '욥기'라는 극시에서 엘리후가 맡은 배역은 '중재자' 역할이다. 그래서 욥과 그의 세 친구들과는 다른 견해를 제시한다. 욥의 친구들에 대해서는 욥의 고난이 그의 죄악에 따른 하나님의 징벌이 아니라 오로지 '하나님의 연단'일 수 있다고 말하고, 또한 욥에 대해서는 전능자요 주권자이신 하나님 앞에 한낱 사람이 무죄와 결백을 계속해서 주장하는 것은 잘못된 일이라고 말한다.

이 같은 엘리후의 권면은 지금껏 욥과 그의 친구들 사이에 전개된 논쟁보다는 진리에 가깝고 객관적인 사실이라 볼 수 있다. 하지만 그도 역시 절대주권자이신 하나님의 지혜와 경륜에 대해서는 한참 모자라는 뚜렷한 한계를 지니고 있었다. 따라서 엘리후의 중재 역시 욥의 고난에 대한 해결책이 되지 못했다. 결국 엘리후의 말이 모두 끝난 뒤 하나님께서 등장하고서야 욥의 문제는 비로소 해결될 수 있었다. 한편, 본장(32장)은 엘리후가 본격적인 중재 변론을 하기에 앞서 자신이 중재자로 나서게 된 동기에 관해 말하는 서론적인 부분이다.]

그동안 계속 침묵하고 있던 젊은 친구 엘리후의 등장 (32:1-22)

[내레이션] 욥이 이렇듯 스스로 옳다고 거듭 주장하므로, 욥의 세 친구는 더 이상 대꾸하지 않는다. 그러자 처음부터 줄곧 그들의 변론을 듣고

있던 람 족속 출신인 부스 사람 바라겔의 아들 엘리후가 불끈 화를 낸다. 욥에게 화를 낸 것은 자신이 하나님보다 의롭다는 식으로 말했기 때문이다. 또한 엘리후가 욥의 세 친구들에게 화가 난 것은, 그들이 욥이 하는 말에 제대로 반박하지도 못하면서 욥에게 모든 잘못이 있다고 단정하고 있었기 때문이다. 그럴지라도 엘리후는 그들이 자신보다 나이가 더 많았기 때문에 그들의 말이 모두 끝나기를 기다리면서 잠자코 입을 다물고 있을 수밖에 없었다. 그런데 마침내 세 사람이 더 이상 욥에게 할 말을 찾지 못하자 엘리후가 화를 내며 앞으로 나선 것이다. 그리하여 부스 사람 바라겔의 아들 엘리후가 입을 열어 말하기 시작한다.

욥의 고난 사건에 대해 중재자를 자처하고 나선 제3의 젊은 친구인 엘리후가 그의 이름과 함께 출신 지역 및 부친 이름까지 소개되고 있다. 이는 그가 욥의 세 친구들보다 중요한 인물임을 암시한다.

엘리후는 람(Ram) 족속 출신으로 부스(Buz) 사람이었고 부친 이름은 바라겔이었다. '부스'는 아라비아 북부에 있는 한 지역으로(렘 25:23), 아브라함의 조카인 부스의 후손들이 사는 곳으로 추정된다(창 22:20-21). 그리고 '바라겔'은 '하나님께서 복 주신다.'란 뜻이며, '엘리후'는 '그분은 나의 하나님'이란 뜻이다. 이 같은 사실을 종합해보면, 엘리후의 집안은 아브라함에게서 비롯된 여호와 신앙의 뿌리가 있는 신앙의 가정임을 알 수 있다. 그런 견고한 신앙적 밑바탕이 있었기에 엘리후는 욥의 고난에 대해 그럴듯한 변론을 피력할 수 있었던 것이다.

변론에 나서면서 엘리후는 나이가 어려 어르신들의 변론에 끼어들지 못하는 동안 줄곧 억누르고 있던 불만을 터뜨리며 화를 냈는데, 두 가지 이유 때문이다. 하나는, 욥이 끝까지 자신의 결백과 무죄를 주장함으로써 하나님보다 자기 의로움을 더 내세우는 잘못된 모습을 나타내 보였기 때문이다. 다른 하나는, 욥의 친구들이 당시의 사회 통념에 따른 구태의연한 방식으로 욥을 무작정 비난하고 정죄함으로써 욥을 설득하는 데 실패했기 때문이다.

(엘리후, 어르신들의 주고받는 변론이 진행되는 동안 자기 할 말을 꾹 참으며 줄곧 듣기만 하고 있다가, 마침내 자신의 차례가 이르자 작심하고 마음속의 말들을 토로하는 모양새다. 그동안 많이 답답하고 안타까웠다는 투로.) “어르신들, 제 말을 들어보십시오. 세 분은 저보다 웃어른이시고 저는 아직 젊어서 선뜻 나설 수가 없었습니다. 그래서 지금껏 제 생각을 감히 말씀드릴 수가 없었습니다. 저는 당연히 나이 드신 어르신들께서 말씀하시고 나이 어린 저는 들어야 한다고 생각했습니다. 살아오신 연세만큼이나 더 많은 지혜를 터득하셨을 것이라고 믿었기 때문입니다. 그러나 이제 깨닫고 보니, 사람을 슬기롭게 하는 것은 나이가 아니라 사람 속에 깃든 영이고, 전능하신 분의 입김이더군요. 나이가 많다고 모두 지혜로운 것이 아니고, 또한 오래 살았다고 해서 분별력이 더 있는 것도 아니라는 사실을 알았습니다. 그러므로 이제는 제 말을 들어보십시오. 저도 제 의견을 어르신들께 말씀드리도록 하겠습니다.”

고대 중근동의 가부장 사회에서는 남녀 및 나이에 따른 존대와 질서의 관습이 엄격하게 지켜졌다. 따라서 어르신들의 대화에 젊은이들이 끼어드는 일은 크나큰 무례였다. 그래서 욥에 대해 말할 때에도 세 친구는 나이 순서대로(엘리바스 → 빌닷 → 소발) 입을 열었다. 상황이 그러했기에 욥이나 그의 세 친구들에 비해 나이가 한참 어린 엘리후는 하고 싶은 말은 많았지만 어르신들의 주고받는 변론에 일체 끼어들지 않았다.

그러다가 어르신들의 모든 말이 다 끝나자 엘리후는 비로소 입을 열어 자기 견해를 말하기 시작했는데, 그 첫 마디가 사람의 지혜와 분별력은 그가 살아온 세월과 정비례하는 것이 아니고, 전능자 하나님의 입김(히, 네솨마) 곧 전능자 하나님의 숨결과 영감(靈感)을 받은 영적인 사람이 더욱 지혜롭고 분별력 있다는 점을 일깨우는 것이었다.

그럼으로써 엘리후는 자신의 말, 곧 비록 육체적인 나이는 어려도 영적으로는 하나님과 더욱 가까운 엘리후 자신의 말이 나이 많은 어르신들의 말보다 더 지혜롭고 분별력 있다는 것을 뒷받침하고자 한다. 이렇게 자신의 탁월한 영성을 강조한 후에 엘리후는 본격적인 변론을 하기에 앞서 자신이 중재자로 나설 수밖에 없었던 동기에 관해 말한다.

"자, 보십시오. 세 분께서 말씀하시는 동안 저는 줄곧 기다렸습니다. 세 분께서 그럴듯한 말을 골라 열심히 논리를 펼치시는 동안 저는 내내 귀 기울여 들었습니다. 그래서 저는 한마디도 빠뜨리지 않고 세 분의 말씀을 주의 깊게 잘 들었습니다. 하지만 어르신들 가운데 어떤 분도 욥 어르신이 그르다는 것을 제대로 입증하지 못하였고, 또 욥 어르신의 주장에 대해 누구도 제대로 답변하지 못하더군요. 그러므로 어르신들은 '욥에 대해 반박할 사람은 사람이 아니라 하나님이시다. 그것이 우리가 깨달은 지혜다.'라고 말씀하시지 마십시오. 욥 어르신이 제게 직접 말을 걸어온 것이 아니므로, 이제부터 저는 세 분께서 말씀하신 것과는 다른 방식으로 욥 어르신께 대답하도록 하겠습니다."

엘리후는 욥과 그의 친구들 간에 제3차에 걸쳐 진행된 토론에서 욥이 친구들을 이겼다고 판단했다. 즉, 엘리후는 욥의 세 친구들이 '자신은 결백하다.'라고 주장하는 욥의 변론을 효과적으로 반박하지 못함으로써 토론에서 패배한 것으로 보았다. 그렇다고 해서 엘리후가 욥의 주장에 동의한 것은 아니었다. 그는 단지 욥의 친구들이 토론의 전략전술에서 욥을 설득하는 데 실패한 것으로 보았다.

그래서 엘리후는 욥의 친구들과는 다른 방식으로 욥에게 말하고자 했다. 결국 엘리후가 말한 것은, 욥에게 임한 고난은 그를 더욱 의롭게 만드시려는 '하나님의 연단'이라는 것이다. 그런 견해는 세 친구들의 인과응보론적인 견해에 비해 진일보한 좋은 통찰력이긴 하지만, 여전히 욥에게는 해당되지 않았다.

"욥 어르신, 세 분 친구들은 놀라서 더 이상 말을 하지 못합니다. 그분들은 어르신께 답변할 말을 찾지 못하고 있습니다. 그분들이 더 이상 말을 잇지 못하고 입을 다문 채 가만히 서 있다고 해서, 저까지 그분들처럼 마냥 침묵하고 있어야만 하는 건가요? 그럴 수는 없습니다. 이제는 제가 욥 어르신께 대답하겠습니다. 저에게도 할 말이 있으므로 제 의견을 말씀드리도록 하겠습니다."

엘리후는 욥의 세 친구들이 욥과의 토론에서 제대로 말하지 못했다는 사실을 지적하면서, 이제부터 자신은 지금껏 주장한 욥의 세 친구들과는 다른 견해를 말씀드리겠다는 입장을 밝히고 있다. 과연 이후 전개되는 엘리후의 견해는 욥의 세 친구들의 견해와는 달랐다.

욥의 세 친구들은 욥에게 임한 고난은 욥의 숨겨진 죄악에 대한 하나님의 마땅한 징벌이라고 주장했지만, 엘리후는 사람에게 임하는 고난은 그를 가르치고 다듬고 연단시키는 하나님의 교육 방법이라고 주장했다. 이 같은 엘리후의 관점은 확실히 인과응보와 권선징악에 기초한 욥의 세 친구들의 견해보다야 진일보한 것은 맞다. 하지만 그렇다고 해서 욥의 고난에 대해 그 핵심을 짚었다고 볼 수는 없다.

"욥 어르신, 이제는 내 의견을 말씀드리도록 하겠습니다."

그 핵심은 이것이다. 욥의 고난은 어디까지나 하나님의 절대주권에 기인한 것으로, 만물의 창조주요 만유의 주권자이신 하나님께서는 자신의 기쁘신 뜻대로 만사에 대하여 이렇게도 혹은 저렇게도 행하실 수 있는데, 거기에 대해 하늘의 일월성신은 고사하고 하나님의 극히 작은 피조물에 불과한 '하마'나 '악어'조차 제대로 감당치 못하는(욥 40-41장), 한낱 피조물 된 인간이 그 이유나 까닭을 물어선 안 된다는 것이다. 오로지 순종과 감사와 찬양만이 마땅하다는 것이다. 엘리후는 그런 핵심을 파악하지 못한 채 자신의 논지를 그럴듯하게 펼쳐간다.

"어르신들, 제게는 할 말이 너무나 많습니다. 제 심령이 저에게 어서 말을 하라고 재촉합니다. 지금 제 가슴 속은 봉한 포도주 통처럼 부글부글 끓습니다. 새 포도주를 담아놓은 가죽부대처럼 터지기 일보 직전입니다. 그래서 제가 입 다문 채 말하지 않으면 죽을 것 같습니다. 입술을 열어 답변하지 않으면 도무지 견딜 수가 없습니다. 미리 말씀드리지만 저는 누구의 편도 아니고, 어떤 사람에게도 아첨하는 말은 하지 않을 것입니다. 어차피 저는 아첨할 줄 모릅니다. 만일 제가 입에 발린 아첨의 말을 한다면, 저를 지으신 분께서 지체없이 저를 데려가 버리실 것입니다."

엘리후는 현재 자신의 마음속 상태를 '봉한 포도주 통' 또는 '새 포도주를 담아놓은 가죽부대'에 비유했다. 이런 상태는 통이나 가죽부대 안에 든 포도주가 발효됨에 따라 통이나 가죽부대가 팽창하게 되어 금방이라도 터져버리기 때문이다. 그만큼 마음속에 담아둔 말들이 많다는 의미다.

그래서 엘리후는 이제부터 막 터지기 일보 직전인 마음속의 말들을 마음껏 발설할 터인데, 누구의 편을 들어 사실을 왜곡하거나 누구의 낯을 봐서 아첨하는 말 따위는 하지 않겠노라고 미리 못 박아 두고 있다. 이후 그의 본격적인 변론은 33장부터 37장에 이르기까지 다섯 장에 걸쳐 길게 이어진다.

33

엘리후의 1차 권면

결백하다거나 깨끗하다고 주장하지만
하나님 앞에서는 안 됩니다
하나님은 꿈속에서까지
교만하지 말라고 하십니다

[제5막 제1장의 계속, 무대는 우스 땅 욥의 무너진 집터. 앞의 장(32장)에서 자신이 나서서 변론하게 된 동기를 설명한 엘리후가 이제 자신의 변론을 본격적으로 전개하는 장면이다. 여기서 엘리후는 하나님의 도우심으로 자신이 권면의 말을 하기에 정직하고 진실하다는 것, 하나님 앞에서 자기 무죄와 결백을 내세우는 욥의 주장이 잘못되었다는 것, 그리고 하나님께서 사람을 가혹하게 다루시는 것은 그에게 은혜를 베풀기 위한 의로운 조치라는 것을 주장하면서, 자신의 권면이 모쪼록 욥을 의롭게 하려는 의도에서 비롯된 것이니만큼, 귀 기울여 자기 말을 들을 것을 호소한다. 이처럼 엘리후가 욥의 고난과 관련해서 '하나님의 연단'이라는 새로운 시각을 드러낸 것은 나름대로 평가할 만하지만, 그럼에도 그런 시각조차 욥이 직면한 고난의 근원에 대해 근원적인 해결책은 되지 못했다.]

욥의 고난에 대한 엘리후의 첫 번째 변론 (33:1-33)

(엘리후, 아주 똑똑하고 아는 것도 많은 당찬 젊은이다. 그래서 자기가 하는

말에 자신감이 가득하다.) "욥 어르신, 제 말을 잘 들어보십시오. 제가 하는 모든 말에 귀를 기울여주시기 바랍니다. 이제 제가 입을 열어 말하겠습니다. 제 입의 혀가 이제 막 말을 하기 시작합니다. 저는 가슴에서 우러나는 말만을 하겠습니다. 저의 입술은 제 생각을 솔직하게 쏟아낼 것입니다. 하나님의 영이 저를 지으셨고, 전능자의 숨결이 제게 생명을 주셨습니다. 그러니 제 말에 대답할 수 있다면 얼마든지 대답해보십시오. 단단히 마음먹고 제 말에 반박해보십시오. 하나님 앞에서는 어르신이나 저나 다를 것이 하나도 없습니다. 저 또한 진흙으로 빚어진 몸입니다. 그러니 욥 어르신이 저를 두려워하실 이유가 전혀 없고, 저 역시 어르신을 억지로 억누를 수 없습니다."

엘리후는 자신의 말할 권리에 관해 거듭 강조한다. 자신이나 욥이나 하나님 앞에서는 똑같은 피조물이므로 동등한 자격으로 말할 수 있다고 주장한다. 이처럼 엘리후가 말하기 전에 말할 권리에 대해 특별히 강조한 것은 다른 토론자들에 비해 엘리후의 나이가 한참 어렸기 때문이다(욥 32:4). 고대 중근동 사회에서 나이 어린 사람이 한층 나이 든 사람에게 자기주장을 당당하게 말하는 것은 아주 건방지고 무례한 일로 간주되었다.

"하지만 제가 듣는 데서 어르신은 분명히 말씀하시기를 '나는 결백하며 아무런 죄도 없다. 나는 깨끗하고 죄 지은 일이 없다. 그런데도 하나님께서 내게서 흠을 잡으시고 나를 원수 대하듯 하신다. 그분께서 내 발을 쇠사슬로 묶어 놓으시고 내 모든 발걸음을 가까이에서 감시하신다.'라고 하셨습니다. 하지만 욥 어르신, 제가 말씀드리건대 그 점에 있어서 어르신이 옳지 못하십니다. 왜냐하면 하나님께서는 그 어떤 인간보다도 크신 분이기 때문입니다."

비록 엘리후가 욥의 말을 잘 요약하여 제시했다고 할지라도(욥

13:23-27), 정확한 통찰은 아니다. 욥이 자신의 결백을 주장한 것은 사실이지만, 자신이 전혀 죄 없다고 주장하지는 않았다. 욥은 여러 경우에서 자신의 죄인 됨을 인정했다(욥 7:21; 13:26). 다만 욥이 억울해 한 것은, 지금 겪고 있는 혹독한 고난을 마땅히 당할 만큼 그런 가증스러운 죄악을 짓지는 않았다는 것이다. 그래서 욥은 자신의 고난이 자신의 잘못에 비해 너무 부당하다는 사실을 하나님의 법정에서 증명하기를 간절히 원했던 것이다. 욥을 향한 엘리후의 말은 이어진다.

> "하나님께서 사람의 말에 아무런 답변을 하시지 않는다고 해서, 어떻게 어르신은 그분과 논쟁하려고 하십니까. 사실 하나님께서는 이런 방식 또는 저런 방식으로 말씀하시지만, 단지 사람이 그걸 알아듣지 못하는 것입니다. 사람이 꿈을 꿀 때나 밤중에 환상을 볼 때나 혹은 잠자리에 누워 깊은 잠에 빠져 있을 때, 하나님께서는 사람의 귀를 여신 뒤 말씀하시고, 사람들에게 경고하여 그들을 놀라게 하십니다. 악한 짓을 그만하고 이제 돌이키라고 말씀하시고 교만하지 말라고 경고하십니다. 그렇게 해서 하나님께서는 사람의 영혼이 멸망의 구덩이에 빠지지 않도록 지켜주시고 그들의 생명을 사망의 늪에서 건져주십니다."

엘리후의 말처럼, 하나님의 특별계시의 완성인 성경이 있기 전의 구약시대에는 하나님께서 꿈이나 환상을 통해 사람들에게 계시를 전달하곤 하셨다. 엘리후는 생각하기를, 하나님께서 분명 욥에게도 그런 방식을 통해 말씀하시고 답변하셨을 텐데, 다만 욥이 자기 결백과 무죄를 주장하며 하나님과 논쟁하느라 그런 답변을 듣지 못했다는 것이다.

그렇다면 사람이 하나님과 논쟁하는 것은 나쁜 것인가? 그것은 논쟁의 성격에 달려 있다. 욥이나 시편의 여러 저자들처럼, 사람이 하나님의 주권을 인정하는 가운데 하나님의 깊은 뜻을 발견할 수 없어 때로 불평하고 부르짖는, 그런 식의 논쟁은 결국 신앙의 성숙을 위한 것으로서 나쁘다고 말할 수 없다. 하지만 사람이 자신의 의(義)를 드러내고 하나님의 잘못을 밝혀내기 위한 논쟁이라면, 그것은 하나님의 주권에 도전하는 일로서 악하고 나쁜 것이다.

"하나님께서는 사람을 올바른 길로 이끄시려고 때때로 사람에게 뼈마디가 쑤시도록 아픈 병을 주시기도 하십니다. 그러면 그 사람은 입맛을 잃고 아무리 좋은 음식이라도 쳐다보기조차 싫을 지경이 되다가, 결국에는 살이 쏙 빠져 몸이 바짝 야위게 되고, 전에 보이지 않던 뼈가 앙상하게 불거져 나올 것입니다. 그리하여 그 사람의 영혼은 무덤 가까이에 이르게 되고, 그의 생명은 죽음의 문턱에 다다르게 되는 것입니다."

엘리후는 욥의 고난을 '하나님의 교육'이라는 차원에서 보았다. 하나님께서 욥을 올바른 길로 이끄시기 위해 그로 하여금 사망(무덤)의

"욥의 재난은 하나님의 교훈적인 징계라고 봅니다."

문턱에까지 다다르게 하셨다는 것이다. 욥의 고난에 대한 이 같은 엘리후의 시각은 욥의 다른 친구들보다는 한 단계 성숙한 관점인 것은 분명하다.

사실, 고난은 우리로 하여금 우리의 관심을 하나님께 맞추도록 하고 또 자신을 성찰할 수 있도록 이끈다. 이처럼 고난은 종종 교육적인 기능을 수행한다. 그렇지만 욥의 경우에서 보듯, 모든 고난이 징벌 때문에 온다거나 또는 교육적인 목적 때문에 오는 것은 아니다. 그것은 때로 하나님의 전적인 절대주권에 속한 것이기도 하다. 다시 말해 사람으로서는 도무지 알 수 없는 하나님의 신묘막측한 섭리와 경륜에 의한 것이기도 하다.

이런 관점에서 보면, 욥의 고난에 관한 한 욥의 세 친구는 물론이고 엘리후의 시각도 잘못되었다. 그래서 나중에 하나님께서는 그들을 책망하셨다(욥 42:7-9). 엘리후의 말은 이어진다.

> "그러나 그때에 혹시라도 하나님의 수많은 천사들 중 하나가 그 사람의 곁에 해석자로 나타나 그에게 무엇이 옳은 일인지를 일러준다면, 그리하여 하나님께서 그 사람을 불쌍히 여기시고 그에게 은혜를 베풀며 말씀하시기를 '그를 살려 주어 무덤으로 내려가지 않도록 하여라. 내가 그의 몸값을 받았다.'라고 하신다면, 그러면 그 사람의 몸은 어린아이의 몸처럼 다시 새로워질 것이고 젊은 날을 다시 맞은 것처럼 건강하게 회복될 것입니다."

엘리후는 욥이 하나님의 뜻을 올바로 깨닫게 되면 하나님의 은혜로 무덤에 내려가지 않고 다시금 예전처럼 젊고 건강한 몸으로 회복될 수 있다고 말한다. 이때 엘리후는 하나님의 뜻을 옳게 해석하여 욥에게 전달해줄 존재로 '천사'를 언급한다.

하나님의 수많은 천사들 가운데 타락한 그 천사장과 그 천사장을 추종한 무리들 곧 사탄과 귀신들은 하나님 앞에서 우리를 참소하고 이간질하는 존재들이다(욥 1:9-11). 하지만 타락하지 않은 일반 천사들은 여러 방식으로 우리를 섬기고 보호해준다. 하지만 천사는 우리의 죄 문제를 해결해줄 수 없다. 하나님 앞에서 우리의 죄 문제를 해결해줄 수 있는 참되고 유일한 중보자는 오직 예수 그리스도뿐이다(딤전 2:5).

> "그때에 그 사람이 하나님께 기도드리면, 하나님께서 그에게 응답해주실 것입니다. 그러면 그 사람은 기쁜 마음으로 하나님을 뵐 것이며, 하나님께서는 그 사람의 의를 온전하게 회복시켜 주실 것입니다. 그러면 그 사람은 사람들에게 간증하기를 '내가 죄를 지었습니다. 올바른 것을 그르다 하였고 그른 것을 올바르다 하였습니다. 그런데도 하나님께서는 나를 징벌하지 않으셨습니다. 진실로 그분께서는 자비의 손길을 뻗치시어 멸망의 구덩이로 내려가는 내 영혼을 건져주셨고, 그래서 오늘날 나로 하여금 이렇게 생명의 빛을 즐기며 살게 해주셨습니다.'라고 할 것입니다."

하나님의 뜻을 전달해준 천사를 통해 깨달음을 얻은 자가 하나님께 회개의 기도를 드리면, 그 사람은 하나님의 은혜로 말미암아 멸망의 구덩이 곧 무덤(스올)에 내려가지 않고 계속해서 생명을 영위해나갈 수 있으며, 또한 그의 의로움도 온전하게 회복될 수 있다는 말이다. 따라서 욥의 고난과 관련해서 엘리후가 말하고자 하는 바는, 그 무엇보다도 욥이 하나님의 뜻을 올바로 깨닫는 것이 중요하다는 것이다.

> "정말로 이 모든 일은 하나님께서 사람들에게 종종 하시는 일입니다. 하나님께서 사람에게 두 번 혹은 세 번 거듭해서 이런 일을 되풀이하시는 이유는, 멸망의 구덩이로 내려가는 사람의 영혼을 건져 올려 그에게 생명의 빛을 비추어 주시려는 것입니다. 그러니 욥 어르신, 제 말을 잘 들어보시고 제가 하는 말에 귀를 기울여주십시오. 잠잠히 계시면,

> 제가 말하겠습니다. 만일 어르신이 제게 하실 말씀이 있으시면 말씀하십시오. 제가 주의 깊게 듣겠습니다. 저는 어르신이 옳았기를 진심으로 바라는 사람입니다. 하지만 하실 말씀이 없으시면, 잠잠히 계시면서 귀 기울여 제 말을 들어보십시오. 이제 제가 어르신께 지혜를 가르쳐 드리겠습니다."

욥의 세 친구들의 주장은, 욥의 고난이 그의 숨겨진 죄악에 대한 하나님의 징벌이라는 인과응보에 근거하고 있었다. 하지만 엘리후의 주장은, 욥의 고난은 하나님께서 욥을 깨닫게 하여 그를 멸망의 구덩이에서 이끌어내고자 하는 교육적인 의의를 지닌 것이라는 것이었다.

욥의 세 친구들의 주장과 비교할 때, 엘리후의 이 같은 주장이 한층 세련된 것은 사실이다. 하지만 욥의 고난에 적용되는 올바른 시각은 아니다. 그런데도 엘리후는 자신의 주장이야말로 옳은 것임에 틀림없다는 확신을 갖고, 욥에게 그 진리를 가르쳐주려고 애쓴다.

34

엘리후의 2차 권면

하나님을 어떻게 비난합니까
하나님이 어떻게 악을 행하시겠습니까
회개하기를 거부하면
하나님은 누구 편이 되겠습니까

[제5막 제1장의 계속, 무대는 우스 땅 욥의 무너진 집터. 엘리후가 자신의 첫 번째 변론(33장)을 마친 후에 욥의 답변을 기다렸지만, 욥이 침묵을 지킨 채 답변하지 않자 곧바로 두 번째 변론을 이어가는 장면이다. 여기서 엘리후는 욥의 입에서 나온 탄식과 절규를 근거로 욥이 하나님의 공의를 부인한다고 간주함으로써 욥의 내적 번민과 고충을 온전히 이해하지 못하고 있음을 드러낸다.]

욥의 고난에 대한 엘리후의 두 번째 변론 (34:1-37)

[내레이션] 엘리후가 입을 열어 계속해서 말한다.

(엘리후, 젊지만 매우 똑똑하여 아는 것이 많은 엘리후는 욥과 그의 세 친구 사이에서 세 차례에 걸쳐 이루어진 긴 토론에서 아무런 결론을 내지 못하자, 무척 답답한 심정으로 스스로 중재자임을 자처하여 욥의 고난에 대한 문제를 해결하려 든다. 그는 자신의 변론이야말로 욥의 고난에 대한 문제를 올바로 해결해줄 것이라는 확신을 가진 채 공손하지만 아주 당당한 어투로 말한다.) "지혜 있는 자들이여,

내 말을 들어보십시오. 지식 있는 자들이여, 내 말에 귀 기울여보십시오. 혀가 음식 맛을 분별하듯 귀는 그 말이 옳은지 그른지를 알아차립니다. 그러니 무엇이 옳은지 우리 스스로 분별해보고, 무엇이 선한지 함께 알아보도록 합시다. 욥 어르신은 말씀하시기를 '나는 아무 잘못이 없는데도 하나님께서 나의 옳음을 인정하지 않으신다.'라고 하시고, 또 "내가 옳은데도 불구하고 어찌 옳지 않다고 거짓말을 할 수 있겠는가. 정말로 나는 아무 죄가 없는데도 너무 큰 상처를 입었다.'라고 하십니다."

엘리후는 '욥의 고난'이라는 문제를 두고서 온 세상의 모든 지혜 있는 자들과 지식 있는 자들을 상대로 과연 무엇이 옳은 것인지를 허심탄회하게 논해보자고 대담하게 제의한다. 그는 자신의 변론이야말로 옳다는 자신감으로 가득 차 있었다. 그리고 본격적인 변론에 앞서 엘리후는 욥의 고난에 대하여 욥이 내세운 주장을 먼저 제시한다.

욥의 주장에 따르면, 그는 혹독한 고난을 겪을 만큼 큰 잘못이나 죄악을 저지른 적이 없다. 물론, 욥은 자신의 근본적인 순전함과 무죄를 주장한 것은 아니다. 욥도 인간의 원죄에 대해서는 충분히 인정했다. 다만 지금 혹독하게 겪고 있는 고난과 관련해서, 그런 고난을 마땅히 겪어야 할 만큼 어떤 죄악이나 잘못을 저지르지 않았다는 것이다.

그럼에도 불구하고 욥의 세 친구들을 물론이고 엘리후조차도 욥이 전능하신 하나님 앞에서 자신의 결백과 무죄를 주장한다는 그 사실만으로 욥을 신랄하게 비난하며 정죄하고 있다. 엘리후의 말은 이어진다.

"욥 어르신은 어찌 그리 말씀하실 수가 있습니까. 도대체 욥 어르신 같은 사람이 어디에 또 있겠습니까. 지금 욥 어르신은 하나님 비웃기를 마치 물 마시듯 하고 있습니다. 또한 악을 행하는 자들과 친구로 지내고, 못된 짓을 하는 무리들과 어울려 다닙니다. 그러면서 말하기를 '사람이 하나님을 기쁘게 하려고 애써보았자 대체 그것이 무슨 유익이 있단 말인가.'라고 하십니다."

욥을 향한 엘리후의 비난이 점차 가중되고 있다. 엘리후는 욥이 자신의 고난과 관련하여 하나님의 공의에 대하여 의문을 제기하는 것이 아주 못마땅했다. 그래서 엘리후는 마치 사막의 목마른 여행자가 거침없이 물을 들이키듯, 욥이 하나님의 공의에 대하여 막무가내로 불평을 터뜨리고 있다고 비난한다. 그러면서 엘리후는 욥이 악인들 및 불량자들과 어울려 다니면서 하나님께 대해 몹쓸 말 곧 '사람이 하나님을 기쁘시게 하려고 애쓰는 것이 무익하다.'라는 말을 하고 다녔다고 주장한다.

이 같은 엘리후의 주장은 명백히 사실과 어긋난다. 엘리후는 욥이 악인들 및 불량자들과 어울린 결과로 그들의 영향을 받아 하나님께 불경한 말을 한다고 생각했지만 사실은 그렇지 않았다. 욥은 악인들의 행동에 대하여 책망했고(욥 24장), 악인들의 계획은 자신에게서 멀다고 고백했다(욥 21:16). 실제로 욥은 악인들과 어울린 적이 없었고 오히려 하나님과 친밀하게 교제했다.

만일 욥이 정말로 악인들과 어울려 다니면서 하나님께 대해 불경한 말을 했다면, 어찌 하나님께서 욥을 크게 자랑스러워하실 수 있었겠는가! 엘리후는 자신의 변론을 돋보이게 하려고 적당히 거짓을 섞어 욥의 말을 과장하고 그의 행적을 왜곡한 것이다. 엘리후의 말은 이어진다.

"그러니 분별력을 지닌 총명한 자들이여, 내 말을 좀 들어보십시오. 하나님께서 악을 행하실 수 있겠으며, 전능하신 분께서 옳지 않은 일을 행하실 수 있습니까. 진실로 하나님께서는 사람이 행하는 바에 따라 그대로 갚아주시는 분입니다. 사람이 어떻게 행하느냐에 따라 그에 상응하는 열매를 거두게 하시는 분입니다. 하나님께서 잘못된 일을 하신다거나 전능하신 분께서 정의를 그르치는 일을 하신다는 것은 감히 상상조차 할 수 없습니다."

욥의 친구들과 마찬가지로 엘리후 역시 욥의 고난이 그의 죄악에 대한 하나님의 공의로운 징벌이라는 입장을 은근히 드러내고 있다. 천상에서 이루어진 욥기의 배경 부분(욥 1-2장)을 모르는 사람들로서는 상상을 초월하는 욥의 혹독한 고난을 접하면서 누구든지 그런 생각이 들 법했다. 바로 그것이 인간 지식과 상식의 한계였다. 우리라고 별반 다르지 않을 것이다. 만일 오늘날 우리도 욥기의 발단 부분(욥 1-2장)은 알지 못한 채 당시 욥의 현장에 있었다면, 욥의 세 친구들이나 엘리후와 똑같은 주장을 펼쳤을 것이다.

"어느 누가 하나님더러 땅을 주관하라고 명했겠습니까. 어느 누가 하나님더러 세상을 다스리라고 맡겼겠습니까. 만일 하나님께서 마음먹고 그 영과 숨을 거두신다면, 모든 육신은 다 같이 일시에 죽어 모두가 예외 없이 흙으로 돌아가고 말 것입니다."

세상 만물과 모든 사람의 생명을 스스로 그리고 홀로 주관하시는 하나님의 주권에 관해 언급한 내용이다. 이처럼 욥을 비롯하여 욥의 세 친구 및 엘리후까지 하나님의 전능하심과 주권에 대해서는 모두가 밝히 알았고 의심 없이 인정했다. 다만 문제는 그런 하나님께서 행하시는 오묘한 섭리와 측량할 수 없는 경륜에 대해서는 다들 무지했던 것이다.

"그러니 욥 어르신, 분별력이 있으시다면 제발 제 말을 들으십시오. 제가 하는 말에 귀를 기울여보십시오. 정의를 미워하는 분이 어찌 세상을 다스릴 수 있겠습니까. 욥 어르신은 의로우신 전능자를 정죄하시겠다는 것입니까. 그분께서는 심지어 왕들에게도 '너는 쓸모없는 인간이다.'라고 말씀하시고, 귀족들에게도 '너는 악하다.'라고 말씀하시는 분이 아닙니까.

"욥 어르신, 분별력이 있으시다면 제발 내 말을 들으십시오!"

그분께서는 통치자들이라고 해서 그들의 편을 들어주지 않으시고, 부자라고 해서 가난한 자들보다 더 대우해주지도 않으십니다. 모두가 다 그분께서 손수 지으신 자들이니 말입니다. 그들은 순식간에 죽는 존재들입니다. 사람은 갑자기 죽는데, 심지어 한밤중에라도 죽습니다. 하나님께서 사람을 내리치시면, 아무리 강한 사람일지라도 아주 간단하게 죽고 맙니다."

온 세상의 만물을 다스리시는 전능자 하나님의 공의로우심과 불편부당하심, 그리고 그런 하나님 앞에서 하룻밤 사이에도 죽고 마는 인간의 나약함이 강조되었다. 이처럼 욥의 고난 문제를 두고서, 하나님의 전능하심과 인간의 나약함이란 주제는 너나 할 것 없이 모두가 거듭해서 강조한 바 있는 고리타분하고 진부한 내용이다. 그럼에도 불구하고 엘리후는 자신의 변론을 강화하기 위해 계속해서 그런 주제를 다룬다.

"참으로 하나님의 눈은 사람이 행하는 바를 낱낱이 지켜보시고 발걸음 하나하나를 다 헤아리고 계십니다. 그러므로 악한 자들이 하나님의 눈길을 피해 숨을 수 있는 곳은 온 세상 어디에도 없습니다. 아무리

어두운 곳이라도, 아무리 짙은 그림자가 드리운 곳이라도, 하나님 눈을 피해 숨을 데는 어디에도 없습니다. 평소 그 사람의 모든 것을 알고 계시는 하나님께서는 사람들을 심판하시는 일에 있어 오래 생각하실 필요가 전혀 없습니다. 하나님께서는 이것저것 조사할 것도 없이 힘 있는 세력가들을 꺾어 버리시고 그 자리에 다른 사람을 대신 앉히십니다. 하나님께서는 그들이 행한 짓을 너무나 잘 아시기 때문에 하룻밤 사이에 그들을 뒤엎어 멸망에 이르도록 하시는 것입니다."

지금 엘리후와 욥의 세 친구들이 볼 때 욥은 하룻밤 사이에 상황이 완전히 뒤집혀져 멸망의 자리에 빠지고 말았다. 엘리후의 논리는 이것이다. 모든 사람의 일거수일투족을 다 살피시며 감찰하고 계시는 하나님 앞에서 온 세상의 모든 사람은 어디에도 숨을 데 없이 자신의 행위를 고스란히 드러낼 수밖에 없고, 그래서 하나님께서 어떤 사람을 심판하시는 일에 있어 어떤 조그만 실수나 착오도 절대로 있을 수 없다. 그러니 욥에게 임한 고난과 재난은 욥을 면밀하게 살피시고 감찰하신 바에 따른 하나님의 공의로운 심판의 결과라는 것이다.

"하나님께서는 모든 사람이 지켜보는 자리에서 악한 자의 악함을 징벌하시는데, 그것은 그가 하나님께 등을 돌려 옆길로 벗어났고, 그래서 하나님께서 지시하시는 길로 가는 것에는 아무 관심도 없기 때문입니다. 그런 사실로 인해 가난한 자들의 고통스런 울부짖음이 하나님께 올라가 닿았고, 결국 하나님께서 그들의 부르짖음에 응답하신 것입니다."

악한 자에 대한 하나님의 심판은 악한 자에게 피해를 입은 가난한 자들의 울부짖음에 대한 하나님의 응답이라는 말이다. 여기서 엘리후 역시 욥의 세 친구들과 마찬가지로 욥을 '악한 자'로 상정한 채 자기 변론을 이어가고 있다.

"하지만 만일 하나님께서 잠자코 침묵하신다고 하여도, 어느 누가 감히 그분을 비난할 수 있겠습니까. 만일 하나님께서 얼굴을 가리시고 숨으신다고 하여도, 어느 누가 감히 그분을 비난할 수 있겠습니까. 어느 누구도, 어느 민족도 감히 하나님을 비난할 수 없습니다. 하나님께서는 경건치 못한 위선자가 권세를 잡아 통치하지 못하게 하시는데, 이는 그의 백성으로 하여금 함정에 빠지지 않도록 하기 위함입니다."

앞서 욥은 고난의 이유를 묻는 자신의 질문에 대하여 계속해서 침묵을 지키시는 하나님께 대하여 답답함과 억울함을 토로하였다. 엘리후는 이런 사실을 염두에 두고 그 누구도 하나님의 침묵과 숨으심을 비난할 수 없는데, 그런 가운데서도 하나님은 경건치 못한 위선자들이 권세를 잡아 백성을 옭아매고 함정에 빠뜨리는 일이 없도록 침묵 가운데서도 꾸준히 일하시고 계신다고 말한 것이다. 하나님께서 욥에게서 재물과 권세를 빼앗은 것은 바로 그런 차원에서 이루어진 일이라는 점을 은연중에 말하고 있다. 그래서 엘리후는 이렇게 말한다.

"욥 어르신, 어르신은 하나님 앞에서 '내가 죄를 지었습니다. 하지만 다시는 죄를 짓지 않겠습니다. 내가 미처 깨닫지 못하는 것을 주님께서 가르쳐주십시오. 내가 악을 행하였지만, 다시는 그런 악을 저지르지 않겠습니다.'라고 말씀드린 적이 있습니까. 어르신이 지금처럼 계속 회개하기를 거부하신다면, 과연 하나님께서 어르신의 편을 들어주시겠습니까. 물론, 결정을 내리는 것은 제가 아닌 욥 어르신이십니다. 지금, 어르신이 생각하고 있는 바를 제게 말씀해 보십시오."

결국 엘리후도 기본적으로는 욥의 세 친구들과 같은 입장이다. 즉, 욥이 하나님을 거슬러 어떤 죄악을 저질렀고, 그 죄악 때문에 고난을 겪고 있다고 생각한다. 그러니 속히 하나님 앞에서 자신의 죄악을 회개하여 하나님의 은총을 입으라고 욥에게 권면한 것이다. 다시 말해 욥이 계속해서 하나님을 향해 자신의 결백과 무죄를 주장하는 것은 회개하기를 거부하는 교만한 태도이고, 그 결과로 하나님께 죄 사함을 받지 못해 고난의 자리에서 헤어나지 못하고 있다고 본 것이다.

중재자로 나선 엘리후까지 이 같은 입장을 취하니, 욥으로서는 참으로 답답한 노릇이었다. 이런 욥의 심경을 아는지 모르는지 엘리후의 야속한 말은 계속 이어진다.

> "조금이라도 분별 있고 지혜 있는 사람이라면, 그는 욥 어르신의 말을 듣고 내게 말하기를 '욥이 알지도 못하면서 그렇게 함부로 말하는군. 욥의 말에는 아무런 지혜가 없어!'라고 할 것입니다. 맞습니다. 욥 어르신이 그처럼 악한 자들같이 말하다니, 정말이지 욥 어르신은 더 호된 시련을 겪어야 마땅합니다. 욥 어르신은 자신이 지은 죄에다 이젠 반역하는 일까지 저지르고 있습니다. 우리가 보는 앞에서 경멸하듯 박수를 쳐대며 하나님을 거역하는 말을 서슴없이 해대고 있단 말입니다."

엘리후가 또 다시 욥의 본심을 곡해하고 있다. 엘리후가 주장한 바대로 욥이 하나님을 반역하고 거역한 것이 결코 아니다. 엘리후는 욥의 고난 이유를 찾기 위해 스스로가 알지 못하고 그렇게 말한 것이다.

욥은 단지 자신이 겪는 혹독한 고난의 부당함에 대해 하나님께 불평했을 뿐이고 하나님 자체를 거슬러 반역하거나 거역한 일은 없었다. 만일 욥이 하나님을 정말로 반역했다면 나중에 두 배의 복을 받는 일은 절대로 없었을 것이다. 성경을 보면 모세, 다윗, 예레미야, 하박국처럼 순전한 믿음의 인물들도 하나님을 거역함 없이 자신들 마음속의 절망감이나 불평을 하나님께 토로하곤 했다.

35

엘리후의 3차 권면

주께 응답받지 못하는 것은
그들이 교만하기 때문입니다
어르신이 지금껏 한 말은
악인의 빈말처럼 공허합니다

[제5막 제1장의 계속, 무대는 우스 땅 욥의 무너진 집터. 자신의 두 번째 변론(34장)을 마친 엘리후가 계속해서 세 번째 변론을 이어가는 장면이다. 욥과 그의 세 친구들은 여전히 침묵하고 있다. 여기서 엘리후는 자신의 결백과 무죄를 주장하는 욥의 말을 반박하면서, 욥이 하나님께 응답받지 못하는 이유는 믿음의 결여, 죄로 인한 장애, 잘못된 간구 때문이라고 지적한다. 결국 중재자로 나선 엘리후까지도 욥의 고난은 근본적으로 욥 자신에게 그 원인이 있다는 식으로 변론함으로써 욥의 마음을 아프게 한다. 따라서 이제 욥으로서는 오직 하나님 이외에는 그 누구도 자신의 결백을 풀어줄 자가 없음을 다시금 확신한다.]

욥의 고난에 대한 엘리후의 세 번째 변론 (35:1-16)

[내레이션] 엘리후가 입을 열어 계속해서 말한다.

(엘리후, 젊고 똑똑한 친구 엘리후는 자신의 변론이야말로 욥의 고난에 대한 올바른 해석이라고 자신했다. 그래서 나이는 어려도 어르신들 앞에서 당당하고

"어르신은 자신이 옳다고 생각하는 겁니까?"

자신감으로 가득했다. 그러나 실상 엘리후의 변론 역시 욥의 세 친구들과 크게 다르지 않아 지극히 일반적이고 피상적일 뿐, 욥이 겪고 있는 특수한 고난에 대해 올바른 해답이 되지 못했다. 그 사실을 알 리 없는 엘리후는 나름 자신의 지혜와 지식을 마음껏 뽐낸다.) "욥 어르신, 어르신은 아직도 자신이 옳다고 생각하십니까. 어르신은 하나님 앞에서 자신이 의롭다고 말씀하지 않았습니까. 그러면서 물으시기를 '내가 죄를 짓지 않는다고 해서 내게 돌아올 유익이 무엇이며, 내가 얻을 것이 무엇인가?'라고 하셨습니다. 이제 욥 어르신과 어르신의 세 분 친구들에게 제가 답변해드리도록 하겠습니다."

욥은 수많은 의로운 선행의 씨를 뿌렸지만, 그에게 돌아온 것은 혹독한 고난이었다. 그래서 욥은 고통과 번민 가운데서 부르짖기를 "내가 죄를 짓지 않고 선행을 행한 것이 내게 무슨 소용과 유익이 있는가!"라고 했다. 욥으로서는 당연히 부르짖을 만한 탄원이고 하소연이었다. 그런데 엘리후는 욥의 이 같은 말을 꼬투리 잡아 반박한다. 그는 고난당하는 자와 함께 울지 못하고, 단지 고난당하는 자의 울부짖음에 문제가 있다고 지적하고 있는 것이다.

"자, 하늘을 우러러보십시오. 하늘에 떠 있는 저 구름이 얼마나 높습니까. 어르신이 죄를 지은들, 하나님께 무슨 해를 끼치겠습니까. 어르신의 허물이 아무리 많다 한들, 그것이 전능자 하나님께 무슨 상관이 있겠습니까. 어르신이 올바르게 산다 한들, 그것이 하나님께 무슨 보탬이 되겠습니까. 하나님께서 어르신에게서 받을 수 있는 것이 대체 무엇이 있겠습니까. 어르신이 아무리 악한 짓을 행한다고 해도, 그것은 어르신 같은 사람들에게나 영향을 미칠 뿐입니다. 어르신이 아무리 의롭게 산다고 해도, 그것 역시 어르신 같은 인생들에게나 유익할 뿐입니다."

원리적인 측면에서 이해하자면 엘리후가 말한 대로, 선행과 악행을 막론하고 사람의 그 어떤 행위도 전능자 하나님께 아무런 영향을 끼치지 못한다(욥 7:20; 22:2-3). 하나님께서는 인간의 모든 영역에서 벗어나 지극히 초월적인 위치에 계시는 분이기 때문이다.

하지만 실제적인 측면에서 이해하자면, 하나님께서는 사람의 모든 행위에 반응하신다. 의로운 행위에 기뻐하시고, 사악한 행위에 진노하신다. 사람을 지으신 궁극적인 목적도 그들을 통해 영광을 받으시기 위함이었다. 그래서 성경을 보면, 하나님과 그분 백성과의 관계는 종종 부부관계 혹은 부자관계로 묘사된다. 일거수일투족에 지대한 관심을 가질 만큼 밀접하게 관련되어 있다는 의미다.

"사람들은 억압을 당하면 울부짖게 되고, 권세 있는 자들에게서 자신을 구해달라고 간청합니다. 그러나 아무도 '나를 지으신 하나님께서는 어디에 계십니까? 밤중에도 나로 노래하게 하시고, 땅의 짐승들보다 우리에게 더 많은 것들을 가르쳐주시고, 공중의 새들보다 우리를 더욱 지혜롭게 만들어주시는 하나님께서는 대체 어디에 계십니까?'라고 말하지 않습니다. 악한 자들이 부르짖을지라도 하나님께서 그들에게 응답하지 않으시는 것은 그들의 교만 때문입니다. 하나님께서는 악한 자들의 공허한 호소를 들어주지 않으시고, 전능하신 분께서는 악한 자들의 울부짖음에는 들은 체도 하지 않으십니다."

욥은 자신의 고난에 대해 계속 침묵하고 계시는 하나님을 향하여 "주님, 어디에 계십니까?"라고 부르짖었다. 그런데 엘리후는 이 같은 욥의 부르짖음을 매우 못마땅하게 생각했다. 한낱 피조물 된 사람이 감히 창조주이고 전능자이신 하나님께 대하여 그런 질문을 던져서는 안 된다고 여겼기 때문이다.

그래서 엘리후는 욥의 부르짖음이 교만한 것이고, 그 결과로 하나님께 응답받지 못한다고 생각했다. 과연 성경은 만일 사람이 교만하여 자기 삶 속에 죄악을 품고 있으면, 그의 기도는 하나님께 응답받지 못한다고 가르친다(사 1:11-15). 다시 말해 악인들의 기도는 하나님께서 듣지 않으신다고 가르친다.

이런 시각에서 엘리후는, 욥도 자신의 죄악을 인정하지 않는 교만 때문에 그의 부르짖음이 하나님께 응답받지 못하고 있다고 생각했다. 하지만 엘리후가 알지 못한 사실이 있다. 욥은 악인이 아니고, 악에서 떠난 온전하고 정직하며 의롭고 경건한 자라는 사실이다(욥 1:8). 따라서 욥의 부르짖음이 응답받지 못하고 있는 원인은 분명 다른 데 있었다. 한편, '밤중에 노래하게 하신다.'라는 표현은, 하나님께서는 고난 가운데에서도 자신을 찬양할 수 있는 힘과 용기를 제공해주신다는 뜻이다.

> "욥 어르신은 말씀하시기를 '하나님을 뵐 수 없다.'라고 하셨고, 또한 '심판은 하나님께 달려 있으니, 나는 그분을 기다릴 수밖에 없다.'라고 하셨습니다. 더 나아가 '하나님께서는 악한 자들에게 진노의 형벌을 내리지 않으시니, 아마도 그런 일에는 관심을 기울이지 않으시는 모양이다.'라고 말씀하셨습니다. 그러니 욥 어르신은 지금껏 입을 열어 헛된 말을 하신 것이고, 지식이 없어 무얼 알지도 못하면서 계속 빈말만 늘어놓고 계셨던 것입니다."

경건한 삶에도 불구하고 혹독한 고난의 구덩이에 떨어진 욥은 도무지 그 까닭을 알 수 없어 하나님께 계속 부르짖었지만 하나님은 잠자코 침묵하실 뿐이었다. 어디에서도 하나님의 모습을 뵐 수 없었고, 땅 위에 무슨 일이 벌어져도 의인과 악인에 대한 하나님의 행동도 전혀 감지할 수 없었다. 그래서 욥은 자포자기의 상태에 빠져 체념 섞인 발언도 했었다.

엘리후는 이 같은 욥의 발언을 문제 삼아 그의 신앙을 질책한다. 지금까지 욥이 발설한 모든 말이 다 헛된 것이고 전부가 지식 없는 빈말이라고 공박한다. 참으로 가혹한 판결이다. 따뜻한 피와 눈물이 없는 건조하고 냉랭한 판단이다. 하루아침에 모든 것을 잃고 깊게 병든 초라한 몰골로 잿더미 위에 앉아 있는 자를 향한 동정심과 긍휼의 마음은 조금도 찾아볼 수 없다.

욥은 눈을 들어 하늘을 우러러볼 뿐이다. 오직 하나님 외에는 누구도 자신의 사정을 이해하고 갈기갈기 찢겨진 자신의 마음을 위로해줄 자는 아무도 없었다. 그런 혹독한 시련의 과정을 겪으면서 욥은 자신도 모르는 사이에 하나님만을 더욱 굳게 의지하는 '정금 같은 신앙인'으로 나날이 성숙해가고 있었다.

36

엘리후의 마지막 권면(1)

하나님은 교만한 자를 응징할 때
죄지은 자들을 쇠사슬로 묶습니다
극심한 고난으로 가르치시고
고통으로 눈뜨게 하십니다

[제5막 제1장의 계속, 무대는 우스 땅 욥의 무너진 집터. 자신의 세 번째 변론(35장)을 마친 엘리후가 계속해서 변론을 이어가는 장면이다. 이 변론은 엘리후의 결론적인 변론으로 다음 장(37장)까지 이어진다. 엘리후가 변론할 때 욥과 그의 세 친구들은 침묵하고 있다. 자신보다 나이 많은 욥이 아무 반박 없이 가만히 듣고만 있자, 엘리후는 여태껏 주장했던 내용들을 차근히 정리하는 가운데 한결 부드러운 어조로 권면한다. 이때 엘리후는 욥에게 닥친 고난이 하나님의 징벌이 아니라 그의 잘못을 일깨워주려는 하나님의 배려인 만큼, 너무 고집부리지 말고 순순히 죄악을 회개함으로써 회복의 은총을 누리라고 권면한다.]

욥의 고난에 대한 엘리후의 결론적인 변론 (36:1-33)

[내레이션] 엘리후가 입을 열어 계속해서 말한다.

(엘리후, 욥의 잘못을 신랄하게 지적하는 자신의 변론을 듣고도 자기보다 나이 많은 욥이 아무 말 없이 침묵을 지키자 그동안 격앙되었던 엘리후의 논조가 한결

부드러워진다. 욥은 더 이상 반박하는 것이 아무런 의미가 없기 때문에 침묵한 것이지만, 엘리후는 자신의 변론이 욥에게 먹혀들고 있다고 판단한 듯하다.) "욥 어르신, 잠깐만 더 참고 제 말을 들어보십시오. 아직도 제게는 하나님을 대신하여 드릴 말씀이 있습니다. 저는 애써 얻은 저의 모든 지식을 총동원하여 저를 지으신 하나님께서 정녕 의로우시다는 것을 분명히 밝히도록 하겠습니다. 저는 제 말이 결코 거짓되지 않다는 것을 확신합니다. 지금 어르신과 이야기하고 있는 이 사람은 그래도 알 만큼은 다 아는 온전한 지식을 가진 사람입니다."

엘리후는 자신의 말이 하나님께로부터 말미암았고, 그래서 자신은 온전한 지식을 가진 사람이라고 말한다. 토론자들 중에서 가장 젊은 엘리후는 자기보다 나이 많고 경험 받은 인생 선배들 앞에서, 자신의 말이 하나님의 영감을 받은 온전한 지식임을 강조하여 어르신들(특히 욥)의 경청을 유도하려고 이처럼 말한 것이다. 하지만 그의 지식은 일반적인 견지에서 볼 때 타당한 면이 없지 않았지만, 욥의 고난 문제에 관한 한 결코 옳거나 온전한 것은 아니었다.

"하나님께서는 위대한 힘을 지니신 전능하신 분이지만 어떤 사람도 경시하지 않습니다. 진실로 하나님께서는 위대한 힘을 지니셨고 지혜 또한 무궁하십니다. 그분께서는 악한 자들을 살려두지 않으시고 고난받는 자들의 권리를 옹호해주십니다. 또한 의롭게 사는 사람들을 항상 지켜보시고, 그들을 세상의 왕들과 같은 존귀한 자리에 앉히셔서 영원히 존경받도록 세워주십니다."

위대한 힘과 무궁한 지혜를 지니신 전능자 하나님께서 악인은 살려두지 않으시고 의인은 존귀한 왕좌에 앉혀 영원토록 세워주신다는 엘리후의 말은 원론적인 측면에서는 틀림없이 모두 맞는 말이다.

하지만 이 같은 원론적인 말은 욥이 처한 특수한 고난의 문제에 대해서는 아무런 힘을 발휘할 수 없었다. 인과응보와 권선징악의 원리를 초월하는 하나님의 신묘막측한 섭리와 경륜에 대해서는 무지했기 때문이다. 그렇지만 엘리후는 온전한 지식을 가진 사람마냥 자신 있게 변론을 이어간다.

"그런데 만일 의로운 자들이 고통의 쇠사슬에 묶여 있다거나 혹은 고난의 밧줄에 단단히 매여 있다면, 그것은 그들이 행한 악한 짓을 일깨워주기 위함입니다. 그들이 교만한 마음으로 하나님께 죄를 지었다는 사실을 깨닫게 해주려는 것입니다. 그렇게 해서 하나님께서는 그들의 귀를 열어 올바른 길이 무엇인지를 일러주시고, 또한 그들에게 악의 길에서 즉시 돌이키라고 명령하시는 것입니다."

욥의 세 친구들과는 달리, 엘리후는 의로운 자들에게도 얼마든지 고통과 고난이 임할 수 있다는 사실을 인정한다. 그리고 의로운 자들에게 임하는 고통과 고난은 그들을 멸하기 위한 하나님의 징벌이 아니라, 그들로 하여금 잘못과 죄악을 일깨워주려는 하나님의 배려이고 자비라는 사실을 강조한다.

이런 사실을 욥에게 적용해보면, 욥이 의로운 자인데도 그에게 고난이 임한 것은 그의 잘못을 깨닫게 하여 회개하게 함으로써 마침내 복을 주시려는 하나님의 자비로운 손길이라는 것이다. 이런 사실에 기초하여 엘리후는 주장하기를, 그러므로 욥이 순순히 자기 잘못을 인정하고 얼른 회개하는 것만이 고통에서 벗어나는 최선의 길이라는 것이다.

"그런 때에, 만일 그들이 하나님의 말씀에 복종하고 따르면 그 사람들은 남은 생애 동안 번영을 누리며 행복하게 살 수 있을 것입니다. 그러나 그분의 말씀에 순종하지 않으면 칼에 쓰러져 망할 것이고, 아무런 예고조차 없이 갑자기 죽음을 맞이할 것입니다. 그런데 하나님을 우습게 여기는 불경한 자들은 도무지 회개할 줄을 모릅니다. 그분께 벌을 받아 온몸이 꽁꽁 묶여도 마음속에 분노만을 쌓아둘 뿐 하나님께 도움을 간구하지 않습니다."

욥의 세 친구들처럼 엘리후도 욥에게 잘못된 충고를 하고 있다. 엘리후도 의인의 형통함과 악인의 멸망을 주장했는데, 원칙적으로 그리고 궁극적으로 그것은 진리다. 최후 심판의 날에 하나님께서는 의인에게는 상급을 베푸시고 악인에게는 징벌을 내리신다. 하지만 이 세상에서 이 같은 진리는 그대로 적용되지 않을 때가 종종 있다. 욥의 경우가 특히 그러했다. 엘리후와 욥의 세 친구들은 의롭고 무죄한 자의 고난이 갖는 하나님의 오묘한 섭리와 경륜의 손길에 대해서는 전혀 알지 못했다.

"결국 그런 불경한 자들은 남창들처럼 제멋대로 방탕하게 살다가 한창 젊은 나이에 갑자기 목숨이 끊어지고 말 것입니다. 하나님께서는 이렇게 고난을 통해 사람을 가르치시고, 고통을 통해 눈을 뜨게 하십니다. 그러므로 고통 받을 때에 자기 죄를 깨닫고 회개하면, 하나님께서는 욥 어르신을 재앙의 이빨에서 건져내시어 고통 없는 편안한 자리로 인도해주시고, 상다리가 휘어지도록 기름진 음식을 풍성하게 차려 어르신을 위로해주실 것입니다."

욥에게 임한 고난과 고통은 욥의 잘못을 깨닫게 해주는 하나님의 시련이므로, 욥이 속히 잘못을 깨닫고 회개하면 모든 고난에서 벗어나 예전처럼 풍성한 삶을 누리게 될 것이라는 엘리후의 권면이다. 따라서 엘리후 역시 다른 세 친구들과 마찬가지로 욥의 고난을 그의 잘못과 죄악에 대한 하나님의 징벌이라는 기본적인 시선에서 벗어나지 못했다. 하기야 당시에 누구든지 욥이 처한 처참한 상황을 두 눈으로 직접

본다면, 아무런 죄 없이 그런 끔찍한 고통을 겪는다고는 상상하기 힘들었을 것이다.

한편, 남창(히, 카데쉬)은 '구별된 자'라는 뜻으로, 이교 신전의 종교의식과 관련된 말이다. 우상을 숭배하는 이교의 제사의식에는 사제(司祭)와의 음란한 성행위가 포함되었는데, 이때 몸을 팔도록 구별된 자 곧 남자 사제를 가리킨다.

> "지금 욥 어르신은 악한 자들이 받아야 할 형벌을 받고 계시는데, 공의의 심판을 받고 계시는 것입니다. 그러므로 욥 어르신은 이런 때에 분노를 터뜨림으로써 일을 그르치지 않도록 주의하십시오. 행여 재물에 의지하여 뇌물을 바침으로써 용서받을 생각일랑은 아예 하지 마십시오. 몸값을 많이 바친다고 해서 용서받을 수 있는 그런 징벌이 결코 아닙니다. 욥 어르신이 아무리 재산이 많다고 해도, 또 어르신이 가진 온갖 권세를 다 발휘하더라도, 어르신은 지금 당하고 있는 곤고함에서 벗어날 수 없을 것입니다."

엘리후는 욥이 회개하는 대신에 행여 재물에 의지하여 뇌물로써 현재의 곤고함에서 벗어나기를 꾀할까봐 단단히 경고한다. 이 같은 엘리후의 경고는 욥을 몰라도 너무나 모르는 발언이었다. 욥은 일평생 자신의 재물을 의지하지 않았다. 도리어 욥은 만일 자신이 재물에 소망을 두고 그것을 기뻐하였다면, 그것은 마땅히 하나님께 징벌 받을 죄악이라고 말했다(욥 31:24-28).

고난 전에, 하나님께서 욥의 신실함과 정직함을 충분히 인정하셨으므로(욥 1:8), 우리는 욥의 고백을 충분히 신뢰할 수 있다. 사실, 욥은 자신의 재물을 힘껏 풀어 할 수 있는 대로 가난한 자들을 도와주었다(욥 31:16-20). 따라서 욥을 향한 엘리후의 경고는 공허한 것이다. 어쨌든 욥을 향한 엘리후의 권면은 이어진다.

"욥 어르신은 지금 공의의 심판을 받고 계시는 겁니다."

"욥 어르신은 밤이 되면 평안할 줄로 여기고 그렇게 밤을 사모하지 마십시오. 밤사이에 죽어 나가는 사람들이 얼마나 많습니까. 특히 악한 마음을 품지 않도록 정신을 바짝 차리십시오. 어르신이 고통을 겪고 있다가 자칫 고통보다 악을 선택하기 쉽습니다. 보십시오. 참으로 하나님께서는 크신 권능을 지니신 분, 어느 누가 그분처럼 가르치실 수 있겠습니까. 누가 감히 하나님더러 '이렇게 하시오!' 혹은 '저렇게 하시오!' 하고 지시할 수 있겠습니까. 누가 감히 하나님더러 '주님께서 잘못하셨소!' 하고 말할 수 있겠습니까."

욥은 앞서 자신의 처참한 상황을 한탄하고 하소연하면서 하나님께 이런저런 불평을 쏟아냈다. 엘리후는 이 같은 욥의 처신을 문제 삼은 것이다. 한낱 인간에 불과한 자가 전능하신 하나님을 향해 감히 이래라, 저래라 하고 불만을 토로하는 행위는 고통 가운데서 악을 선택하는 아주 잘못된 행위인 만큼 일체 삼가라고 훈계한 것이다. 욥의 세 친구들처럼, 엘리후도 욥을 향해 따스한 긍휼과 동정의 손길을 내밀기보다는 차가운 원리원칙의 잣대만을 가혹하게 들이댈 뿐이다.

"사람들은 하나님의 일을 항상 찬양했습니다. 그러니 욥 어르신도 그분께서 하신 일을 항상 찬양해야 할 것입니다. 사람들은 언제 어디서나 그분께서 하시는 일을 보아왔는데, 아주 먼 곳에서도 그분의 위대한 일들을 능히 볼 수 있습니다."

지금껏 엘리후는 욥에게 직접적으로 회개할 것을 이모저모로 권면하였다. 이제 엘리후는 변론의 관점을 돌려 전능하신 하나님의 위대하신 사역에 관해 말하려 한다. 그렇게 하나님의 위대하심을 올바로 깨닫게 될 때, 욥이 자신의 나약함과 부족함을 깨닫고 하나님 앞에서 회개할 것으로 생각했기 때문이다.

하지만 하나님의 위대하심에 관해서는 엘리후뿐만 아니라 욥의 세 친구들, 특히 그 누구보다도 욥 자신이 더욱 깊고 철저하게 인식하고 있었다. 따라서 하나님의 위대하신 사역에 관한 엘리후의 변론 역시 욥에게 아무런 도움이 되지 못했다. 어쨌든 엘리후는 크고 놀라운 하나님의 위대한 사역에 관해 길게 변론하기 시작한다.

"정녕 하나님께서는 얼마나 위대하신지요! 하나님께서는 우리의 이해를 훨씬 초월하십니다. 그분의 햇수가 얼마나 되는지 우리로서는 감히 헤아릴 길이 없습니다. 그분께서는 땅에서 물을 증발시켜 공중으로 끌어올리시고 그것으로 빗방울을 만드신 후, 구름 속에 잘 간직해 두셨다가 땅 위의 모든 사람에게 비로 내려주십니다. 그분께서 어떻게 구름을 펼치시는지, 어떻게 창공에서 천둥을 울리시는지 어느 누군들 알 수 있겠습니까. 보십시오. 그분께서는 하늘 여기저기에 번쩍번쩍 번개를 치시고, 바다 안의 깊은 곳을 흑암의 장막으로 덮으시는 분입니다."

엘리후는 36장 26절부터 다음 장인 37장 20절까지 아주 길게 자연 만물을 지배하시고 운영하시는 하나님의 위대하신 사역에 관해 진술한다. 다른 어떤 것들보다 거대하고 신비한 자연 속에 나타난 모든 법칙들 하나하나가 하나님의 존재와 위대한 사역을 드러내기에 아무런 부족함이 없었기 때문이다. 특히 고대인들에게 있어 하늘에서 불이 내려오는 듯한 번개와 천지를 찢는 듯한 천둥소리는 다른 그 어떤 것들보다도 신의 존재와 위엄을 느끼게 했다.

"하나님께서는 이와 같은 자연의 오묘한 법칙을 통해 사람들을 다스리며 심판하시고, 또한 먹을 것을 풍부하게 공급해주시기도 하십니다. 그분께서는 두 손에 번개를 움켜쥐시고 그것들에게 명령을 내려 목표물을 정확히 치도록 하십니다. 또한 그분께서는 천둥소리를 발하여 폭풍이 몰아닥칠 것임을 미리 알려주십니다. 심지어 가축들에게도 그 징조를 미리 알려주십니다."

자연의 오묘한 법칙은 하나님의 존재와 위엄, 위대하심을 보여주기에 부족함이 없다. 하나님께서는 자유자재로 자연을 지배하셔서 때로는 홍수, 폭풍, 천둥, 번개 등으로 사람들을 심판하기도 하시고, 때로는 메마른 땅에 비를 내리시고 어두운 대지 위에 태양빛을 비추시어 수확물을 제공해주기도 하신다. 또한 번개와 천둥소리를 먼저 발하여 강력한 폭풍이 이내 닥칠 것임을 미리 알려주기도 하시는데, 심지어 가축들도 그런 징조를 알고서 미리 움직이도록 하신다. 이처럼 자연의 법칙들은 하나하나 살펴보면 볼수록 하나님의 위대한 손길을 분명히 드러내고 있다.

37
엘리후의 마지막 권면(2)

하나님의 목소리는 천둥소리입니다
천둥이 치면 심장이 떨립니다
땅을 뒤엎고 가랑비와 소나기로
사람을 꼼짝 못 하게 하십니다

[제5막 제1장의 계속, 무대는 우스 땅 욥의 무너진 집터. 36장부터 시작된 엘리후의 결론적인 변론이 계속해서 이어지는 장면으로, 여섯 장에 걸친 엘리후의 모든 변론이 마무리되는 장이다. 이처럼 37장을 끝으로 지금껏 진행된 인간들의 모든 변론 곧 욥과 그의 세 친구들(3-31장), 욥과 엘리후(32-37장)의 변론이 최종 마무리되고, 마침내 욥기의 절정 및 대단원을 구성하는 하나님의 등장과 개입 장면으로 나아간다. 욥을 향한 마지막 권면인 본장에서 엘리후는 자연법칙을 통해 드러나는 하나님의 위대한 능력과 감히 범접할 수 없는 그분의 절대주권을 강조함으로써 자신도 모르는 사이에 다음 장(38장)에서 등장하실 하나님의 길을 마련해주고 있다.]

욥의 고난에 대한 엘리후의 이어지는 결론적인 변론 (37:1-24)

(엘리후는 욥이 아직껏 하나님의 위대하심을 철저하게 깨닫지 못했기 때문에 하나님 앞에 굴복하지 않고 그분을 향해 불평을 토로하면서 자신의 결백과 무죄를 주장하고 있다고 생각한 듯하다. 그래서 그는 앞장에 이어 계속해서 자연 속에 나타난 하나님의 위대한 손길을 드러내는 데 주력한다. 이처럼 욥의 고난 문제에

대해 엘리후가 핵심을 찌르지 못하고 있지만, 어쨌든 자연을 운영하시고 지배하시는 하나님의 위대한 손길은 사실이므로, 엘리후의 말은 확신과 자신감으로 가득하다.)
"그러므로 이 같은 하나님의 크신 권능 앞에서, 제 심장이 놀라고 벌떡거리면서 떨립니다. 어르신, 그분의 목소리를 들어보시고 그분의 입에서 나오는 천둥 같은 소리를 잘 들어보십시오. 그분은 먼저 온 하늘 아래에 번개를 쳐서 그 빛이 하늘 이쪽 끝에서 저쪽 끝까지 번쩍거리게 하십니다. 그런 뒤에 천둥 같은 그분의 음성이 우르릉거립니다. 과연 번갯불이 하늘을 가로질러 번쩍이고 나면, 천둥 같은 그분의 목소리가 울려 퍼집니다. 참으로 하나님께서는 천둥 같은 놀라운 음성을 울리시며, 우리로서는 도저히 이해할 수 없는 엄청난 일들을 행하십니다."

여러 자연현상들 중에서도 엘리후는 '천둥'과 '번개'에 관하여 거듭 언급한다. 이 둘은 연이어 나타나는 아주 두려운 현상으로 사람들을 꼼짝 못하게 만들기 때문이다. 그래서 고대인들은 하늘 공간에서 울리는 천둥을 신(神)의 목소리로 이해했다. 엘리후 역시 번개 후에 들리는 천둥을 하나님의 음성으로 묘사하고 있다.

엘리후가 앞장에 이어 계속해서 자연의 장엄한 현상들에 관해 언급하고 있는 이유는 그런 현상들 속에 나타난 하나님의 크신 권능과 위대하심을 강조하려 했기 때문이다. 사실, 이것만큼 하나님의 위대한 능력을 인간에게 효과적으로 알려줄 수 있는 방법은 없을 것 같다. 정말이지, 자연현상은 놀랍고 장엄하며 두렵고 위대하기 때문이다. 이렇게 하나님의 위대하심을 분명히 일깨워줌으로써 엘리후는 욥이 하나님께 대한 변론을 그치고 자기 죄를 회개하면서 하나님을 찬송하기를 바랐다. 그런 목적으로 엘리후는 계속해서 말한다.

"하나님께서 눈에게 '땅에 떨어져라!' 명하시면, 눈이 땅 위에 펑펑 쏟아집니다. 비에게 '땅에 쏟아지라!' 명하시면, 땅 위에 소나기가 주룩주

룩 내립니다. 이렇게 그분께서는 폭설과 폭우를 통해 사람의 일손을 묶어놓으시어 모든 사람들로 하여금 하나님께서 하시는 일을 알게 하십니다. 이때 뭇 짐승들은 눈과 비를 피해 각자 숨을 곳을 찾아 굴속으로 들어갑니다. 남쪽에서는 태풍이 불어오고 북쪽에서는 차디찬 바람이 불어옵니다. 하나님의 입김에 서리가 내리고 드넓은 호수도 꽁꽁 얼어붙어 너비가 줄어듭니다."

눈이든 비든 바람이든 서리든, 모든 자연현상을 원하시는 대로 자유자재로 운용하시는 하나님의 위대한 손길에 관해 언급한 내용이다. 여기서 주목할 표현은, 하나님께서 때로는 폭설과 폭우로써 사람의 일손을 묶어놓아 자신이 하시는 일을 사람들로 하여금 알게 하신다는 내용이다. 이런 엘리후의 통찰력은 매우 탁월하다.

진실로 사람은 때때로 일손을 멈추고 하나님께서 하시는 일을 보고 그것을 묵상해야 한다. 그래야 하는 까닭은, 사람은 마땅히 하나님의 위대한 능력을 인정하고 그분을 기억하는 중에 그분께 찬송과 영광을 올려드려야 하기 때문이다. 사람은 종종 바쁜 스케줄로 하나님을 잊고 자신의 계획과 일에만 몰두하는 경향이 있다. 그래서 하나님은 때로 많은 비와 눈을 내려 사람의 계획을 취소시키고 그들의 일손을 멈추게 하여 오롯이 하나님께 관심을 기울이도록 인도하시는 것이다.

"하나님께서는 또한 빽빽한 구름 속에 습기를 실어 나르시고, 두터운 구름 사이로 번개가 번쩍거리게 하십니다. 구름은 하나님께서 이끄시는 대로 온 세상을 이리저리 뭉게뭉게 떠다니면서 그분께서 무엇을 명하시든 그것을 땅 위에 이행하고 있습니다. 하나님께서는 그 구름으로 땅 위에 비를 내려 때로는 사람을 벌하기도 하시고, 때로는 사람에게 긍휼을 베풀기도 하십니다."

엘리후의 말은 맞다. 하나님께서는 자신의 창조물을 어떤 목적으로든 원하시는 대로 사용하실 수 있다. 그래서 똑같은 것이라도 그것을 징벌의 도구로, 혹은 긍휼의 도구로 사용하실 수 있다. 예를 들면 구름을 통해 내려오는 '비'가 그렇다. 많은 비를 내려 큰 홍수가 나게 함으로써 농작물과 가옥과 사람까지 피해를 입도록 하신다. 노아 시대에는 40일 동안의 대홍수로써 인류를 심판하셨다(창 7장).

"하나님께서는 번개를 치시는 분입니다."

하지만 하나님께서는 같은 비를 종종 긍휼의 도구로 사용하신다. 때를 따라 내리는 적당한 비로써 농작물을 기르시고 자연의 동식물들이 살아가게 하신다. 비처럼 바람도 같은 방식으로 작동한다. 이처럼 같은 것이 하나님의 섭리와 경륜 안에서 징벌로도, 혹은 긍휼로도 작용한다. 엘리후는 계속해서 자연 만상을 통해 드러나는 하나님의 위대하신 능력에 관해 열변을 토한다.

"욥 어르신, 제 말을 들어보십시오. 잠시 멈추시고, 하나님께서 행하시는 놀라운 일들을 생각해보십시오. 어르신은 하나님께서 이 모든 일을 어떻게 행하시는지 아십니까. 어떻게 구름 속에서 번쩍거리는 번개를 치게 하시는지 아십니까. 어떻게 구름이 공중에 잘 매달려 떠돌아다니는지 아십니까. 온전한 지식을 갖고 계시는 그분께서 행하시는 이런 경이로운 일들을 어르신은 알기나 하시는 겁니까. 또 남풍이 불어와 온 땅이 고요해지면 날씨가 더워져 어르신의 옷이 땀에 젖는 이유를 아십니까. 어르신이 하나님을 도와 하늘을 넓게 펴실 수 있습니까. 마치 거푸집에 부어 만든 청동거울처럼 창공을 견고하게 펼칠 수 있습니까."

자연현상의 신비를 통해 엘리후가 욥에게 말하고자 하는 요점은 이것이다. 자연 만물을 지으시고 모든 창조물을 자신의 뜻대로 경이롭게 운영하시고 주관하시는 위대하신 전능자 하나님께 한낱 피조물에 불과한 인간이 감히 대들어선 안 되고 어떠한 불평불만도 토로해선 안 된다는 것이다. 말하자면 하나님을 향한 욥의 한탄과 하소연, 그리고 결백과 무죄 주장이 아주 잘못되었다는 것이다. 이제 엘리후는 그런 점을 보다 직접적으로 말한다.

"욥 어르신, 어디 한번 말씀해보십시오. 우리가 그분께 무슨 말씀을 드려야 할지 우리에게 가르쳐주십시오. 우리는 아무것도 알지 못하고 마음이 어두워서 그분께 무슨 말씀을 드려야 할지 도무지 알 수 없습니다. 설령 그분께 하고 싶은 말이 있다고 할지라도, 어떻게 감히 그분께 이러쿵저러쿵 다 말씀드릴 수 있단 말입니까. 함부로 입을 열었다간 하나님께 삼켜질 것이 분명할 텐데 말입니다."

여기 '삼켜지다'(히, 예불라)는 말은 완전히 망해서 파멸되는 상태를 가리킨다. 옛적 이스라엘의 광야 여정에서 고라 일당이 모세와 아론을 거슬러 대들었다가 땅이 갈라져 몽땅 삼켜진 사건에 적용된 단어다(민 16:31-32).

그처럼 욥도 계속해서 하나님을 거슬러 대들다가는 궁극적으로 '삼켜지는' 파멸에 이를 뿐이므로, 이제는 순순히 굴복하고 죄를 회개함으로써 하나님의 긍휼을 기대하는 쪽을 선택하라는 권면이다. 그런 맥락에서 엘리후는 마치 쐐기를 박듯 다시금 전능하신 하나님의 두려운 위엄, 탁월하신 권능, 불편부당한 공의와 공정 등을 강조한다.

"누구도 하나님을 똑바로 볼 수 없습니다."

"바람이 하늘의 구름을 휩쓸고 지나가서 하늘이 맑게 개면, 우리는 그 빛나는 태양의 광채를 똑바로 쳐다볼 수 없습니다. 마찬가지로 하나님께서 금빛 찬란한 광채를 발하시면서 북녘에서 걸어 나오시면, 우리는 그분의 두려운 위엄 때문에 감히 그분을 똑바로 바라볼 수 없고 전능하신 그분께 가까이 다가갈 수도 없습니다. 참으로 그분의 권능은 탁월하시고 그분의 공의는 의로우시며 그분의 심판은 공정하십니다. 그러므로 사람은 마땅히 겸손한 자세로 그분을 경외해야 합니다. 하나님께서는 마음속으로 스스로 지혜롭다고 여기는 자들을 무시하시고 거들떠보지도 않으십니다."

엘리후는 하나님을 '빛나는 태양의 광채'에 비유하였다. 이처럼 성경에서 하나님의 거룩한 영광은 종종 강력한 태양빛처럼 광채가 나서 감히 바라볼 수 없고 접근할 수 없는 것으로 묘사되었다. 이런 맥락에서 후일 사도 바울도 하나님께서는 가까이 다가가지 못할 빛 가운데 거하신다고 묘사하였다(딤전 6:16). 따라서 하나님의 눈부신 영광을 나타내기에 '태양빛'은 좋은 은유라고 말할 수 있다.

여기서 엘리후는 욥이 아무리 부르짖고 하나님을 찾아도 응답받지 못하는 이유에 대해 말하고 있는데, 그것은 욥이 스스로를 지혜롭게 여겨 전능하신 하나님과 감히 변론하려고 했기 때문이라는 것이다. 하나님께서는 그런 자들을 무시하고 거들떠보지도 않기 때문에, 욥이 태도를 바꾸어 겸손한 마음으로 하나님을 경외하는 중에 그분 앞에 굴복할 때 비로소 응답을 받을 것이라고 충고한다. 달리 말하면, 욥이 스스로 지혜롭다는 교만한 마음을 버리고 겸손한 자세로 하나님 앞에 속히 잘못을 회개하고 그분의 긍휼을 바라는 것만이 욥의 고난을 해결할 수 있는 유일한 길이라고 충고한 것이다.

이렇게 볼 때 엘리후의 최종적인 결론도 욥의 세 친구들과 대동소이하다. 욥의 고난은 근본적으로 욥이 자행한 어떤 잘못이나 죄악에서 비롯된 것이므로, 공연히 하나님과 변론하려고 들지 말고 자신의 잘못이나 죄악을 속히 회개하는 것만이 문제 해결의 유일한 열쇠라는 것이다.

결국 '욥의 고난'이라는 주제를 놓고 욥 자신을 비롯하여 욥의 세 친구들 및 엘리후까지 모두가 인간 지혜의 한계를 뚜렷이 드러낸 셈이다. 인간 지혜로는 절대로 풀 수 없는 고차원적인 신앙의 방정식 앞에서 모두가 스스로도 알 수 없는 무지한 말로 진리를 가리고 혼란케 했던 것이다. 그렇다면 욥의 고난을 올바로 이해하는 진리는 무엇일까? 다음 장인 38장부터 41장까지 이어지는 하나님의 등장과 그분의 말씀으로 비로소 깨닫게 된다.

38

하나님의 현현과 권능

주님이 폭풍 속에서 말씀하시네
바다가 터질 때 감싼 자가 누구냐
해더러 새벽에 밝으라고 말한 자,
땅을 흔들어 버린 자가 누구냐

제 6 막 : 사건의 절정 및 대단원(38-42장)

욥기의 제6막은 사건의 절정(클라이맥스) 및 대단원(피날레) 부분이다. 그 내용은 하나님의 등장과 메시지(38-41장), 그리고 욥의 회개와 번영(42장)이다. 욥과 그의 세 친구들(3-31장), 그리고 욥과 엘리후(32-37장) 간에 이루어진 모든 대화와 논쟁 과정을 지켜보신 하나님께서 마침내 등장하여 인간들에게 자신의 절대주권을 선포하심으로써 욥의 사건을 마무리 짓는 장면이다.

욥기의 마지막 장(42장)은 욥의 회개와 번영이라는 해피엔딩으로 끝나는데, 이것은 의인의 고난이 하나님의 능하신 절대주권과 오묘하신 섭리와 경륜하에서 궁극적으로 승리할 것이라는 종말론적인 소망의 메시지를 던져준다.

[제6막 제1장, 무대는 우스 땅 욥의 무너진 집터, 그리고 온 세상과 광활한 우주

공간. 온갖 논리와 주장에도 불구하고 인간들의 모든 논쟁이 '욥의 고난' 문제를 결코 해결할 수 없는 상황에 이르자, 마침내 그 문제에 대해 열쇠를 쥐고 계신 하나님께서 욥이 처한 고난의 현장에 친히 등장하시어 욥과 일대일로 대면하시면서 메시지를 선포하시는 장면으로 욥기의 절정을 이룬다(38-41장).

그중 38장은 하나님께서 세상 만물의 창조, 주관, 통치 등에 관해 욥에게 직접 물으시면서 욥의 무지를 지적하시는 장면이다. 즉, 하나님께서는 땅과 바다의 조성, 빛과 어두움의 원리, 기후의 변천, 별들의 운행, 번개의 원리, 지혜의 원천, 구름과 비의 근원, 야생동물의 양육 등에 관하여 욥에게 물으시면서, 그 무엇 하나도 알지 못하는 욥의 무지를 지적하신다. 욥을 비롯하여 온 세상의 모든 인간은 우주 만물을 창조하시고 주관하시며 운행하시는 전능자 하나님 앞에서 왈가왈부할 것이 아니라 다만 침묵하고 순종하며 경외하고 찬양해야 마땅한 것이다.]

하나님의 등장과 욥을 향한 하나님의 첫 번째 말씀(38:1-41)

[내레이션] 그때에 주님께서 폭풍 가운데 나타나셔서 욥을 향해 말씀하신다.

여기서 폭풍(히, 싸아르)은 세차고 강력한 회오리바람(whirlwind)을 가리킨다. 구약시대에 때로 하나님께서는 사람이 보고(느끼고) 들을 수 있는 형태로 나타나셨다. 여기서도 하나님은 욥과 그의 친구들이 보고(느끼고) 들을 수 있는 형태로 나타나셔서 말씀하신다. 다만 영(靈)이신 하나님의 형체가 사람에게 그대로 나타날 수는 없으므로 폭풍(회오리바람) 가운데 가려졌을 뿐이다.

(강력한 회오리바람이 세차게 일면서 그 속에서 들려오는 하나님의 음성은 마치 천둥소리처럼 장중하고 위엄 있고 두렵고 경이롭다. 인간을 완전히 압도하는 목소리다.) "알지도 못하면서 무지하고 허튼소리로 이치를 어둡게 하는 자가 누구냐? 이제부터 너는 대장부답게 허리띠를 동여매고 일어나

내가 묻는 말에 대답해보아라."

거센 폭풍우 가운데서 욥에게 말씀하시는 하나님

평생토록 하나님을 섬기고 경외한 욥은 하나님에 관하여 알 만큼은 안다고 자부하고 있었다. 그래서 욥은 지금껏 자신이 아는 지식대로 하나님에 관해 이것저것 많이 언급하면서 자기 고난의 문제를 해결해보고자 애썼다. 그러나 하나님께서는 욥이 알지도 못하면서 하나님께 대하여 무지하고 허튼소리를 해댔다고 책망하신다. 그러시면서 만일 욥이 하나님에 관해 정말로 잘 알고 있다면, 이제부터 하나님 자신이 묻는 말에 대장부답게 당당하게 대답해보라고 도전하신다. 그렇다면 하나님께서는 욥에게 어떤 질문을 하실까? 먼저 땅(지구)의 창조와 관련하여 질문하신다.

"내가 땅의 기초를 놓을 때, 너는 어디에 있었느냐? 알고 있다면, 어디 대답해보아라. 누가 이 땅의 크기를 정하였느냐? 네가 알고 있느냐? 누가 땅 위에 다림줄을 놓았는지, 너는 알고 있느냐? 땅의 기초를 떠받치고 있는 기둥을 단단히 붙들고 있는 이가 누구냐? 누가 땅의 주춧돌을 놓았는지 네가 아느냐? 땅의 주춧돌이 놓일 때, 하늘의 새벽별들이 다함께 노래를 불렀고, 하나님의 모든 아들들은 기쁨으로 소리를 질렀느니라."

하나님께서는 자신의 천지창조 사역을 '집(건물)'의 건축에 비유하여 욥에게 질문하신다. 기초, 다림줄, 기둥, 주춧돌 등이 그런 비유적 표현들이다. 요점은, 하나님께서 친히 설계하시고 계획하시고 목적하신 바대로 천지만물을 지으셨다는 것이다. 그런 하나님의 위대한 천지창조 사역에 관해 한낱 피조물 된 인간이 제대로 알 수 있는 것은 아무것도 없다.

하나님께서는 인간들이 도무지 알 수 없었던 그때에 무슨 일이 있었는지 한 가지 사실을 살짝 알려주신다. 그것은, 지구의 주춧돌(모퉁잇돌)이 놓였을 때 하늘의 새벽별들과 하나님의 아들들(천사들)이 그 사실을 기뻐하면서 하나님의 창조 솜씨와 능력을 찬양하며 영광을 돌렸다는 것이다(시 19:1). 욥을 향한 하나님의 질문은 계속된다. 이번에는 '바다'의 창조와 관련된 질문이다.

> "바닷물이 땅속의 모태에서 거침없이 터져 나올 때, 누가 그 문을 닫아 바다를 가두어 놓았느냐? 그때에 구름을 옷 삼아 바다를 싸매고 어둠을 포대기 삼아 바다를 감싼 이가 내가 아니더냐. 그렇다. 바로 내가 금을 그어 바다의 경계를 그만큼 정하였고, 문빗장을 질러 바다를 그곳에 가두어두었노라. 그러고서 내가 바다에게 명하기를 '바다야, 너는 여기까지만 나올 수 있고 더 이상 이 경계를 넘어서지 마라! 제 아무리 도도하게 넘실거리는 파도라 할지라도 너는 여기서 멈추어라!' 하였느니라."

하나님께서는 천지창조의 셋째 날에 '바다'를 지으셨는데, 궁창(하늘) 아래의 물들을 한 곳에 모으심으로써 바다를 만드셨다(창 1:9-10). 그런 사실이 여기서는 시적으로 묘사되었다. 곧 하나님께서 '땅속'이라는 어머니 뱃속에서 막 터져 나온 바닷물을 마치 갓난아이처럼 세심하게 다루시어 구름이란 옷으로 싸매시고 흑암이란 포대기로 감싸신 뒤 한 곳에 눕혀놓은 것이 '바다'가 되었다는 말이다.

달리 표현하면, 하나님께서 하늘 아래의 물들을 모두 모아 한 곳에 가두신 뒤 문을 닫고 문빗장을 질러놓으신 것이 '바다'라고 묘사하고 있다. 그 결과, 바다와 육지(뭍)가 뚜렷하게 구분되었고, 그래서 아무리 거친 파도라 할지라도 경계를 넘어(문을 열고 문빗장을 깨뜨려) 육지를 침범하지 못한다는 것이다. 이처럼 자연 만물이 하나님께서 정해놓으신 규칙과 지시하신 명령에 따라 움직이고 순종하는 것이다. 오늘날 우리는 그것을 '자연법칙'이라 부른다. 하나님께서는 계속해서 '낮과 밤', '빛과 어둠'에 관해서 욥에게 질문하신다.

"네가 언제 아침더러 '밝아 오라!' 하고 명령해본 적이 있느냐? 새벽에 동녘이 밝아오게 해본 적이 있느냐? 네가 새벽에게 명하여 그 빛을 땅끝까지 널리 비치게 함으로써 땅을 덮고 있던 어둠의 옷깃을 걷어내어 어둠 가운데서 악을 행하던 악인들로 하여금 그들의 악을 멈추게 한 적이 있느냐? 새벽빛이 비치면, 언덕과 계곡은 그 자태를 드러내지 않더냐. 진흙 위에 도장을 찍어놓은 것처럼 선명하게 보이지 않더냐. 옷자락이 그 주름까지 보이듯 그렇게 잘 드러나지 않더냐. 대낮의 빛은 악한 자들에게 너무나 밝아서 그들의 폭행을 훤히 드러내며 또 저지하느니라."

밤과 낮, 어둠과 빛에 관한 질문과 설명이다. 하나님께서는 천지창조의 첫째 날에 빛과 어둠을 나누심으로써 낮과 밤을 지으셨다(창 1:5). 그런데 여기서는 단순히 밝고 어두운 가시적인 밤낮의 세계뿐만 아니라, 낮(빛)의 선행과 밤(어둠)의 악행에 이르는 영적인 세계까지 전부 하나님의 주권 아래 놓여 있음을 알 수 있다.

물론, 하나님께서 낮과 밤을 창조하실 때 인간은 존재조차 하지 않았기 때문에 그 창조원리에 관해 어떤 것도 알 수 없었다. 그래서 하나님의 질문에 욥은 묵묵부답일 뿐 입도 뻥긋할 수 없었다. 그런 욥에게 하나님의 심오한 질문은 계속 이어진다.

"너는 물이 솟아나는 바닷속 밑바닥까지 들어가 본 적이 있느냐? 그 밑바닥 깊은 곳을 네 두 발로 거닐어 본 적이 있느냐? 너는 사망의 문을 넘어가서 그 안쪽을 들여다본 적이 있느냐? 사망의 그늘이 짙게 드리운 그 문을 본 적이 있느냐? 너는 땅이 얼마나 드넓은지 상상이라도 해보았느냐? 그래, 이 모든 것들을 알고 있다면 어디 한번 내게 대답해보아라."

바다 밑바닥 심연(深淵)의 세계, 땅 밑 깊숙한 곳의 사망의 세계, 사람이 발을 딛고 살아가고 있는 땅(지구)의 크기 등에 관한 질문이다. 창조주 하나님께서 만드신 깊고 신비한 세계에 대하여 한낱 하나님의 피조물에 불과한 사람이 어찌 감히 대답할 수 있겠는가! 사람은 그 모든 신비한 창조세계에 대하여 그저 무지할 뿐이다.

고대 히브리인들은 사람이 죽으면 망자(亡者)는 죽은 자들의 거처인 어두컴컴한 지하세계 곧 스올(Sheol)로 들어간다고 믿었다. 사망의 문은 바로 그 '스올'(무덤)로 들어가는 문을 일컫는다. 하나님의 질문에 입도 뻥긋 못 열고 머리가 어질어질해진 욥에게 창조주 하나님의 질문은 계속 이어진다.

"너는 빛이 어디로부터 오는지 아느냐? 어둠이 어디에 거주하고 있는지 알고 있느냐? 너는 빛과 어둠을 인도하여 그들을 제자리에 데려다줄 수 있느냐? 그것들이 살고 있는 곳에 이르는 길을 네가 아느냐? 아무렴, 너는 창조 이전부터 이미 태어난 몸이므로 이 모든 것들에 관해 잘 알고 있을 것이다. 네가 세상이 창조되던 그때부터 지금까지 그토록 오래 살아왔으므로 설마 이런 것들을 모를 리 없겠지."

빛과 어둠을 의인화시켜 그들이 거주하고 있는 장소 및 그 장소에 이르는 길에 관한 질문이다. 즉, 빛과 어둠의 기원에 관한 질문이다. 물론, 태초에 빛과 어둠이 창조될 때 욥은 세상에 존재조차 하지 않았으므로(비록 존재했다고 해도 사람의 지식을 벗어난 창조의 영역이므로) 그것들의 기원에 관해 알 턱이 없다. 그런데 이어지는 하나님의 말씀이 재미있다. 욥은 창조 이전부터 존재했을 터이니 그런 빛과 어둠의 기원에 관해 잘 알고 있을 것이라는 말씀이다.

이는 욥을 조롱하는 말이 아니라, 욥이 지닌 인간적인 한계를 한층 극대화시키는 반어법적인 표현이다. 말하자면 욥은 창조 이전부터 존재하지 않았고, 따라서 그때 일어난 일들에 관해 전혀 알 수 없는 완전 무지한 자라는 사실을 강조한 표현이다. 그리하여 욥 스스로가 그런 자신의 무지를 철저히 깨닫도록 유도하신 것이다.

과연 하나님의 모든 질문이 끝나자 욥은 회개하면서 "제가 잘 알지도 못하면서 함부로 입을 놀렸습니다. 그 모든 일들이 너무나 경이롭고 기이해서 저로서는 도무지 알 수 없을 일들에 대해 마구 떠들어댔습니다."(욥 42:3) 하고 스스로 고백하였다. 욥의 무지를 일깨우시는 하나님의 질문은 계속된다.

"너는 눈을 쌓아둔 창고에 들어가본 적이 있느냐? 우박을 쌓아둔 곳간에 들어가본 적이 있느냐? 내가 그것들을 환난 날에 사용하려고 또 전쟁과 전투의 날에 쓰려고 거기에 미리 비축해두었느니라. 태양이 떠오르는 그곳에 네가 가본 적이 있느냐? 동풍이 어디서부터 불어오며 또 그 바람이 어느 방향으로 흩어지는지 네가 아느냐? 땅 위에 쏟아진 폭우가 흘러 내려가도록 골짜기 길을 터놓은 이가 누구냐? 천둥과 번개가 땅까지 이르도록 그 길을 만들어놓은 이가 누구냐? 아무도 살지 않는 곳, 사람이 살지 않는 광야일지라도 그곳에도 비를 쏟아지게 하는 이가 누구냐? 도대체 누가 메마른 땅을 촉촉이 적시며 거친 땅에 비를 내려 새싹이 파릇파릇 돋아나게 하느냐? 비한테 아버지가 있기라도 한단 말이냐? 누가 이슬방울을 낳았단 말이냐? 얼음은 어느 모태에서 생겨났느냐? 하늘에서 내리는 서리는 누가 낳았느냐? 물을 돌같이 딱딱하게 얼리는 이가 누구냐? 바다 수면까지도 얼게 하는 이가 누구냐?"

눈, 우박, 폭우, 일출, 바람, 천둥, 번개, 비, 이슬, 얼음, 서리 등에 관한 질문이다. 모든 것들이 하나님의 창조 작품이고, 하나님께서 제정하신 자연법칙에 순응하여 절로 운행되는 것들이다. 이처럼 모든 자연은 의인이든 악인이든, 사람이 살고 있는 곳이든 사람이 살지 않는 곳이든, 때와 장소를 가리지 않고 만물의 창조자요 주권자이신 하나님의 뜻에 따라 자연스럽게 운행된다. 여기에 사람이 끼어들 여지는 없다. 사람은 다만 찬탄하고 찬양할 따름이다.

한편, '폭우가 흘러 내려가는 골짜기 길'은 폭우로 인해 일시적으로 물길이 생기는 간헐천인 와디(Wadi)를 염두에 둔 말이다. 이제 하나님은 한 걸음 더 나아가 더욱 신비하고 오묘한 하늘의 피조물인 '별자리'에 관해 물으신다.

"네가 묘성의 별자리를 한데 묶을 수 있으며, 삼성의 별들을 묶어놓은 띠를 풀 수 있느냐? 네가 계절에 따라 열두 궁성의 별자리를 배치할 수 있느냐? 큰곰자리 별들과 작은곰자리 별들을 이끌어낼 수 있느냐? 너는 하늘을 움직이는 법칙을 아느냐? 또 그 법칙이 땅에 적용될 수 있도록 올바로 세울 수 있겠느냐?"

묘성(昴星, Pleiades)은 황소자리에 있는 가장 밝은 일곱 개의 별들을 가리키고, 삼성(參星, Orion)은 오리온성좌의 별들을 가리킨다. 하나님께서는 하늘에 무수하게 떠 있는 별들에 관하여 그것들을 하나의 별자리

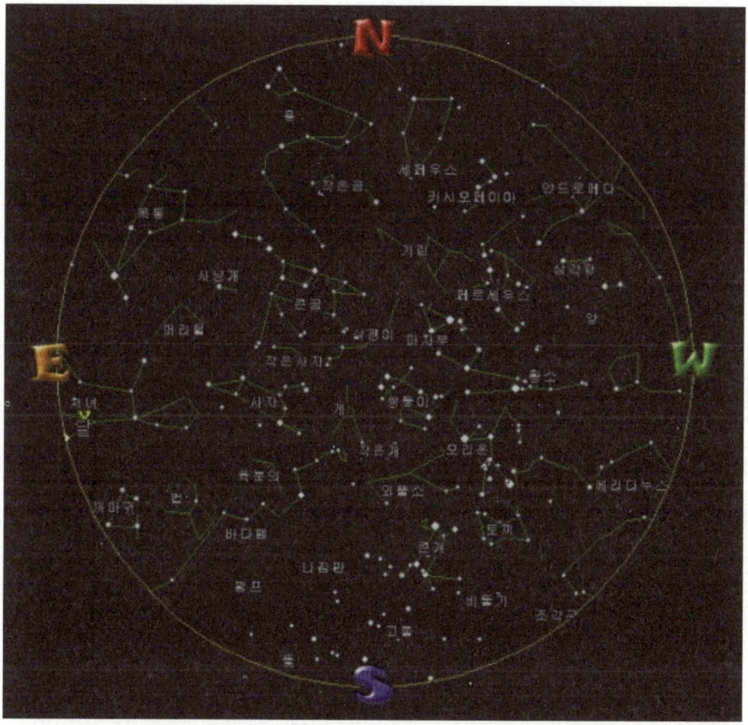

광활한 하늘에 철따라 무수한 별자리를 배치하신 하나님

로 한데 묶어 계절마다 제자리에 적절하게 배치할 수 있는지, 또한 그것들이 서로 간에 충돌하거나 방해하지 않고 제 궤도에 따라 움직이게 할 수 있는 법칙을 만들어낼 수 있는지를 욥에게 묻고 있는 것이다.

물론, 욥으로서는 엄두조차 낼 수 없는 일이다. 결국 하나님께서는 자신의 신비스럽고 권능 있는 창조사역을 통해 욥의 무지와 무능을 뚜렷이 드러내신 것이다. 하나님의 질문은 계속된다. 이번에는 '구름'과 '비'에 관한 질문이다.

"너는 네 목소리를 높여서 구름에게까지 명령할 수 있겠느냐? 또 구름에게 명령하여 네 위로 비를 흠뻑 내릴 수 있게 하겠느냐? 네가 또 번개를 보내어 네가 가리키는 곳을 치게 할 수 있겠느냐? 그 번개가 네 앞으로 와서 '예, 우리가 여기 있사오니 명령만 내리십시오!' 하고 대기하도록 할 수 있겠느냐?"

구름과 번개가 마치 명령을 알아듣는 것처럼 의인화되었다. 그렇게 볼 때, 사람이 구름에게 명령하여 비를 흠뻑 내리게 하거나, 번개에게 지시하여 원하는 곳에 번개를 치게 만드는 것은 불가능하다. 구름과 번개가 사람의 명령에 따를 리 없기 때문이다.

하지만 창조주 하나님께서는 그것들에게 명령하여 얼마든지 자신의 뜻대로 운행하실 수 있고, 또 그것들은 창조주의 명령에 언제든지 복종할 자세가 되어 있다. 이처럼 모든 자연현상들은 하나님의 주관하에 운행된다. 그런 하나님의 크신 주권 앞에서 인간은 다만 무능할 뿐이다.

"사람의 마음속에 지혜를 준 이가 누구냐? 사람의 머릿속에 지각을 준 이가 누구냐? 저 하늘의 구름을 다 헤아릴 만큼 지혜로운 이가 누구냐? 하늘에서 물 항아리를 기울여 땅 위에 비를 내리게 할 수 있는 이가 누구냐? 누가 티끌을 딱딱한 흙덩이가 되게 하고, 또 누가 그 흙덩이를 서로 달라붙게 할 수 있느냐?"

티끌을 딱딱한 흙덩이가 되게 하려면, 그리고 그 흙덩이들을 서로 달라붙게(엉겨 붙게) 하여 농사짓기에 알맞은 토양이 되게 하려면 반드시 하늘에서 비가 내려와야 한다. 그렇다면 "하늘에서 물들을 저장해둔 궁창의 문을 열고, 물 항아리를 기울여 땅 위에 비를 내리게 하시는 분은 과연 누구냐?" 하는 질문이다.

물론, 그분은 '하나님'이시다. 사람은 아무리 땅이 거북이 등처럼 쩍쩍 갈라져 농사를 지을 수 없어도, 심지어 자기 목이 말라 갈증으로 금방 죽어간다 해도 하늘 위에서 물 한 방울조차 내리게 할 수 없다.

그만큼 하나님은 전능하고 사람은 무능하다. 욥을 향한 하나님의 질문은 이런 사실을 밝히 드러낸다. 이제 하나님의 질문은 '동물의 세계'로 향한다.

> "네가 사자에게 먹을거리를 계속 대줄 수 있느냐? 굶주린 새끼 사자들의 배를 채워줄 수 있느냐? 사자들이 굴속에 웅크리고 모여 있거나 수풀 속에서 가만히 숨어 먹잇감을 기다리고 있을 때, 네가 그렇게 해줄 수 있겠느냐? 어린 까마귀들이 배가 고파 이리저리 헤매면서 하나님을 향해 '까악까악' 하고 우짖고 방황할 때, 그 까마귀 떼에게 먹이를 마련해주는 이가 누구냐?"

동물의 세계에 대한 하나님의 주권을 통해 욥의 무지와 무능을 지적하고 있다. 하나님께서는 백수의 왕이라 일컬어지는 사자의 먹잇감뿐만 아니라, 하찮은 까마귀 새끼의 먹이까지도 일일이 마련하여 때마다 챙겨주는 분이시다. 그런 하나님의 손길이 있기에 동물의 세계가 무너지지 않고 계속 유지되는 것이다. 그에 비하면, 사람은 사자의 먹잇감을 챙겨주기는커녕 자칫하면 사자의 먹잇감이 될 수도 있는 아주 연약한 존재다.

물론, 들판에서 어린 까마귀가 아무리 배고파 우짖어도 사람이 그 사실을 알 수도 없고, 비록 안다고 해도 제대로 챙겨줄 수도 없다. 온 우주 만물의 구석구석에까지 미치는 하나님의 전능하신 손길에 비하면, 사람의 손길은 기껏 주변 몇 미터에 그치는 극히 제한적이고, 그마저도 능력이 없어 제대로 돌봐줄 수 없는 것이다. 그만큼 하나님 앞에서 사람은 무지하고 무능하다. 창조세계에 대한 하나님의 계속되는 질문들을 통해 욥은 그 사실을 철저히 깨달아야 했다.

앞서 욥은 졸지에 들이닥친 자신의 고난에 대해 하나님과 변론하기를 간절히 원했다. 결백하고 무죄한 자신에게 어찌하여 그처럼 혹독한 고난이 임했는지 정말 따지고 싶었다. 그래서 고난은 차치하고서라도 고난이 임한 이유만이라도 알고 싶었다. 그리하여 욥은 하나님께 애타게 부르짖었고 계속해서 '왜죠? 대체 왜입니까?'라고 질문하고 또 질문했다. 그런데 폭풍 가운데 등장하신 하나님께서는 욥의 질문에 답변하지 않으셨다. 욥의 고난에 대해서는 한마디 언급조차 하지 않으셨다. 죄 없는 욥이 왜 그토록 혹독한 고난을 겪고 있는지에 대해 전혀 말씀하시지 않았다.

다만 하나님께서는 자연세계의 오묘함과 심오함에 관해서 길게 말씀하시고 계실 뿐이다. 그렇다면 하나님께서는 욥의 질문에 답변을 회피하신 것인가? 그렇지 않다! 바로 하나님의 말씀 곧 욥을 향한 하나님의 질문 속에 답변이 숨어 있다. 즉 '창조주 하나님의 절대주권'이 욥의 질문에 대한 답변이다. 만물의 창조자이시고 만유의 주권자이신 하나님께서는 누구에게도 방해받지 않고 또 어떤 이유로든 제한받지 않고, 자신이 원하시는 모든 것을 자신의 기쁘신 뜻대로 얼마든지 이렇게도 혹은 저렇게도 행하실 수 있다.

따라서 하나님께서는 자신의 섭리와 경륜에 따라 얼마든지 악인에게 형통을 베푸실 수도 있고, 의인에게 고난을 주실 수도 있다. 고난을 당할 만한 아무런 죄가 없는 욥에게도 얼마든지 고난을 주실 수 있는 분이 하나님이시다. 따라서 하나님의 절대주권 앞에선 '왜?'라는 질문 자체가 아무런 의미가 없다. 이해하든 이해하지 못하든 인간은 오로지 하나님을 믿고 그분의 절대주권에 전적으로 순복하고 찬양해야 할 따름이다. 그래서 욥기의 주제는 '욥의 고난'이 아니라 '하나님의 절대주권'이다. 욥의 고난이 나무 한 그루라면, 하나님의 절대주권은 전체 숲이다. 그것이 욥기의 교훈이다.

39

하나님의 능력과 지혜

누가 들나귀를 광야에 풀어놓았느냐
누가 말에게 휘날리는 갈기를 주었느냐
타조는 퍼덕여도 털은 황새만 못하니
알을 낳고도 제 알을 못 알아본다

[제6막 제1장의 계속, 무대는 우스 땅 욥의 무너진 집터, 그리고 온 땅의 자연 및 동물의 세계. 욥의 고난 문제를 놓고 치열한 논쟁을 벌였지만 인간들로서는 도저히 그 해답을 도출해낼 수 없는 막막한 상황에 이르자, 마침내 하나님께서 폭풍 가운데 등장하셔서 욥을 향해 창조세계의 신비함과 오묘함에 대해 질문하신 앞장(38장)에 이어 계속해서 질문하시는 장면이다. 본장에서는 특별히 동물의 세계에 관해 질문하신다. 각양 동물들의 본능과 습성에 대하여, 새들 가운데 가장 특징적인 타조에 관하여, 위풍당당한 말(馬)에 관하여, 각종 새들에 관하여 하나님께서 욥에게 질문하신다. 물론, 욥은 한마디도 대답하지 못하는데, 그런 욥을 통해 하나님의 전지전능하신 지혜가 뚜렷이 부각된다.]

욥을 향한 하나님의 첫 번째 말씀의 계속 (39:1-30)

(하나님, 욥을 향한 하나님의 질문 하나하나가 인간 지식의 한계를 한참 초월하는 신묘막측한 것들이다. 게다가 강력한 회오리바람이 크게 일면서 그 속에서 강력하게

뿜어져 나오는 목소리 자체가 장중하고 경이롭고 두렵다. 질문의 내용도 인간 지식으로는 가히 범접조차 힘들 정도로 극히 심오하고, 질문하는 목소리도 오금을 저리게 할 정도로 극히 장엄하여 욥은 넋을 잃은 채 정신을 차릴 수 없을 정도다. 그저 납작 엎드린 채 벌벌 떨면서 듣고만 있을 뿐이다.) "너는 들염소가 언제 새끼를 치는지 아느냐? 암사슴이 새끼 낳는 것을 본 적이 있느냐? 그것들이 몇 달 동안 새끼를 제 뱃속에 품고 다니고 또 어느 때에 새끼를 낳는지 네가 알고 있느냐? 그것들이 몸을 구푸려 일단 새끼를 낳으면 해산의 고통에서 벗어나게 되고, 어린 새끼들은 들판에서 무럭무럭 자라 튼튼해지게 되면 어미 곁을 떠나서 다시는 돌아오지 않느니라."

들염소는 험준한 암벽지대에 거처하는 야생염소를 가리키고, 암사슴은 높고 위험한 지역을 다닐 수 있는 튼튼한 발을 가진 동물이다. 따라서 사람들이 이런 야생동물들에게 접근한다는 것은 극히 어려운 일로, 더군다나 욥의 시대(주전 1800-2000년경)에 그것들의 분만 시기를 안다는 것은 불가능한 일이었다. 따라서 하나님의 질문에 욥은 어안이 벙벙하여 입도 뻥긋할 수 없었다.

"누가 들나귀를 자유롭게 광야에 풀어주었느냐? 누가 매인 줄을 풀어 날쌘 그것들을 광야에서 마음껏 뛰놀게 하였느냐? 바로 나니라! 내가 광야를 들나귀의 집으로 정해주었고 소금기 있는 그 땅에서 살게 하였느니라. 들나귀는 시끌벅적한 동네를 싫어하고 자기를 길들이려는 사람의 말을 도무지 들으려 하지 않느니라. 들나귀에게는 산이 목장과 같아서 이 산 저 산을 마음껏 뛰어다니며 푸른 풀을 찾느니라."

천생 야생동물인 들나귀는 거칠고 제 마음대로이기 때문에 가축으로 사육하기에 부적절하다. 하나님께서 그런 들나귀를 광야에 풀어놓아 자유롭게 하신 것도 전부 하나님의 섭리하에 이루어진 것임을 보여줌으로써 하나님의 지혜와 인간의 무지를 대비시켰다.

한편, 광야의 짐승들, 그중에서도 특히 들나귀는 소금기 있는 땅을 좋아하는데, 그 까닭은 소금기가 있는 땅을 핥음으로써 염분(鹽分)을 보충할 수 있기 때문이다. 하나님께서는 들나귀에 이어 이번에는 '들소'에 관해 질문하신다.

> "네가 들소를 부려먹을 수 있을 것 같으냐? 들소가 너의 외양간에서 얌전히 밤을 보낼 것 같으냐? 네가 들소에게 쟁기를 매어 밭을 갈게 할 수 있겠느냐? 들소가 고분고분 네 말을 따라 이랑을 갈 수 있을 것 같으냐? 들소가 힘이 세다고 해서 네가 그 힘을 이용할 수 있을 것 같으냐? 네가 들소의 등 위에 무거운 짐을 지울 수 있을 것 같으냐? 추수 때 거두어들이는 곡식 단을 들소에게 실어 보내 그것을 타작마당에 내려놓게 할 수 있을 것 같으냐?"

들나귀와 마찬가지로 들소 역시 야생동물로 거칠고 제멋대로이기 때문에 사람의 손에 길들여지지 않는다. 들소는 덩치도 크고 힘도 아주 세기 때문에 만일 사람이 그것을 잘 길들여 농사일에 부릴 수만 있다면 많은 수고를 덜 수 있을 것이다. 하지만 사람은 도무지 그렇게 할 수 없다. 왜냐하면 하나님께서 맨 처음 들소를 지으실 때 인간에게 길들여지지 않는 야성을 심어 놓았기 때문이다.

이처럼 사람은 짐승 하나를 부리는 데 있어서도 하나님께서 정해놓으신 범위 안에 제한될 수밖에 없는 미약한 존재이다. 들나귀와 들소에 이어 이번에는 '타조'다. 아무리 묻고 물어도 욥이 입조차 뻥긋하지 못하자, 하나님께서는 이제 아예 묻지도 않으시고 타조에 관해 곧바로 설명해주신다.

> "타조는 재빠르고 웅장하게 날개를 칠 수 있지만, 그 깃과 털은 황새만 못하여 제 새끼를 따뜻하게 품지 못하느니라. 그래서 타조는 자기 알을

"타조는 재빠르지만 제 새끼를 품지 못하느니라."

땅바닥에 낳고 모래 속에서 따뜻하게 되도록 내버려 두는데, 그 알이 누군가의 발에 밟혀 깨질 수 있다거나 들짐승이 그 알을 깨뜨릴 수도 있다는 데에는 생각이 미치지 못하느니라. 이처럼 타조는 자기가 낳은 알을 마치 자기 것이 아닌 양 조금도 신경 쓰지 않고 거칠게 다루느니라. 애써 알을 낳은 것이 헛수고가 될지 모르는데, 타조는 그런 것에는 전혀 아랑곳하지 않느니라. 그 까닭은 나 하나님이 타조에게 지혜를 허락하지 않았고 지각을 주지 않았기 때문이니라. 그러나 타조가 그 몸을 높이 쳐들고 날개를 치면서 내달릴 때는 말이나 그 말 탄 자를 우습게 여기느니라."

타조목 타조과의 조류인 타조는 새인데도 날지 못한다. 특히 타조는 다른 새들에 비해 새끼조차 잘 돌보지 못하는 부족한 지혜와 지각을 지녔다. 그 이유는, 하나님께서 타조에게 지혜와 지각을 주지 않았기 때문이다.

하지만 대신에 하나님께서는 타조가 다른 공격자들로부터 잘 도망칠 수 있도록 놀랄 만한 스피드를 주셨다. 잘 달리는 말조차 타조를 따라잡을 수 없다. 말의 평균 속도가 시속 50km이고 최대 속도가 70km인데 비해, 타조는 시속 90km로 30분을 달릴 수 있고 최대 속도는 시속 115km에 달한다. 그렇다면 하나님께서는 어찌하여 제 새끼조차 제대로 돌보지 못하고 날지도 못하는데 이토록 빠른 새를 만드셨을까?

이처럼 세상과 자연 속에는 인간의 언어와 지식으로는 도무지 설명할 수 없는 많은 일들이 존재한다. 욥은 이 같은 자연세계의 불가사의를 통해 자신의 이해할 수 없는 고난에 대해서도 적절한 교훈을 배워야 했다. 들나귀, 들소, 타조에 이어 이번에는 하나님께서 '말(馬)'에 관해 말씀하신다.

> "네가 말에게 강한 힘을 주었느냐? 네가 말에게 휘날리는 갈기를 그 목에 달아주었느냐? 네가 말을 메뚜기처럼 잘 뛸 수 있게 했느냐? 사람을 두렵게 하는 말의 그 위엄 있고 위세 당당한 콧소리를 내도록 한 것이 너란 말이냐? 말은 앞발로 땅을 힘차게 차고는 전쟁터로 당당하게 내달리느니라. 말은 두려움이란 걸 모르는데 칼을 들이대도 피하는 법이 없느니라. 말을 탄 용사의 화살통이 덜커덕 흔들리고 긴 창과 짧은 창이 햇빛에 번쩍거려도, 전쟁의 나팔소리를 들으면 그 즉시로 미친 듯이 발로 땅을 박차면서 혼신의 힘을 다해 격렬하게 앞으로 내달리느니라. 그리고 나팔소리가 울릴 때마다 말은 '히히힝' 하고 콧김을 내뿜으며 멀리서부터 싸움의 냄새를 맡고 지휘관들의 우레 같은 호령과 명령하는 소리를 다 알아듣느니라."

자연세계에 존재하는 모든 동물들 하나하나에게 그 특징과 습성과 본능을 주입하신 분이 하나님이심을 강조하고 있다. 광야를 마음껏 뛰어다니는 들나귀의 자유분방함(5-8절), 사람이 도무지 길들일 수 없는 들소의 강력한 힘(9-12절), 비록 지혜와 지각은 없지만 말조차 따라잡지 못하는 타조의 스피드(13-18절), 그리고 칼과 창이 격렬하게 맞부딪히는 전쟁터의 치열한 싸움을 전혀 겁내지 않는 말의 용맹스러움(19-25절) 등.

이 같은 하나님의 신묘막측한 지혜와 무한한 능력에 사람은 그저 입을 다물 수밖에 없다. 여기서 그치지 않는다. 이번에는 공중을 자유롭게 날아다니는 '매'와 '독수리'에 관해 말씀하신다.

"매가 높이 떠올라 그 날개를 펼치고 남쪽으로 날아가는 것이 네게서 배운 지혜 때문이더냐? 독수리가 하늘 높이 날아올라 높은 곳에 둥지를 트는 것이 너의 명령을 따른 것이더냐? 독수리는 가파른 절벽에 자기 보금자리를 꾸며 살고 험한 바위산을 자기 요새로 삼느니라. 독수리는 또 거기에서 먹이를 찾되 그 눈은 아주 멀리서도 먹이를 탐지하고 알아차리느니라. 독수리 새끼들도 피를 빨아먹고 사는데 주검이 있는 곳에는 언제나 독수리가 있느니라."

"독수리는 멀리서도 먹이를 탐지하고 알아차리느니라."

팔레스타인의 매는 철새로서, 겨울이 오기 전에 따뜻한 남쪽으로 이주한다. 또한 새들 중의 왕인 독수리는 높은 곳의 가파른 절벽 같은 데 둥지를 트는 습성이 있는데, 멀리서도 먹잇감을 탐지하는 탁월한 능력이 있다. 독수리의 평균 시력은 5.0으로 무려 2~5km 떨어진 상공에서도 땅 위의 물체를 탐지하고 시속 240km로 하강하여 먹잇감을 재빨리 낚아챈다.

이처럼 인간의 지혜와 능력은 매와 독수리가 갖고 있는 지혜와 능력에도 미치지 못한다고 할 수 있다.

이런 사실은 인간들에게 뚜렷한 교훈을 준다. 즉, 하나님께서 만드신 창조물 중 한낱 날짐승의 지혜와 능력에도 미치지 못하는 인간이 감히 창조주 하나님과 더불어 시시비비를 가리고자 논쟁을 하려 든다는 것은 분수에 지나칠 뿐 아니라 어불성설이라는 것이다.

40
전능자와 미천한 자

황소처럼 풀을 뜯어먹는 하마
백향목 같은 꼬리, 놋쇠 같은 뼈마디,
넓적다리 근육, 쇠 빗장 같은 갈비뼈,
그 불끈거리는 배의 힘줄을 보아라

[제6막 제1장의 계속, 무대는 우스 땅 욥의 무너진 집터, 그리고 온 땅의 자연 및 동물의 세계. 인간들의 모든 논쟁이 끝나자 강력한 회오리바람 가운데 등장하신 하나님께서는 우주 만물과 자연세계 속에 나타난 하나님의 무한한 지혜와 능력을 언급하심으로써 인간 지혜의 한계와 미약함을 충분히 드러내셨다(38-39장). 그런 뒤 이제 하나님께서는 욥에게 잠시 대답할 기회를 주신다. 이에 욥은 하나님의 지혜와 능력에 압도당하여 한마디 대답 없이 그저 손으로 자기 입을 가릴 뿐이다. 그러자 하나님께서는 자신의 의로운 통치에 관해 언급하신 후 다시금 피조물 가운데 하나인 '하마'를 예로 드시어 미약하고 무지한 인간이 하나님의 주권과 경륜에 도전하는 것이 얼마나 부질없는 행동인지를 새삼 밝혀주신다.]

욥을 향한 하나님의 두 번째 말씀 (40:1-24)

[내레이션] 주님께서 욥에게 또 말씀하신다.
(강력한 회오리바람이 욥과 그의 친구들 주변을 계속 휘몰아치고 있는데, 그

폭풍 가운데서 우레 같은 하나님의 목소리가 장엄하게 울려나온다.) "네가 아직도 전능자와 다투겠느냐? 아직도 전능자가 잘못되었다고 탓할 셈이냐? 하나님을 탓하는 너 욥아, 어디 나에게 대답해보아라."

하나님께서는 우주 만물과 자연세계 속에 나타난 자신의 무한한 지혜와 능력을 언급하신 뒤(38-39장), 이제 욥에게 무슨 말이든 하나님께 대해 할 말이 있으면 해보라며 잠시 대답할 기회를 주신다. 이때 하나님께서는 그저 입 닥치고 조용히 있으라고 욥을 윽박지르신 게 아니다.

신앙인들의 삶에서 건강한 의심은 진리를 밝히는 데 유익한 측면도 있다. 하지만 친구들의 비난에 감정이 격화된 욥은 자신의 결백과 무죄를 너무나 확신한 나머지, 점차 하나님의 주권과 공의를 탓하는 지경에까지 이르렀다. 이에 하나님께서는 우주 만물의 웅장함과 자연세계의 오묘함을 통해 욥의 한계와 무지를 깨우쳐주셨고(38-39장), 이에 욥은 자신이 창조주 하나님 앞에서 아주 보잘것없는 존재임을 깊이 깨닫고 마침내 침묵하기에 이른 것이다(4절).

[내레이션] 그때에 욥이 주님께 대답한다.

"주님, 저는 참으로 보잘것없는 사람입니다. 저같이 하찮은 자가 감히 무슨 말로 주님께 대답할 수 있겠습니까. 다만 손으로 내 입을 가릴 뿐입니다. 저는 이미 너무나 많은 말을 했습니다. 더 이상 할 말이 없습니다."

이때 욥은 자기 잘못을 인정하고 회개한 것 같지는 않다. 단지 욥은 하나님 앞에서 더 이상 자기 변론을 그치겠다는 표시로 자신의 입을 손으로 가렸을 뿐이다. 그런 자세는 권능 있는 통치자 앞에서 존경과 복종을 나타내 보일 때 흔히 취하는 고대의 관습이었다. 욥은 자신이 전능자 하나님께 대하여 불평을 터뜨린 것이 아주 무례한 일이었음을

"제가 감히 무슨 말로 주님께 대답할 수 있겠습니까?"

인정한 것 같다. 보다 완전한 욥의 회개는 이후에 이루어진다(욥 42:1-6).

[내레이션] 그러자 주님께서 강력한 폭풍 가운데서 욥에게 다시 말씀하신다.

"이제 너는 허리를 동여매고 대장부답게 일어서라. 내가 네게 물을 것이니 너는 내게 대답해보아라. 네가 내 공의를 무시하고 비난하려느냐? 네 자신의 의를 세우려고 내게 잘못을 덮어씌우려는 것이냐? 너의 팔이 하나님의 팔처럼 힘이 세단 말이냐? 너의 목소리가 하나님의 목소리처럼 천둥소리 같은 우렁찬 소리를 낼 수 있단 말이냐?"

욥은 자신의 변론에서 하나님의 공의를 직접적으로 무시하고 비난하지는 않았다. 하지만 이런저런 말들을 많이 내뱉는 과정에서 적어도 다음 두 가지 사실을 고려하면 욥은 간접적으로 하나님의 공의에 대해 비난하는 듯한 태도를 보인 것은 사실이다.

첫째, 욥은 하나님께서 아무런 까닭 없이 자신에게 고난을 허락함으로써 자신을 부당하게 다루었다고 주장했다. 둘째, 욥은 하나님 앞에서 자신의 결백과 무죄를 변론할 수 있는 기회를 간절히 원했지만, 하나님께서는 아무 응답 없이 그런 기회를 주시지 않았다고 주장했다. 그래서 하나님께서 욥에게 말씀하신다.

"그렇다면 어디 한 번 너 자신을 영광과 위엄으로 꾸며보아라. 존귀와 아름다움으로 단장해보아라. 목에 힘주며 사는 교만한 자들을 노려보고는 그들을 향해 네 끓어오르는 분노를 터뜨려 그들을 여지없이 거꾸러뜨려 보아라. 모든 거만한 자들을 살피고 가려내어 그들을 비천하게 낮추고, 모든 악한 자들을 그들이 서 있는 그 자리에서 짓밟아 보아라. 그래서 그런 자들을 모두 땅에 파묻고, 그들의 얼굴을 천으로 싸매어 무덤에 가두어 보아라. 네가 그렇게 할 수 있다면, 나는 너의 오른손이 너를 스스로 구원할 수 있다고 인정해주겠노라."

한낱 인간에 불과한 욥은 세상의 모든 악인들을 강력하게 다룰 만한 위엄과 영광과 존귀와 분노와 능력이 없다. 도리어 자칫하면 악인들의 먹잇감이 되어 그들의 궤계와 함정에 빠질 수밖에 없는 나약한 존재다. 하지만 하나님께서는 크신 위엄과 능력과 의분(義憤)으로써 세상의 모든 악인들을 가려내시어 그들을 거꾸러뜨리시고 짓밟으시고 땅에 파묻어 무덤에 가두신다. 그래서 하나님께서는 공의로운 분이시다.

하지만 욥이 갈등했듯이 이 세상은 불공정한 일로 가득 차 있다. 의인은 고통을 겪는 반면에 악인은 형통한 삶을 누린다. 그래서 '하나님은 과연 공의로운 분이실까?' 하고 의심을 품게 된다. 하지만 성경은 '하나님은 공의로운 분이시다.'라고 일관되게 가르친다. 왜일까?

결국에는 하나님의 공의가 실현되기 때문이다. 때가 이르면, 악인은 반드시 심판받고 의인은 필히 보상받는다. 다만 우리는 그러한 하나님의 공정함이 실현되는 스케줄을 모를 뿐이다. 그래서 욥의 시대나 오늘날에나 하나님의 공의가 실현되는 때를 기다리는 것은 무척 힘든 일이다.

하지만 분명한 사실은, 하나님의 공의가 실현되는 때가 언젠가는 반드시 온다는 것이다. 누가 뭐라 해도 하나님께서는 정녕 공의로운 분이기 때문이다.

"자, 거대한 짐승인 하마를 보아라. 내가 너를 지은 것처럼 그것 또한 내가 지었노라. 그 녀석이 소처럼 풀을 뜯어먹고 있지만, 허리에서 솟아나오는 저 억센 힘을 보아라. 배 근육에서 불끈불끈 뻗쳐 나오는 저 강인한 기운을 보아라. 꼬리는 백향목처럼 곧게 뻗어 있고, 돌처럼 단단한 넓적다리는 힘줄로 서로 굳게 연결되어 있으며, 뼈마디는 놋으로 만든 관만큼이나 강하고, 갈비뼈는 쇠로 만든 빗장과 같다. 그 녀석은 내가 지은 모든 피조물 중에서도 가장 힘 있는 놈으로, 그것을 지은 내가 그 녀석의 어금니를 칼처럼 날카롭게 만들어주었느니라. 모든 들짐승들이 즐겁게 뛰노는 산, 그 산에서 자라나는 온갖 푸른 풀들이 그 녀석의 먹이이니라. 그 녀석은 또 연꽃잎 아래에 몸을 눕히고 늪지대의 갈대숲 사이에 몸을 숨기느니라. 그러면 연꽃잎은 그 녀석에게 그늘을 드리워 숨겨주고 냇가의 버드나무들이 그 녀석을 둘러싸느니라. 강물이 넘쳐흘러도 그 녀석은 조금도 무서워하지 않으며, 요단강의 물이 불어 입까지 차올라도 녀석은 끄떡하지 않고 아주 태연하게 노닐고 있느니라. 그러므로 누가 감히 그 녀석을 사로잡아 녀석의 코에다 갈고리를 꿸 수가 있겠느냐!"

"하마, 그 녀석은 내가 지은 모든 피조물 중에서 가장 힘 있는 놈이니라."

하마(히, 베헤못)에 관한 묘사다. 하나님께서 욥에게 특별히 '하마'에 관해 말씀하시는 이유는 분명하다. 하나님의 많은 피조물 중 하나인 하마의 강력한 힘과 육중한 몸, 태연자약한 생태 등을 통해 욥에게 인간의 한계와 무능함을 생생하게 보여주기 위해서다.

다시 말해 욥에 비해 훨씬 크고 강하고 태연한 하마도 기껏해야 하나님의 피조물 가운데 하나일 뿐이라는 사실을 일깨워줌으로써 욥으로 하여금 스스로의 한계와 미약함을 돌아보게 하기 위해서다. 정말로 그렇다. 하나님께서 지으신 수많은 피조물 가운데 하나인 일개 '하마'와 견주어보아도 아주 나약하고 무력한 인간이 그것을 지으신 하나님 앞에서 무엇을 내세울 수 있단 말인가!

엘리바스, 빌닷, 소발, 그리고 엘리후까지도 우레 같은 하나님의 말씀에 편하게 숨을 쉴 수가 없었다. 하나님께서 말씀하시는 대상은 분명 욥이 맞는데, 어째서 그 말씀이 자신들을 향해 내리치는 매서운 회초리로 느껴질까. 언제 하나님께서 얼굴을 돌려 자신들을 향해 호통을 치실지, 그들은 잔뜩 긴장하고 있다. 모든 것을 집어삼킬 듯한 폭풍우는 아직도 멈추지 않고 욥과 그 주변을 세차게 휘감고 있다. 이처럼 폭풍우 몰아치는 시간이 아니라, 아주 화창한 날에 전능하신 하나님을 푸른 초원에서 목자와 양의 관계처럼 평화롭게 만나는 시간이었다면 얼마나 좋았을까.

41

인간의 연약함과 창조주의 위대하심

누가 악어를 낚아 그 혀를 묶겠느냐
누가 악어의 코와 아가리를 꿰어
애완용으로 갖고 놀겠느냐
누가 접근하여 재갈을 물리겠느냐

[제6막 제1장의 계속, 무대는 우스 땅 욥의 무너진 집터, 그리고 온 땅의 자연 및 동물의 세계. 앞선 장(40장)에서 '하마'(히, 베헤못)를 등장시켜 인간의 나약함을 일깨워주신 하나님께서 이번에는 '악어'(히, 리위야탄)를 등장시켜 역시 인간의 연약함을 일깨워주신다. 하나님께서는 크고 힘센 짐승인 악어의 포획이 불가능함을 설명하신 뒤, 계속해서 악어의 신체 구조와 막강한 힘에 관해 설명하심으로써 그런 악어를 도무지 당해내지 못하는 인간의 무력함을 분명히 일깨우신다. 이처럼 인간은 아무리 센 척 큰소리를 쳐도 실상은 하나님의 일개 피조물 하나조차 감당하지 못하는 나약하고 무력한 존재인 것이다.]

욥을 향한 하나님의 두 번째 말씀의 계속 (41:1-34)

(욥과 그의 친구들 사방에서 강력한 회오리바람이 계속 휘몰아친다. 그리고 그런 세찬 폭풍 가운데서 우레처럼 두렵고 장중한 하나님의 목소리가 들려온다.)

"네가 낚시로 악어를 낚아 올릴 수 있느냐? 끈으로 그 혀를 묶을 수 있느냐? 네가 녀석의 코를 줄로 꿸 수 있으며 그 아가리를 갈고리로 꿸 수 있느냐? 녀석이 네게 살려달라고 빌 것 같으냐? 네게 부드러운 말씨로 속삭일 것 같으냐? 살려주기만 한다면, 녀석이 너와 언약을 맺고 평생 너의 종으로 살 것 같으냐? 네가 애완용 새처럼 녀석을 데리고 놀 수 있을 것 같으냐? 녀석을 끈으로 묶어놓고 네 여종들의 노리개로 삼을 수 있을 것 같으냐?"

하마(히, 베헤못)에 이어 악어(히, 리워야탄)가 등장한다. 하마처럼 악어도 하나님의 수많은 피조물 가운데 하나에 불과하지만, 사람이 감히 포획할 수도 없고 길들여 마음대로 부릴 수도 없는 동물이다. 사람이 무섭게 생긴 이 동물의 무지막지한 힘을 도무지 감당해내지 못하기 때문이다. 요점은 이것이다. 그만큼 사람은 뚜렷한 한계를 지닌 미약한 존재라는 것이다.

"어부들이 녀석을 잡아다가 값을 흥정하고 그 녀석을 토막 내어 상인들에게 팔 수 있겠느냐? 네가 녀석의 등짝을 창살로 꿰뚫을 수 있겠으며 녀석의 머리를 작살로 찌를 수 있겠느냐? 네가 손바닥으로 녀석을 한 번만 만져보아도, 다시는 그 녀석에 손댈 엄두조차 내지 못하고 녀석과 싸울 생각일랑은 싹 달아나게 될 것이니라. 녀석을 쳐다보는 사람마다 기가 질려 가슴이 쿵 내려앉고 그만 땅바닥에 털썩 주저앉고 말 것이니라. 어느 누가 녀석을 감히 건드려 격동시킬 만큼 용맹할 수 있으랴! 그러하지도 못할진대, 하물며 누가 감히 나와 맞설 수 있단 말이냐! 어느 누가 나에게 무엇인가를 갚아야 한다고 주장할 수 있겠느냐? 보아라, 하늘 아래에 있는 모든 것들이 전부 내 것이니라."

악어는 어느 누구도 하나님께 감히 대항할 수 없다는 것을 밝히 증명해주는 존재다. 왜냐하면 악어는 그 늠름한 위용과 강력한 힘에 있어서 인간을 압도하기 때문이다. 인간은 악어를 포획할 수도 없고 길들여 부릴 수도 없으며 힘으로 맞서 싸울 수도 없다. 단지 악어의 불가항력적인 힘을 보고는 크게 두려워하면서 기가 꺾여 달아날 뿐이다.

"악어, 어느 누가 녀석을 감히 건드려 격동시킬 만큼 용맹할 수 있으랴!"

그런데 하마와 마찬가지로(욥 40:15-24), 악어 또한 하나님의 수많은 피조물들 가운데 하나에 불과할 뿐이다. 따라서 결론은 이것이다. "만일 사람이 악어 같은 하나님의 일개 피조물조차도 제대로 감당할 수 없다면, 어찌 그것을 지으신 창조주에게 감히 대항할 수 있단 말인가!"

한편, 하나님께서는 세상 누구도 자신에게 무엇인가를 줄 수 없으며, 따라서 하나님 자신에게는 누구에게도 갚아야 할 것이 아무것도 없다고 말씀하셨다(11절). 이는 욥이 자신이 겪는 고난의 이유에 대해서 하나님께서 설명해줄 빚이 있다고 주장한 것을 염두에 둔 말씀이다. 앞서 욥은 자신의 변론에서 하나님께 대해 감히 공식적인 토론 자리와 답변을 요청했다(욥 31:35). 그렇지만 모든 것을 자신의 기쁘신 섭리와 경륜대로 운행하시는 만유의 주권자이신 하나님께서는 자신이 행하신 일에 대해 사람에게 설명해줄 의무가 하등 없는 분이시다.

"악어의 지체들에 관한 이야기를 어찌 말하지 않고 지나칠 수 있으랴! 녀석의 그 무지막지한 힘과 거대하고 늠름한 체구에 관해 어찌 침묵할 수 있으랴! 누가 감히 녀석의 겉가죽을 벗길 수 있겠으며, 누가 감히 두 겹 재갈을 가지고 그 녀석에게 다가갈 수 있겠느냐? 누가 감히 녀석의 아가리를 벌릴 수 있겠으며, 누가 감히 무시무시한 이빨들로 빙 둘러 돋아 있는 그 소름 끼치는 아가리를 벌릴 수 있겠느냐? 녀석이 자랑하는 등에는 방패 같은 비늘들이 돌같이 단단하게 촘촘히 박혀 있고 그 하나하나의 비늘들이 빽빽하게 이어져 있어 심지어 바람조차 들어갈 틈새도 없느니라. 게다가 그 비늘들은 서로 단단하게 꽉 달라붙어 있어서 아무도 그것을 떼어놓을 수 없느니라."

악어의 비늘은 두터운 갑옷처럼 튼튼하고 견고하다

악어의 몸 구조에 관한 설명이다. 그중에서도 두터운 갑옷과도 같은 악어의 비늘에 관해 집중적으로 언급되었다. 다섯 줄로 되어 있는 악어의 비늘은 돌과 방패처럼 단단하고 각각의 비늘이 서로 촘촘하게 연하여 붙어 있어서 바람조차 비집고 들어갈 틈이 없을 만큼 두텁고 튼튼하고 견고하다.

게다가 아가리는 무시무시한 이빨들로 빙 둘러 돋아 있어서 보기만 해도 소름이 오싹 끼칠 정도다. 그래서 (욥기 시대의) 사람들은 악어를 포획할 수도, 대항할 수도, 다룰 수도 없었다. 악어를 보면 그저 두려워서 멀리 달아날 뿐이다. 악어를 그렇게 두렵고 늠름한 모습으로 지으신 분이 바로 하나님이시다. 그러니 악어 한 마리조차 감당하지 못하는 사람이 감히 하나님과 다투겠다는 것은 어불성설이다. 자기 분수를 모르는 교만이다. 하나님께서는 악어에 관해 계속 언급하신다.

"녀석이 재채기를 한 번 하면 섬광이 번쩍이고 그 눈초리는 새벽빛같이 빛나느니라. 녀석의 입에서는 횃불이 뿜어져 나오고 불꽃이 마구 튀며, 녀석의 콧구멍에서 펑펑 쏟아져 나오는 연기는 펄펄 끓는 가마솥 밑에서

> 갈대를 지필 때 타오르는 연기 같으니라. 씩씩거리는 녀석의 저 뜨거운 숨결은 가히 숯불을 피울 만하고 입에서는 활활 불꽃을 토해내느니라. 또 녀석의 목덜미는 어찌나 억센지 그것을 보는 사람마다 겁에 질려 놀라 자빠지느니라. 게다가 녀석의 살가죽은 겹겹으로 단단하게 붙어 있어 조금도 움직이지 않으며, 녀석의 심장은 바위처럼 강하고 담대하여 아무것도 무서워하지 않는데, 그 강함이 마치 맷돌의 아래짝 같으니라."

강에서 아무것도 거칠 게 없이 유유자적하고 늠름하게 움직이는 악어의 모습이 시적으로 생동감 있게 묘사되었다. 여기서 악어가 입에서 횃불을 내뿜고 활활 불꽃을 토해낸다는 묘사는, 악어가 물속에서 위용 있게 숨 쉬는 장면을 시적으로 웅장하게 표현한 것이다. 악어가 강의 수면을 가르면서 거칠게 숨을 쉴 때 힘 있게 분출되는 물보라에 햇빛이 반사되어 반짝거리는 모습이 마치 입에서 불을 내뿜는 것 같아 보이기에 그처럼 강렬한 시적 언어로 묘사한 것이다.

악어의 심장은 '맷돌의 아래짝'에 비유되었는데, 맷돌은 곡물을 가는 데 사용된 가장 오래되고 일반적인 도구로서 두 짝의 돌이 한 세트로 이루어졌다. 그중에서 아래짝의 맷돌은 위짝 맷돌의 무게와 마찰을 감당해야 하기 때문에 위짝보다 훨씬 단단하게 만들어졌다. 그처럼 악어의 심장은 그 무엇에게도 전혀 놀라지 않는 아주 강하고 담대하다는 의미다. 계속해서 그러한 악어의 담대한 심장에 관해 좀 더 구체적으로 묘사되고 있다.

> "녀석이 한번 떨치고 일어나면 아무리 힘센 용사라도 무서워 떨고, 몸을 한 번 뒤틀면 모두가 화들짝 놀라서 뒤로 물러서느니라. 녀석은 칼로 찔러도 끄떡없고 창이나 화살이나 작살도 녀석에겐 아무 소용 없느니라. 녀석에겐 무쇠도 지푸라기 같고, 놋은 썩은 나무토막 같으니라. 녀석에게 화살을 마구 쏘아대도 도망칠 생각조차 하지 않으며, 물맷돌을

던져보아도 녀석에게는 바람에 날리는 겨 같으니라. 몽둥이도 지푸라기 쯤으로 여기고 창을 던져도 코웃음만 칠뿐이니라."

용사, 칼, 창, 화살, 작살, 무쇠, 물맷돌, 몽둥이 등 모든 사람이나 모든 도구들이 다 악어를 꺾기엔 아무 소용 없고 역부족이라는 말이다. 악어가 그런 것들을 조금도 무서워하지 않고 도망가기는커녕 코웃음 치면서 달려들기 때문이다. 이처럼 악어 앞에서 인간은 속수무책이고 아주 무력한 존재다. 모두지 악어를 어떻게 해볼 도리가 없기 때문이다.

이런 무시무시한 악어도 기껏해야 하나님의 일개 피조물에 불과할 뿐이다. 그렇다면 하나님 앞에서 인간이란 존재는 어떠할까? 욥이 자신의 고난에 대하여 하나님의 대답을 요청하기 전에, 욥 자신이 먼저 이 같은 물음에 대답해야 했다.

비로소 하나님 앞에 선 자신의 미천한 존재를 철저하게 깨닫고 있는 욥에게 악어에 관한 하나님의 마지막 말씀이 쐐기처럼 욥의 뇌리에 박힌다.

"악어의 뱃가죽은 날카로운 질그릇 조각 같아서 녀석이 지나가면 타작기계처럼 진흙 바닥에 선명한 자국을 남기느니라. 깊은 물도 가마솥의 물 끓듯 부글부글 끓어오르게 하고, 바다도 제 마음대로 휘저어 기름 솥이 끓듯 부글부글 거품을 일으키느니라. 또 녀석이 재빨리 돌진하면 지나간 자취마다 하얀 거품이 일어 번쩍번쩍 광채를 발하니, 깊은 바다가 마치 하얗게 백발을 휘날리는 것 같으니라. 보라, 세상에 그 무엇이 녀석과 비길 수 있으랴! 처음부터 녀석은 세상에 아무 두려울 것 없이 지음 받았느니라. 진실로 이 괴물 같은 녀석은 아무리 거만한 동물이라도 우습게 얕잡아보고, 모든 교만한 동물들 앞에서 왕 노릇 하느니라."

부글부글 끓어오르는 하얀 거품을 일으키며 아무것에도 방해받거나 거칠 것 없이 마치 모든 동물들 위에 군림하는 왕처럼 강과 바다를 제 마음대로 휘젓고 다니는 악어의 위풍당당한 모습에 관한 수사학적인 묘사다. 특히 악어는 진흙바닥에 타작기계가 지나간 듯한 선명한 자국을 남긴다고 묘사되었는데, 이는 악어가 강둑의 진흙 위에 누웠다가 그곳을 떠나갈 때면 악어의 배 아랫부분에 있는 날카로운 비늘들로 인해 마치 타작기계의 날카로운 쇠 자국 같은 흔적을 남긴다는 말이다.

42

욥의 회개와 회복

고난 후 욥의 말년은 풍족하네
일곱 아들에 아름다운 세 딸 낳고
양, 낙타, 소, 암나귀도 많이 얻네
140년을 더 살며 4대 자손을 보네

[제6막 제2장, 무대는 우스 땅 욥의 집, 욥기의 대단원(피날레)을 이루는 장면이다. 욥과 그의 세 친구들 및 엘리후의 모든 논쟁(3-37장)이 끝나자 강력한 폭풍(회오리바람) 가운데 등장하신 하나님께서 욥을 향해 우주 만물의 원리와 자연세계의 법칙, 특히 창조하신 동물들 가운데 하마(히, 베헤못)와 악어(리워야탄)를 예로 들어 말씀하셨다(38-41장). 그제야 욥은 자신의 나약함과 미천함을 뼈저리게 깨닫고 하나님 앞에 철저히 굴복하고 회개한다. 그런 욥에게 하나님께서는 그동안 알지도 못하면서 자신들의 편협한 지식과 신앙으로 왈가왈부한 세 친구들을 위해 중보기도를 할 것을 명하심으로써 모든 논쟁을 종결지으신다. 그런 뒤 하나님께서는 참회한 욥의 삶을 이전보다 배나 복되게 하심으로써 욥의 고난을 위로하시고 한층 성숙해진 그의 신앙에 힘을 더하신다. 이렇게 욥기는 해피엔딩으로 막을 내린다.]

욥의 회개와 중보기도, 그리고 갑절의 회복 (42:1-17)

[내레이션] 주님께서 말씀을 모두 마치시자 욥이 입을 열어 주님께

대답한다.

(욥, 하나님께로부터 우주 만물의 원리와 자연세계의 법칙, 특히 하마와 악어에 관한 숱한 질문을 받고서 욥은 비로소 하나님께 감히 견줄 수조차 없는 자신의 미약하고 비천한 존재를 뼈저리게 깨닫는다. 그래서 하나님 앞에 무조건 굴복하고 진심으로 회개하기에 이른다.) "주님, 이제 저는 확실히 깨달았습니다. 주님께서는 못 하시는 일이 없이 모든 일을 다 하실 수 있고 또 주님께서 계획하신 일들은 어김없이 다 이루어집니다. 주님께서 제게 물으시길 '알지도 못하면서 내 뜻을 흐리는 자가 누구냐?'라고 하셨습니다. 바로 제가 알지도 못하면서 주님 앞에서 함부로 입을 놀렸습니다. 너무나 경이롭고 기이해서 저로서는 도무지 알 수 없는 일들에 대해 떠들어댔습니다. 또한 주님께서 제게 말씀하시기를 '이제 내가 말하겠으니, 너는 들어라. 내가 너에게 물을 테니, 너는 내게 대답해 보라'고 하셨습니다. 지금까지 저는 귀로만 주님께 대하여 들어왔지만, 이제는 제 눈으로 직접 주님을 뵙고 있습니다. 그러므로 저는 여태 제가 말한 모든 말을 거두어들이고 제 자신을 스스로 미워하면서 티끌과 잿더미 가운데 앉아 회개합니다."

마침내 욥이 회개하는 장면이다. 욥은 자신의 고난에 대해 자기 입장을 피력하면서 하나님께 많은 질문을 했다. 그런데 폭풍(강력한 회오리바람) 가운데 등장하신 하나님께서는 욥의 질문들에

"주님, 티끌과 잿더미 가운데 앉아 회개합니다."

대해 일절 대답하지 않으시고, 도리어 우주 만물의 원리와 자연세계의 법칙 등에 관해 욥에게 질문하셨다. 말하자면 욥의 질문에 대해 하나님께서는 다른 질문으로써 답변하신 것이다.

질문은 종종 질문을 받은 자로 하여금 스스로 진리를 발견할 수 있게끔 도와준다. 욥의 경우를 보면, 하나님께서는 일련의 질문들을 통해 욥을 진리의 빛 가운데로 이끌었고, 그래서 욥을 어둠의 극한 고뇌와 번민에서 벗어나게 해주었다. 욥은 자신의 무지함을 회개하면서 이제는 자기 눈으로 하나님을 직접 뵙게 되었다고 말했는데(5절), 이는 실제적인 표현이 아니라 수사학적인 표현이다. 누구든지 하나님을 직접 보고 살 수 있는 자는 아무도 없다(출 33:20-23; 딤전 6:16).

따라서 하나님을 직접 뵙게 되었다는 욥의 말은, 폭풍 가운데 나타나신 하나님과의 직접적인 대화를 통하여 욥 자신의 영적인 눈이 열려 하나님의 절대주권과 놀라운 경륜을 올바로 깨닫게 되었다는 의미다. 즉, 하나님을 직접 체험함으로써 그분에 관한 진리를 제대로 깨닫게 되었다는 의미다.

[내레이션] 욥에게 모든 말씀을 마치신 후에 주님께서는 데만 사람 엘리바스에게 말씀하신다.

(하나님, 말씀은 부드럽지만 그 속에 강한 꾸지람이 있고 두려운 위엄이 가득하다.)
"내가 너와 너의 두 친구에게 분노하노라. 그것은, 너희가 나를 두고 말할 때에 내 종 욥과는 달리 옳게 말하지 않았기 때문이니라. 그러므로 이제 너희는 수소 일곱 마리와 숫양 일곱 마리를 준비하여 내 종 욥에게로 가지고 가서, 너희 자신들을 위하여 번제를 드리도록 하여라. 그런 뒤 내 종 욥이 너희를 위하여 용서를 빌면 내가 그의 기도를 들어줄 것이니, 비록 너희가 내 종 욥과 달리 나에 대하여 옳게 말하지 않았지만, 내가 너희의 어리석음에 대해 벌하지 않을 것이니라."

하나님께서는 욥의 세 친구들 곧 엘리바스와 빌닷과 소발에게 분노하셨다. 그들이 욥의 고난과 관련해서 주장한 변론들이 옳지 못했기 때문이다. 그래서 하나님께서는 욥의 세 친구들 중 가장 연장자이고 대표자격인 엘리바스에게 명하여 그들 세 명의 속죄를 위한 번제를 드리도록 명하셨다. 번제는 희생제물을 잡은 뒤에 그 고기를 제단 위에 올려놓고 전부 불살라 바치는 제사다.

이때 하나님께서 지정해주신 번제의 제물은 수소 7마리와 숫양 7마리였는데, 이 같은 무거운 속죄제물은 그들의 죄가 상당했음을 보여준다. 실제로 그들은 온갖 비난과 정죄의 말로써 하나님께 인정받았던 신실한 욥의 심령에 깊은 상처를 주었다. 그래서 하나님은 세 친구의 제사에 욥을 중재자로 삼으셨다. 그렇게 함으로써 하나님께서는 친구들의 비난과 정죄로 인해 깊은 심령의 고통을 받고 상처를 입은 욥을 위로해주시고 치유해주셨다.

한편, 하나님의 처분에서 맨 나중에 등장한 젊은 친구 엘리후는 제외되었다. 그의 변론도 다른 세 친구들의 변론과 유사한 점이 많았지만, 그는 주요 변론자가 아니었고 또한 변론의 주제도 상당히 달랐기 때문에 하나님께서는 분노의 대상에서 그를 제외시켰던 것 같다.

[내레이션] 그러자 데만 사람 엘리바스와 수아 사람 빌닷과 나아마 사람 소발은 주님께서 말씀하신 대로 다 행하였고, 주님께서는 그들을 위한 욥의 기도를 들어주신다.

"욥, 미안하네. 우리가 자네를 크게 오해하였어. 우리 생각이 짧았던 게지. 우리가 제대로 알지도 못하면서 자네 마음에 큰 상처를 주었어. 우리가 알지 못하고 내뱉은 말들이니 이젠 다 흘려버리고, 제발 우리를 위해 중보기도 좀 해주시게. 다시금 머리 숙여 진심으로 사과를 드리는 바이네."

"됐네, 됐어. 나한테 너무 미안해할 필요 없다네. 나도 자네들처럼 하나님에 관해 올바로 알지도 못하면서 이런저런 말들을 내뱉지 않았는가. 이제라도 깨달은 게 얼마나 다행인지 모른다네. 물론, 자네들을 위해 힘껏 중보기도를 해주겠네. 그 점에 대해선 조금도 걱정하지 말게나."

"고맙네, 욥! 참으로 고마우이!"

[내레이션] 그리하여 욥은 친구들을 위해 하나님께 중보기도를 해주었고, 욥이 세 친구들을 위해 기도하기를 모두 마쳤을 때 주님께서는 욥을 다시 회복시켜주셨다. 곧 주님께서는 욥의 재산을 이전에 그가 소유하고 있던 재산보다 갑절이나 더 늘려주셨다.

"욥 어르신, 우리도 그동안 말은 안했지만 어르신을 크게 오해하고 있었답니다. 어떻게 하루아침에 그런 엄청난 재난을 당할 수 있는지, 원! 우리 모두는 분명 어르신의 죄 때문에 하나님의 징벌을 받았다고 생각했지요. 하지만 이제 보니 전부 하나님의 깊으신 뜻이 있으신 것이로군요. 하하하! 어쨌든 이렇게 갑절로 회복되어 얼마나 다행스러운지요! 다시금 회복되신 걸 진심으로 축하드리고, 작은 성의이지만 회복을 축하드리는 의미에서 선물을 드리니 기꺼이 받아주시길 바랍니다."

"아이고, 뭔 이런 것을! 고맙고 감사합니다. 이 몸도 고난을 겪고 있을 때는 그저 죽고 싶을 만큼 힘들었지요. 무엇보다 마음고생이 이만저만 아니었지만, 그 모든 게 합력하여 오늘날 이렇게 선을 이루었으니 오직 하나님께만 영광되기를 바랄 뿐입니다. 어쨌든 이번의 고난으로 인해 내 신앙이 이전보다 크게 성숙해진 것 같습니다. 이것이야말로 진정 감사할 일이지요. 허허허."

[내레이션] 욥이 하나님께 갑절의 복을 받고 회복되자, 욥의 모든 형제들과 자매들과 전부터 알고 지내던 친지들이 다 욥에게로 나아와서, 욥의 집에서 음식을 함께 먹으며 그동안 주님께서 욥에게 내리신 고난을 상기하면서 욥을 위로하고 달래주었다. 그러면서 그들은 저마다 은화 한 개와 금귀고리 하나씩을 욥에게 선물하였다.

욥의 형제자매들과 친지들이 욥에게 은화 한 개와 금귀고리를 준 것은 욥의 회복을 기뻐한다는 축하의 선물이었고, 또한 욥과의 관계회복을 원한다는 우정의 선물이었다. 여기 '은화'(히, 케시타)는 구약의 족장시대에만 나타나는 돈의 무게 단위로서 그 정확한 가치는 알 수 없다. 하지만 후일의 '세겔'(노동자 4일치의 품삯)보다는 값진 것으로 추정된다(창 33:19).

[내레이션] 주님께서는 욥의 말년에 처음보다 더욱 많은 복을 내려주셨다. 그리하여 욥의 재산은 양이 1만 4천 마리요, 낙타가 6천 마리요, 소가 1천 쌍이요, 암나귀가 1천 마리나 되었다. 또한 고난 이후에 욥은 일곱 아들과 세 딸도 얻었다. 욥은 세 딸의 이름을 지었는데 첫째 딸은 여미마, 둘째 딸은 긋시아, 셋째 딸은 게렌합북이었다. 당시에 온 땅에서 욥의 딸들만큼 아리따운 여자는 어디에서도 찾아볼 수 없었다. 욥은 아들들에게 나눠준 것과 똑같이 자신의 세 딸에게도 유산을 분배해주었다.

고난 이후에 욥의 가축 수효는 고난 이전에 비해 정확하게 두 배로 불어났다(욥 1:3). 그런데 욥의 자녀들 수효는 고난 이전과 동일하게 고난 이후에도 아들 일곱에 딸 셋이었다(욥 1:2). 왜 그런 것일까?

가축은 얼마든지 갑절의 대체가 가능하지만, 자녀들은 단순히 수효로 대체될 성격의 것이 아니었기 때문이다. 분명 하나님께서는 재난당해

욥의 말년에 주님은 욥이 고난 당하기 전보다 더 많은 복을 내려주셨다

죽었던 욥의 처음 열 자녀들도 욥의 소유로 여전히 인정하여, 고난 이후의 회복 때에 욥에게 처음과 같은 열 자녀들만 주셨던 것 같다. 그렇다면 욥은 죽은 열 자녀들을 내세의 소유로, 다시 얻은 열 자녀들을 현세의 소유로 가지게 됨으로써 결과적으로 자녀들도 갑절의 복을 받은 셈이 된다.

한편, 욥의 자녀들을 소개할 때 욥의 아들들의 이름이 아니고 딸들의 이름만 언급된 것은 어째서일까? 욥 시대의 고대 서사문학에서는 신적인 축복의 표시로서 영웅의 아름다운 딸들에 관해 언급하는 것이 일반적인 현상이었기 때문이다.

[내레이션] 그 후에 욥은 140년을 더 살면서 자기 아들들과 손자들을 4대까지 보았다. 이렇게 욥은 하나님께서 주신 수명을 다 누리고 형통한 삶을 살다가 늙어서 평안히 세상을 떠났다.

전부 6막으로 구성된 '욥기'라는 극시문학의 막을 내리는 대단원(피날레) 내레이션이다. 우여곡절 많았지만 결국 해피엔딩으로 끝난다. 후일 로마제국 전역에 흩어져 살던 디아스포라 유대인들을 위하여 구약성경의 히브리어를 당시의 통용어인 헬라어로 번역한 70인역(LXX)을 보면,

"욥은 그의 시련이 있은 후에 170년을 더 살았고, 그리하여 그의 향년은 240년이었다."라고 되어 있다.

이 같은 70인역에 근거하자면, 욥은 70세에 고난을 당한 것으로 추정해볼 수 있다. 말하자면 욥은 그의 수명도 갑절의 복을 받아 70세의 두 배인 140년을 더 살다가 210세를 일기로 세상을 떠났다고 추론해볼 수 있다. 물론, 고난 중에 쇠약해질 대로 쇠약해진 육신이 기적적으로 건강을 되찾아 완전히 회복한 몸으로 말이다.

어쨌든 아브라함, 이삭, 야곱, 요셉처럼 족장시대의 인물인 욥은 잠시 동안의 고난을 넉넉히 상쇄하고도 남을 형통하고 평강한 무병장수의 복을 누린 것이다. 언제 고난이 욥에게 임했는가 싶을 정도로, 고난 이후 욥의 집안에는 찬양의 노랫소리와 기쁨의 웃음소리가 온종일 끊이지 않았다.

서편 하늘을 붉게 물들이는 아름다운 노을을 바라보며 욥은 마음속으로 주님을 찬양하며 깊은 상념에 잠긴다. 참으로 아팠었다. 고난을 겪는 동안에는 하나님이 원망스러웠고 친구들이 미웠으며 이웃들이 싫었다. 모든 것이 싫고 귀찮았으며 그저 죽고 싶은 마음뿐이었다. 그런데 지금에 와서 다시금 생각해본다. '만일 지난날 그런 혹독한 고난이 내게 없었더라면….'

만일 그런 고난이 없었더라면, 욥은 그저 하나님을 잘 믿고 잘 섬기는 가운데 뭇 사람들의 칭찬과 부러움을 받으면서 한평생 풍요로운 삶을 누리다가 편안하게 세상을 떠났을 것이다. 아무런 상처 없이 꽃길만 걸은 온실 속의 화초가 되었을 것이다. 무엇보다 하나님에 관한 자신의 지식이 전부인 줄 알고 그런 피상적인 지식에 만족했을 것이다. 높고 고상한 신앙의 정상에 등정하지 못한 채 낮은 언덕, 얕은 물가에 머물고 말았을 것이다. 그리하여 동(銅)이나 은(銀) 같은 신앙인에 머물고 말았을 것이다.

그러나 고난은 욥의 모든 것을 송두리째 바꿔놓았다. 한 번도 경험한 적 없었던 깊은 절망의 골짜기에서 하나님을 향해 울부짖었고, 끝을 모르는 낙담의 심연(深淵)에서 하염없이 눈물을 흘렸다. 친구들의 비난과 정죄의 화살에 심령이 찢겨나가는 아픔도 겪었고, 아무리 찾고 찾아도 응답 없는 하나님의 침묵에 죽음 같은 비애를 느끼기도 했다.

그 모든 과정을 거쳐 하나님을 뜨겁게 체험하는 시간을 가질 수 있었다. 고난 이전에는 겪어보지 못했던 완전 날것의 신앙체험, 영혼이 시퍼렇게 곧추서고 심장이 뜨겁게 달아오르며 가슴이 세차게 요동치는 신앙의 감격과 환희를 느낄 수 있었다. 강력한 회오리바람 가운데 등장하신 하나님, 그 하나님의 메시지를 통해 깨달은 진리는, 고난의 상처를 수만 번이라도 치유해줄 수 있는 값지고 귀한 생명의 보약이었다.

만유를 그 기쁘신 뜻대로 섭리하시고 경륜하시는 '하나님의 절대주권'에 눈을 떴을 때, 이제껏 가졌던 하나님에 관한 지식은 그야말로 코끼리 다리 만지기 식의 이론적 지식에 불과했음을 비로소 깨닫게 되었다. 그리하여 고난을 겪고서야 비로소 욥은 '정금 같은 신앙인'이 될 수 있었다. 하나님의 절대주권 앞에 자신의 입을 가리고 모든 말을 그친 채 겸손히 무릎 꿇는 온전한 신앙인이 될 수 있었다.

지난날의 고난을 떠올릴 때마다 욥은 그 고난이 자신에게 너무나 귀하고 소중한 것이었음을 절실히 깨닫는다. 그의 고난은 '고난'이란 거친 포장지 속에 감춰진 하나님의 따스한 사랑이었다. 신실한 욥을 너무나 사랑하셔서 그에게만 특별히 허락하신 하나님의 은총의 선물이었다. 그리하여 욥에게 닥친 고난은 그에게 '상처(Scar)'를 안겨준 게 아니라 '별(Star)'을 안겨주었다.

어느새 서산의 붉은 노을도 사라지고 맑은 밤하늘에 별들이 총총히 빛나기 시작한다. 광활하게 펼쳐진 하늘 곳곳에서 별자리들이 하나씩 만들어진다. 그 별자리들을 보고서 욥은 빙그레 미소 짓는다. 하나님께서 자신에게 던지신 질문이 불현듯 생각났기 때문이다.

"네가 묘성의 별자리를 한데 묶을 수 있으며, 삼성의 별들을 묶어놓은 띠를 풀 수 있느냐? 네가 계절에 따라 열두 궁성의 별자리를 배치할 수 있느냐? 큰곰자리 별들과 작은곰자리 별들을 이끌어낼 수 있느냐?"(욥 38:31-32).

밤하늘의 아름다운 별들을 보고 있노라니, 아비보다 먼저 떠난 열 개의 아름다운 별들, 곧 열 명의 자녀들이 보고 싶다. 그들의 죽음은 아직도 이해가 되지 않는다. 세상에서 일어난 일들을 사람으로서는 다 이해하고 살 수가 없는 것이다. 이해가 되면 이해되는 대로, 이해가 되지 않으면 하나님께 그냥 맡기고 살아가야 한다. 삶의 여정이 끝나고 저 하늘나라 삼층천 무대에 서는 날에는 세상에서 비밀이라 생각했던 것들이 마치 유리거울을 보듯 훤히 두 눈에 드러날 것이다. 밤하늘에 떠 있는 무수한 별들이 여느 때보다 더욱 빛난다. 천국에서 우리 아이들은 잘 지내고 있을까. 그리고 내 인생에 더 이상의 돌풍은 없는 것일까. 설령 다시 예기치 못한 돌풍이 몰려온다 해도, 이제는 주님을 원망하지 않고 더욱 단단히 주님의 손을 붙잡으리라. 그러면 주님 역시 내 손을 굳게 붙잡고 놓지 않으실 테지.

"내가 내 공의를 굳게 잡고 놓지 아니하리니, 내 마음이 나의 생애를 비웃지 아니하니라."(욥 27:6).

오늘따라 옷깃을 스치는 밤바람이 참 좋다. 날마다 쑥쑥 잘 자라는 열 명의 자녀들과 함께 내일은 또 주님 안에서 내일의 삶을 힘차게 살아가리라. 밤하늘의 별들을 한참 동안 바라보다가 잠자리에 든 욥은 이내 깊은 잠에 빠진다. 오랜만에 숨소리가 고른 평온한 잠이다.

● 감수자의 말

판소리처럼 구성지고 찰진 대사로 다가오는 스토리텔링 욥기

민영진

감리교신학대학교 교수 역임

대한성서공회 번역실장, 총무 역임

세계성서공회연합회 번역컨설턴트 역임

『스토리텔링 성경』을 기획한 우리의 스토리텔러들이 그동안 한국어 독자들 앞에 구약전서 39권 중 18권을, 신약전서는 27권 전부를, 성공적으로 만족스럽게 스토리텔링으로 만들어 그 작품을 선보였다. 새로운 형태의 현대적 이야기 방식이 성경 내용을 현대의 독자들에게 시공을 초월하여 효과적으로 전달하는 기능이 있음을 입증했다.

이번 『스토리텔링 성경』 구약 11권 욥기는, 산문(욥 1:1-15; 2:1-13; 32:1-5; 42:7-17)과 시(욥 3-31; 32:6-42:6)로 구성된 히브리어 본문에서 큰 비중을 차지하는 시가(詩歌)를 서사(敍事)로 바꾸는, 전례(前例)가 드문 상황이어서, 작가들로서는 그 부담이 예사롭지 않았을 것이다. 사정이 이러한 만큼 독자들은 독자들대로, 시가가 서사로 풀리는 작업이 문학에서 어떻게 가능하며, 실제로 어떤 기법이 사용될 것인지, 그 효과는 또 어떠할지를, 잔뜩 기대하고 있었을 것이다.

이번에 나온 욥기는 1-42장을 에필로그(서막)와 피날레(대단원)까지, 사이 사이에 내레이션(해설)을 넣어 6막(幕)의 극시(劇詩) 혹은 희곡(戲曲)으로서의 특징을 살려 이야기하고 있다. 50여 개의 내레이션이 이야기의 배경과 등장인물들의 심리를 묘사함으로써 이야기에 깊이와 입체감을 더해주는 사이사이 펼쳐지는 등장인물들의 대사가 현대적인 쉬운 우리말로 구성지고 찰지게 표현되어 있다.

이런 시도를 보면서 감수자는 스토리텔링 성경의 공헌과 한계를 함께 만난다. 일찍이 영어권에서 시도했던 세 가지 형태의 공연을 회고한다. (1) 하나는 「욥의 노래」(Song of Job by Andy Kulberg)다. 욥기의 줄거리를 변사(辯士)가 해설(욥 1:1-6)하고, 욥기의 본문을 노래로 부르는 가수(歌手)의 가창(歌唱)(욥 1:7-22)이 1-42장 각 대목에서 번갈아 나오는 형태를 취하고 있는 창극(唱劇)이다. (2) 다른 하나는 「뮤지컬 욥기」(Job, the Musical by Jewniverse)이다. 이름 그대로 욥기를 뮤지컬로 만들어 공연한 것이다. (3) 또 다른 하나는 「포스트모던 오페라 욥기」(Job: a Postmodern Opera of Biblical Proportions)다. 욥기를 현대의 오페라 개념으로 바꾸어 펴낸 공연이다.

스토리텔링 욥기를 보면서, 이것을 우리말 판소리에 담아 보면 어떨까, 하는 생각이 떠오른다. 판소리에는 세 가지 장치가 있다. (1) 소리꾼이 부르는 노래를 일컫는 '소리'. 달리, 창(唱)이라고도 한다. "욥의 노래"에서 노래(sung) 부분에 해당한다. (2) 말이나 소리로 정경(情景)을 묘사하거나 장면 변화 따위를 설명하는 '아니리'. '아니리'는 소리꾼이 한 대목에서 다른 대목으로 넘어가기 전에 일정한 장단이 없이 자유리듬으로 사설(辭說)을 엮어가는 행위다. 방법에 따라, 말하듯 엮어가는 말조(—調) 아니리와 소리하는 식으로 엮어가는 곡조(曲調) 아니리가 있다. 말조 아니리는 오페라의 레치타티브나 오페라 부파의 스피치나 "욥의 노래"에서 사설(spoken)이 이에 해당한다. 이미 우리의 스토리텔링 욥기의 작가들은 자신들이 "욥기가 극시(劇詩) 형태의 희곡(戲曲) 작품인 만큼, 여기 욥과 그의 세 친구의 말을 음악극인 오페라의 레치타티보(Recitativo, 대사와 노래의 중간적 성격을 지닌 것으로 마치 대화하듯 노래하는 형태) 혹은 아리아(Aria, 주인공이 자신의 처지나 심경과 관련해서 독백처럼 부르는 노래)인 양 간주하고 감상해도 좋다."(욥기 3장과 10장 해설)라고 말하고 있다. (3) 소리꾼의 춤사위나 소리 가락을 몸짓으로 표현하는 '발림'이 욥기 판소리에서 함께 어우러지면, 공연장은 청중이 신명 나게 춤을 추며 참여하는 마당이 될 것이다.

작가들의 수고에 격려를 보내며, 문학적 장르를 달리하여 욥기를 만나는 독자들의 행운을 축하한다. 작가와 독자의 끝없는 상상력이 욥기를 더욱 풍요롭게 체험하는 계기가 되길 바란다.